Kurt Ruh

Meister Eckhart

KURT RUH

Meister Eckhart

Theologe · Prediger ·
Mystiker

VERLAG C.H.BECK MÜNCHEN

für Alois M. Haas
Walter Haug
Georg Steer

CIP-Kurztitelaufnahme der Deutschen Bibliothek

Ruh, Kurt:
Meister Eckhart : Theologe, Prediger, Mystiker/
Kurt Ruh. – München : Beck, 1985
ISBN 3 406 30520 2

ISBN 3 406 30520 2

Mit einer Abbildung im Text

Gesamtherstellung: Hieronymus Mühlberger GmbH, Augsburg
Printed in Germany

Inhalt

Vorwort 7
Verzeichnis der abgekürzt zitierten Textausgaben und Forschungsliteratur 9

1. „Er sprach aus der Ewigkeit, und ihr versteht es nach der Zeit“ 11
2. Eine steile Gelehrten- und Ämterlaufbahn 18
3. Der Ordensspirituale: ‚Die Reden der Unterweisung‘ . 31
4. Dionysische Mystik: ‚Granum sinapis‘ 47
5. ‚Paradisus anime intelligentis‘. 60
6. Das ‚Opus tripartitum‘ 72
7. Meister Eckhart und die Beginenspiritualität. 95
8. Der ‚Liber benedictus‘. 115
9. Der Prediger am Ober- und Niederrhein 136
10. Der Prozeß 168
11. Meister Eckhart der Mystiker 187

Anmerkungen 197
Personenregister 205

Vorwort

Dieses Buch über Meister Eckhart hat einen schlicht biographischen Aufriß – und ist gerade dadurch ungewöhnlich. Ein Grund ist darin zu sehen, daß das Leben Eckharts bis zu Kochs ‚Kritische Studien zum Leben Meister Eckharts' (1959/1960) in vielen Daten ungesichert war oder auch nur von dem gegen ihn durchgeführten Inquisitionsprozeß her interessant erschien. Stärker ausschlaggebend ist indes die Tatsache, daß man das Werk nicht mit dem Leben zusammengesehen hat. Gewiß bemühte man sich um die Chronologie einzelner Schriften – ohne Erfolg, was den ‚Liber benedictus' betrifft, und ohne deren Stellenwert im ‚Leben' ausreichend zu berücksichtigen. Das deutsche Predigtwerk glaubte man ohnehin als ein in sich geschlossenes Ganzes nehmen zu dürfen. Es ist aber zumindest die Predigt des Provinzials der Saxonia von derjenigen des Predigers am Ober- und Niederrhein zu unterscheiden. Der Gewinn einer solchen Differenzierung ist nicht nur ein biographischer, er schlägt sich auch im Werkverständnis nieder.

Wer Eckharts Werk ohne Berücksichtigung der chronologischen und sachlichen Unterschiede der Einzelschriften zu vermitteln unternimmt, zielt mit Hilfe der gesammelten und geordneten „Stellen" des Gesamtwerks auf des Meisters „Lehre" ab. Sie kann auf dieser Grundlage in mannigfaltigen Ausformungen angeboten werden und sogar je in sich stimmig, weil sich für alles Belege finden. Aus diesem Grunde gibt es so verschiedene unvereinbare Eckhart-‚Bilder'. Ich behaupte nicht, es gäbe keine Einheit dessen, was Eckhart gelehrt und gepredigt hat, aber es gibt bei ihm Entwicklungen und vor allem Perspektivenwechsel, und letzteren nicht nur zwischen dem Theologen und dem Spiritualen. Dieses aufzuzeigen, bemüht sich mein kleines Buch. Schon die neuen Einblicke in die Biographie sind von größerer Tragweite, als ich zunächst selbst für möglich hielt. Sie erlaubten ein neues Zusammensehen, und dieses legte öfter zwingende Folgerungen nahe. Sicher befinden wir uns noch immer im Bereich des Wahrscheinlichen, aber einer Wahrscheinlichkeit von hohen Graden; sie kann meines Erachtens bezweifelt, aber kaum ohne neue Quellen durch bessere ersetzt werden. Ich sage dies vor allem im Blick auf meine Ausführungen über das ‚Paradisus anime intelligentis', Eckharts Verhältnis zu den Beginen, den ‚Liber benedictus' und die Voraussetzungen und Anstöße zum Prozeß in Köln.

Der einseitige Blick auf das Gesamtwerk hat auch genauere Analysen der einzelnen Schriften verhindert, die fast immer nur unter Gesichtspunkten bestimmter Lehren oder spiritueller Intentionen behandelt wurden. Ich versuchte dem Leser eine in sich geschlossene, ‚monographische' Vorstellung der verschiedenen Werkeinheiten zu vermitteln. Das gilt auch für das deutsche Predigtwerk: Aus einem bereits angesprochenen Grund glaubte ich nur zusammenhängende Texte behandeln zu dürfen. Trotzdem hoffe ich, daß sich daraus für den Leser ein Gesamtbild des Predigers ergibt.

Aus alledem geht hervor, daß es mir um ein „geschichtliches" Eckhartbild zu tun ist. Allerdings nicht als Denkmal, sondern zu unserer Lebenshilfe (wie immer man diesen Begriff verstehen will), und dies in der Überzeugung, daß Eckhart zu denen gehört, dessen Stimme wir nicht vergessen dürften. Es gibt die Methode, Kulturgüter der Vergangenheit für unseren Gebrauch zu präparieren, indem wir das herausstellen, was uns nützlich, erbaulich, belehrend, interessant, aktuell erscheint. Das ist legitim und in der Bühnenvermittlung sogar notwendig. In der Geschichte des Denkens und der Spiritualität ist der Zugriff „für uns" indes bedenklich. Ich brauche nur auf das marxistische und, in der Vergangenheit, das nationalistische Eckhart-‚Bild' zu verweisen. Gerade weil es im Fall von Meister Eckhart solche gewaltsamen Adoptionen gegeben hat und noch gibt, ist es nötig, ihn erst einmal in seiner Geschichtlichkeit zu sehen – freilich, weil dies gar nicht anders möglich ist, durch das Medium des Verfasserbewußtseins, das ich auch gar nicht zurückzudrängen mich bemühte, das aber als unverbindliches Angebot zu verstehen ist.

Sämtliche Zitate, die mittelhochdeutschen und die lateinischen, habe ich in unserer Sprache wiedergegeben. Ich folgte dabei den Übertragungen der Eckhartausgabe Quint-Kochs, jedoch mit Änderungen, wo immer sie mir aus inhaltlichen und stilistischen Gründen wünschenswert erschienen. Nur beim ‚Granum sinapis' und bei anderen Reimversen habe ich das mittelhochdeutsche Original mitgegeben: der poetische Text erfordert dies.

Der Zitatnachweis schien mir zu Kontrolle und zu ergänzender Lektüre notwendig zu sein. Er wird mitten im Text nicht stören. Mit der Forschungsliteratur bin ich etwas großzügiger umgegangen. Daß ich ihr verpflichtet bin, versteht sich von selbst. Das für mich Wichtigste findet der Leser in den Anmerkungen zu jedem Kapitel.

In den übersetzten Textstücken bedeuten Stellen in runden Klammern übertragensnotwendige Erweiterungen, solche in eckigen Klammern Verständnishilfen.

Verzeichnis der abgekürzt zitierten Textausgaben und Forschungsliteratur

Texte

Bihlmeyer	Heinrich Seuse, Deutsche Schriften, hg. von Karl Bihlmeyer, Stuttgart 1907
Koch u. a., LW I–V	Meister Eckhart, Die lateinischen Werke, hg. von Joseph Koch, Konrad Weiß, Heribert Fischer u. a. (Meister Eckhart, Die deutschen und lateinischen Werke, hg. im Auftrag der Deutschen Forschungsgemeinschaft), Stuttgart 1936–1978 [abgeschlossen sind nur die Bde. I u. IV]
Laurent	Autour du procès de Maître Eckhart. Les documents des Archives Vaticanes, Divus Thomas, ser. III, 13 (1936), S. 331–348, 430–447
Migne, PL	Patrologiae cursus completus. Series latina, accurante J.-P. Migne
Pfeiffer I, II	Deutsche Mystiker des 14. Jahrhunderts, hg. von Franz Pfeiffer. Bd. I: Hermann von Fritslar, Nicolaus von Straßburg, David von Augsburg; Bd. II: Meister Eckhart, Leipzig 1845/1857
Quint, DW I–III, V (Die Prediten zit. mit Q 1, 2 etc.)	Meister Eckhart, Die deutschen Werke, hg. von Josef Quint (Meister Eckhart, Die deutschen und lateinischen Werke, hg. im Auftrag der Deutschen Forschungsgemeinschaft), Stuttgart 1936–1976 [I–III Predigten, V Traktate]
Strauch, Par. an.	Paradisus anime intelligentis, hg. von Philipp Strauch (Deutsche Texte des Mittelalters 30), Berlin 1919
Théry	Gabriel Théry, Edition critique des pièces relatives au procès d'Eckhart contenues dans le manuscrit 33 b de la bibliothèque de Soest (Archives d'Histoire Doctrinale et Littéraire du Moyen Age I, 1926/1927, p. 129–268) [nur ‚Rechtfertigungsschrift']

Haas, Sermo mysticus	Alois M. Haas, Sermo mysticus. Studien zu Theologie und Sprache der deutschen Mystik (Dokimion 4), Freiburg/Schweiz 1979
Koch I, II	Kritische Studien zum Leben Meister Eckharts, Archivum Fratrum Praedicatorum 29 (1959), S. 5–51 [I]; 30 (1960), S. 5–52 [II]; auch in Koch, Kl. Schriften I. S. 247–347
Koch, Kl. Schriften I, II	Josef Koch, Kleine Schriften, 2 Bde. (Storia e letteratura 127/128), Roma 1973
Ruh, Kl. Schriften II	Kurt Ruh, Kleine Schriften, Bd. II: Scholastik und Mystik im Spätmittelalter, Berlin-New York 1984
^{2}VL I–V	Die deutsche Literatur des Mittelalters. Verfasserlexikon, hg. von K. Ruh u. a., 5 Bde. (A–M), Berlin 1978–1985

Erstes Kapitel

„Er sprach aus der Ewigkeit, und ihr versteht es nach der Zeit"

„Euch belehrt und zu euch spricht ein liebwerter Meister, aber ihr begreift nichts davon. Er sprach aus der Ewigkeit, und ihr versteht es nach der Zeit." So äußerte sich der Dominikaner Johannes Tauler, der eine Generation nach Meister Eckhart am Oberrhein wirkte, in der Predigt *Clarifica me, pater charitate* (Predigt Nr. 15). Sicher meint er Meister Eckhart, weil die Aussage für keinen anderen zutreffend wäre. Es ist die schlichte Formel für eine Predigtweise und mit ihr eine dahinter stehende Theologie, die sich nicht von unten, vom Kreatürlichen, zum Göttlichen erhebt, sondern sich der Wahrheit und der Verheißung von oben, vom göttlichen Grunde, gewiß ist. Die Hörer aber, so meint Tauler, verstehen diese Rede nicht, sie sind behaftet mit Zeit und dem, was der Zeit unterworfen ist.

Nur zwei Zeilen später nennt Tauler einen „hohen Meister": „der sprach [von übersinnlicher Erkenntnis] ohne Weise [d. i. ohne Bezug auf Menschenart] und ohne [erkennbaren] Weg. Das verstehen viele Leute ganz äußerlich und werden vergiftete Menschen". Hier ist das Sprechen aus der Ewigkeit Anlaß zum Irrglauben, und der Prediger warnt ausdrücklich vor solcher Rede. Ein „liebwerter Meister" und ein „hoher Meister" – ist es nicht derselbe Meister? Gewiß, denn das Sprechen aus der Ewigkeit und das Sprechen ohne Weise und ohne Weg besagt dasselbe. Als verschieden wird nur die Wirkung auf die Hörer bezeichnet. Ein Nichtverstehen hier, das aber Bewunderung für den charismatischen Prediger einschließt („liebwerter Meister"), eine Verfälschung gesunder Lehre dort im „äußerlichen" Verständnis hoher Worte, das Abgleiten in die Häresie.

Man faßt in dieser Doppelaussage Taulers Meister Eckhart, wie er in seiner Zeit gestanden und dann durch die Jahrhunderte hindurch auf seine Leser eingewirkt hat, wie in einem Brennpunkt. Er ist der „liebwerte Meister", dessen Worte beseligend in die Herzen fallen, ohne doch in der eigentlichen Aussage verstanden zu werden, und er ist zugleich der „hohe Meister", in dessen Spiritualität man den Anlaß zu Ketzertum und Kirchenfeindlichkeit sah, wenn nicht schon die Häresie selbst.

Beides ist belegbar schon zu Lebzeiten des Meisters. Es gibt zwar keine urkundlichen, aber doch literarische Zeugnisse von der Wirkung der eckhartschen Predigt und des seelsorgerischen Gesprächs bei Dominikanerinnen, die seine „geistlichen Kinder" waren. Im Schwesternbuch von St. Katharinental am Rhein zwischen Untersee und Schaffhausen, das wie alle Schwesternbücher die legendär gefärbten, das geistliche Leben betonende Lebensläufe der ersten Nonnengenerationen des Hauses schildert, wird von Anna von Ramschwag berichtet, wie sie heimlich an das Beichtfenster getreten sei, um dem visitierenden Meister Eckhart drei Fragen vorzulegen. Sie seien von so „hoher Art" gewesen und die Antwort hätte „von so hohen, unbegreiflichen Dingen" gehandelt, daß die Chronistin nichts davon hätte verstehen können. – In sehr engem Kontakt mit Eckhart muß die im Kloster Ötenbach bei Zürich lebende Elsbeth von Oye gestanden haben. Von ihr sind mystische Schriften, sogenannte ‚Offenbarungen', überliefert, in denen wir die asketisch-ekstatische Welt der Nonnenmystik mit ihren Leiden, Verzückungen und Abstürzen, der Passions- und Weihnachtsmystik seltsam mit Elementen der metaphysischen Geisteswelt des Meisters verbunden finden. So spricht der Herr zu ihr: „Wie meine göttliche Natur Mensch wurde in der Person meines Sohnes, so wird deine menschliche Natur vergottet im qualvollen Schmerz deines Kreuzes", das ist des persönlichen Leidens, das ihr auferlegt ist. Mit Hilfe dieses Leidenskreuzes will der Herr in ihr „seinshafte *(weslich)* Wirkung haben", und in dieser seinshaften Wirkung wird er „geboren werden in den innersten Grund" ihrer Seele, „so wie er alle Zeit geboren werde im Herzen des Vaters". Die Gottesgeburt in der menschlichen Seele, von der Eckhart unermüdlich predigte, wird hier zum biographischen Ereignis.

Auch in Nonnenversen spiegelt sich das Verständnis der eckhartschen Predigt rührend-unbeholfen:

Ich wil iu sagen maere, sprach ein nonne guot,
Uns kumment predigaere, des fröwet sich min muot.

(Ich will euch berichten, sprach eine gute Nonne, zu uns kommen Prediger, darüber freut sich mein Herz.)

Der wise meister Eckhart wil uns von nihte sagen,
Der daz niht enverstat der mac ez gote klagen;
In den hat niht geliuhtet der göteliche schin.

(Der weise Meister Eckhart wird uns vom [göttlichen] Nichts predigen. Wer das nicht versteht, der soll es dem lieben Gott klagen; in ihn hat das göttliche Licht eben nicht geschienen.)

Ich kan iu niht berihten waz man uns hat geseit.
Ir solt iuch gar vernihten in der geschaffenheit.
Geit in daz ungeschaffen, verliesent iuch selber gar,
Alda hat sich ein kaffen al in daz wesen gar.

(Ich kann euch nicht berichten, was man uns [alles] gepredigt hat [außer dem], daß ihr euch gänzlich vernichten sollt im Geschaffenen. Geht ein in das Ungeschaffene, verliert euch selber ganz: So ereignet sich die volle Schau auf das [ungeschaffene] Wesen.)

Diese Verse, denen man weitere hinzufügen könnte, verraten, wie die Predigtweise des „liebwerten Meisters“ beglückend-verwirrend in die Herzen der Zuhörerinnen gefallen ist: beglückend im Bewußtsein, das Sublimste geistlichen Wissens angehört zu haben, verwirrend in der Unmöglichkeit, die eigentlichen Zusammenhänge der aufgetanen spirituellen Welt zu erfassen: „Ich kann euch nicht berichten, was man uns alles gepredigt hat.“

Der „hohe Meister“, der mißverstanden wurde und „vergiftete Menschen“ zu verantworten hat, begegnet uns zuerst im Inquisitionsprozeß, der gegen Eckhart geführt wurde. In der päpstlichen Verurteilungsbulle ‚In agro dominico‘ (‚Auf dem Acker des Herrn‘) vom 27. März 1329, die 17 Aussagen des Meisters als häretisch und 11 als „übel klingend, sehr kühn und der Häresie verdächtig“ erklärte, heißt es in der blumigen Kurialsprache, daß Eckhart als „irregeleiteter Mensch“ „auf dem Acker der Kirche Dornen und Unkraut hervorbringend und emsig beflissen, schädliche Disteln und giftige Dornsträucher zu erzeugen, zahlreiche Lehrsätze vorgetragen“ hätte, „die den wahren Glauben vieler Herzen vernebeln“, „hauptsächlich“ aber habe er sie „vor dem einfachen Volke in seinen Predigten“ gelehrt.

Es ist der letzterwähnte Umstand, der die kühnen, im kirchlichen Verständnis häretischen Aussagen Eckharts als gravierend und gefährlich erscheinen ließ. Das ist im Lichte der historischen Situation verständlich: Wir befinden uns im Zeitalter der Häresie als Volksbewegung (wovon noch ausführlich in diesem Buch zu handeln ist).

Der Vorwurf der Verführung schlichter Gläubiger wird in der Folge ständig erneuert, wofür vor allem eine hochgegriffene und als solche mißverständliche Begriffssprache ins Feld geführt wurde. Dabei ist es interessant, daß die heftigsten Stimmen gegen Eckhart nicht aus streng orthodoxen, sondern aus mystisch-frommen Kreisen kamen, was sicher aus dem Bedürfnis nach Abgrenzung zu erklären ist. Da schreibt Jan van Leeuwen im dritten Viertel des 14. Jahrhunderts in der Augustiner-Einsiedelei von Groenendaal bei Brüssel, Mitbruder des großen Jan van Ruusbroec, der Koch des Hauses, ein Laie, aber mystisch und schriftstellerisch begnadet, verschiedene Schriften gegen Meister Eckhart mit zum Teil grobianischer Polemik. „Das war ein teuflischer Mensch, hieß Meister Eckhart vom Predigerorden“. Er schilt ihn „Antichrist“, der immer noch Jünger habe. Nicht nur das einfache Volk, selbst hochgestellte Persönlichkeiten hätte er zu verführen verstanden. Ein anderer Niederländer, Gerard Zerbolt van

Zutphen, der Gelehrteste unter den Vertretern der Devotio moderna, schrieb im späten 14. Jahrhundert ein Buch ‚De libris teutonicalibus‘ (‚Von deutschen Büchern‘), das auch niederländisch verbreitet wurde. Er wendet sich hier gegen aus Deutschland importierte Bücher in der Volkssprache, die eine neue, gefährliche, selbst wissenschaftlich geschulten Männern unbekannte und deshalb suspekte Begriffssprache gebrauchten. Mehrere dieser Bücher würden Meister Eckhart zugeschrieben und handelten von der „reinen Abgeschiedenheit“ und der „Freiheit des Geistes“. Ein schlechter und verderblicher Same sei von diesen Büchern ausgegangen.

Das doppelte Gesicht Meister Eckharts bestimmt das Urteil über ihn die Jahrhunderte hindurch. Wo immer er wirkte, schieden sich die Geister. Es gilt dies auch noch in der Zeit der wissenschaftlichen Beschäftigung mit Eckhart. Der Göttinger Professor Johann Lorentz von Mosheim, evangelischer Theologe, nannte Eckhart in seinem lateinisch geschriebenen ‚Kommentar über die Begarden und Beginen‘ (posthum i.J. 1790 erschienen) deren „Freund und Patron“. Dieses Urteil teilte der Straßburger Carl Wilhelm Schmidt, gleichfalls ein evangelischer Diener des Worts; im besonderen glaubte er Eckharts Lehre als Pantheismus bestimmen zu können (1839). Differenzierter urteilte 1886 der ebenso gelehrte wie streitbare Dominikaner Heinrich Seuse Denifle, der erstmals über lateinische Schriften Eckharts verfügte, ließ aber über die Häresie vieler Lehren seines Mitbruders keinen Zweifel. Die Kölner Inquisitoren, so erklärt er selbstbewußt und unbelastet von christlicher Demut, seien noch gnädig mit ihm verfahren, er selber sei in der Lage, ihm weit mehr Irrtümer nachzuweisen als jene. Nicht über diese Positionen hinaus gelangte das moderne marxistische Eckhart-Verständnis, nur erhält hier Häresie eine positive Wertung als Emanzipation und theoretische Basis „bäuerlich-plebejischer Gruppierungen“.

Parallel dazu geht die Eckhart-Verehrung und -Erhöhung. Franz von Baader (1765–1841) nannte Eckhart den „Erlauchtesten unter den Theologen des Mittelalters“, für Josef von Görres, der eine ‚Christliche Mystik‘ (1837) schrieb, ist er eine „wunderbare, beinahe christlich-mythische Gestalt“, für den Hegel-Schüler Karl Rosenkranz der „Erzvater einer spezifisch deutschen Philosophie“ und „Herold einer Philosophie der Zukunft“. Die Perversion dieser unkritischen Erhöhung erfolgte ein Jahrhundert später im ‚Mythos des 20. Jahrhunderts‘ des Nazi-Chefideologen Alfred Rosenberg, indem er Eckhart für seinen schwülstig-schaurigen Germanenmythos in Anspruch nahm. Er sei der „größte Apostel des nordischen Abendlandes“, der „deutschen Werte“, „die größte Seelenkraft, der schönste Traum des deutschen Volks“.

Die Geistigkeit Eckharts erwies sich als stark genug, die nationale und nationalsozialistische Mythisierung unbeschadet zu überstehen, und zwar sehr schnell. Nicht nur, daß sich die Wissenschaft, die philosophisch-theologische wie die deutsche Philologie, den alten Meister zurückholte, Eckhart ist heute eine Kraft der Spiritualität, ein „Lehrer des geistlichen Lebens“. Dies war das Stichwort einer Tagung im Jahre 1978, in der sich katholische und evangelische Priester sowie ein sachkompetenter Laie zusammenfanden, um die Frage zu erörtern, ob die Spiritualität des alten Meisters für Menschen dieser Zeit, hier: über seelsorgerische Bemühungen, fruchtbar gemacht werden könne. Dabei war es der Laie, ein Eckhart-Forscher, Alois M. Haas, der den geistlichen Herren den Meister nach dem Stand der Forschung vermittelte. Seine Tischvorlage hatte den Titel ‚Meister Eckhart als normative Gestalt geistlichen Lebens‘. Diese Vermittlung war ein Novum. Immer wieder seit der Wiederentdeckung Eckharts in der Spätromantik war Meister Eckhart ein geistiges Angebot. Gottsucher aller Richtungen griffen nach seinen Schriften, Marxisten und Nationalisten, wie wir bereits gesehen haben, die einen als Alibi, andere in aufrichtiger Verehrung, im Guten und Bösen, möchte man sagen. Alle aber standen nicht nur ohne jeglichen Kontakt mit der aktuellen oder auch nur seriösen Forschung, sondern bekundeten vielfach ihre offene Mißachtung und Verachtung wissenschaftlicher Bemühungen. Dazu darf ohne Überheblichkeit gesagt werden, daß die Verunglimpfung von (ernsthafter) Forschung schon immer der Gesellschaft zum Unheil gereichte. Das scheint nun überwunden. Die Wissenschaft bietet den Seelsorgern ein Grundmodell von ‚Erbauung‘ an. Dieses ist hier nicht zu beschreiben, es könnte auch erst am Ende dieses Büchleins in nützlicher Weise geschehen. Es ist das Bemühen als solches, das in den Blick treten soll, bevor noch die Gestalt Eckharts in seiner Zeit Kontur gewonnen hat – was die eigentliche Absicht dieser Darstellung ist.

In einer allgemeinen und grundsätzlichen Weise soll aber doch etwas vorweggenommen werden, was auch ohne Kenntnis des alten Meisters Widerhall finden und zugleich einem Vorverständnis dienen könnte:

Der 1980 verstorbene Soziologe, Psychologe und Denker Erich Fromm, ein Emigrant der Nazizeit, schrieb als letztes Werk ‚Haben oder Sein‘. Der Titel stammt von Meister Eckhart, er ist dem Traktat der Frühzeit, den ‚Reden der Unterweisung‘, entnommen. Es heißt dort, und Fromm setzt es als Motto zwischen Aussagen von Lao-tse und Karl Marx: „Die Menschen sollen nicht so viel nachdenken, was sie tun sollen, sie sollen vielmehr bedenken, was sie sind.“ Die Seinsethik, die Fromm vertritt, hat keiner so rein und kompromißlos – und doch ohne finstern Asketismus – formuliert wie Meister Eckhart. Es konnte Erich Fromm im fortgeschrittenen und schon dem Ende sich zuneigenden Jahrhundert nicht schwer fallen, eine wahrhaft vernichtende Bilanz der Habens-Ethik, d.i. der Besitz- und Bedürfnisethik, zu ziehen und das Ende der großen Illusion einer „irdischen Stadt des Fortschritts“ anstelle der „Stadt Gottes“ anzuzeigen. Doch steht nicht die Kritik, der Blick auf die gescheiterten Ansprüche im Vordergrund, sondern die Analyse der Habens- und Seinsstruktur. Ganz eng im Anschluß an Eckhart sagt Fromm: „Alles und jedes kann zum Objekt der Begierde werden: Gegenstände des täglichen Lebens, Besitz, Rituale, gute Taten, Wissen und Gedanken. Alle diese Dinge sind nicht an sich ‚schlecht‘, sie werden schlecht, das heißt sie blockieren unsere Selbstverwirklichung, wenn wir uns an sie klammern, wenn sie zu Ketten werden, die unsere Freiheit einschränken“ (S. 68). Fromm tritt sodann der – zumal von Politikern – verbreiteten Behauptung entgegen, die Habensstruktur sei eben die menschliche Grundstruktur: „Wir Menschen haben ein angeborenes, tief verwurzeltes Verlangen zu *sein*: unseren Fähigkeiten Ausdruck zu geben, tätig zu sein, ... dem Kerker der Selbstsucht zu entfliehen“ (S. 100). Der Psychologe Fromm kann das nachweisen. Man müßte diese Kräfte nur freimachen. Dann entsteht der neue Mensch. Fromm fordert ihn am Schluß, zeichnet sein Bild. Spätestens hier möchte der verehrte Leser kritisch einwerfen: „Leider Utopie.“ Dem ist nicht zu widersprechen. Nur wäre hinzuzufügen, daß alles, was die Welt geistig verändert oder auch nur deren frühen Untergang verhindert hat, eine Utopie war: das Christentum zum Beispiel und vor allem. Wie, wenn es *nicht* gewesen wäre, als Rom in einem ähnlichen Zivilisationsdebakel stand wie wir gegen Ende des 20. Jahrhunderts? Was Franz von Assisi lebte, war Utopie (und wurde von Anfang an als solche belacht), und der eigene Orden konnte ihm nicht folgen: aber er hat das Christentum im 13. Jahrhundert vor frühzeitiger Verrechtlichung und totaler Institutionalisierung bewahrt. Er glaubte an den neuen Menschen. Utopisten müßte man auch viele Menschen des 15. und 16. Jahrhunderts nennen, manche der sogenannten ‚Humanisten‘, die die Kirche glaubte beargwöhnen, wenn nicht gar verfolgen zu müssen. Heinrich Pestalozzi und Albert Schweitzer gehören dazu, um wenigstens je einen Vertreter des 19. und 20. Jahrhunderts zu nennen. Man müßte eine Geschichte derjenigen schreiben, die im Gegensatz zu denen, die Geschichte machten und immer noch machen, d. h. den Menschen herrlich weit zu Besitz und Genuß führten, die verschüttete Seinsbestimmung des Menschen freizumachen versuchten. Was noch in uns lebt an Freiheit von Denkzwängen und aufgedrängten Lebensformen, an Mut zur Selbstentäußerung, an, christlich formuliert, „Liebe, Glaube, Hoffnung“, verdanken wir ihnen.

In dieser Reihe steht Meister Eckhart. Er ist eine Schlüsselgestalt in der Geschichte der Menschen. Mit ihm oder gegen ihn werden Entscheidungen getroffen, die den Sinn oder Unsinn unserer Existenz betreffen. Das vermag vielleicht keine Generation besser zu begreifen als die unsrige. Über die Jahrhunderte hinweg erschließen sich aus unserer Lebenserfahrung und gegen sie, zunächst merkwürdig fremd, dann plötzlich nah und vertraut, nie erreichbar, aber unerschütterlich wahr, die Worte Meister Eckharts, etwa dieses: „*Quasi vas auri solidum ornatum omni lapide pretioso.* Wie ein goldenes Gefäß fest und beständig und geschmückt mit kostbaren Edelsteinen ... Dies kann man wahrheitsgemäß von einer jeden guten, tapferen Seele sagen, die da alle Dinge gelassen hat und sie dort nimmt, wo sie ewig sind. Wer die Dinge läßt in der Ordnung ihrer Zufälligkeit, der besitzt sie dort, wo sie ein lauteres Sein und ewig sind" (DW I 263f.).

Zweites Kapitel

Eine steile Gelehrten- und Ämterlaufbahn

1.

Meister Eckharts Leben (ca. 1260–1328) fällt in eine Zeit epochaler Wandlungen, die fast alle Lebensgebiete umfaßte. Ich deute sie nur auf der politischen Ebene an. In Eckharts Kindheit gehen die letzten Staufer auf ferner italienischer Erde zugrunde, Manfred auf dem Schlachtfeld von Benevent (1266), Konradin unter dem Beil des Henkers in Neapel (1268). Mit dem Königtum Rudolfs von Habsburg (1273) gründet königliche Macht auf territorialer Hausmacht, die im Osten des Reiches und über das Reich hinaus ihr Zentrum hat. Das gilt auch für das zweite nachstaufische Königsgeschlecht, die Luxemburger, die das Erbe der Přzmysliden in Böhmen antraten (1310). In der Zeit dieses Übergangs ist Eckhart Provinzialvikar in Böhmen; für die habsburgische Agnes, Königin von Ungarn, schreibt er um 1318 sein ‚Buch der göttlichen Tröstung' mit der Predigt ‚Vom edlen Menschen' (= ‚Liber benedictus'). Während sich in Deutschland territoriale Herrschaft entwickelt, festigt sich in Frankreich das Königtum als Mitte nationaler Kräfte unter Philipp dem Schönen (1285–1314). Als Eckhart sein erstes Pariser Magisterium innehat, findet die erste Reichsversammlung (Etats généraux) in der Notre Dame-Kathedrale in Paris statt (1302), ein neues Instrument des Königtums; Philipp bedarf solcher Rückendeckung, um auf dem Höhepunkt der Auseinandersetzung mit Papst Bonifaz VIII. bestehen zu können. Der grausam geführte Machtkampf zwischen der päpstlichen Universalmacht und dem nationalen Königtum Frankreichs ist denn auch das folgenschwerste Ereignis um die Jahrhundertwende. Die Herausforderung der Bulle ‚Unam sanctam' v.J. 1302 mit ins Maßlose gesteigerten kurialen Machtansprüchen („Für die Erlösung der Menschheit ist es unerläßlich, daß jedes menschliche Geschöpf dem römischen Pontifex untertan ist"), verbunden mit der Absicht, Philipp zu exkommunizieren, beantwortet Philipp mit der brutalen Gefangennahme des greisen Papstes in dessen Sommersitz Anagni (7.9.1303). Die „Schmach von Anagni" beendet die päpstliche Universalmacht, die nächsten sieben Päpste sind Franzosen. Clemens V. verlegt 1309 den Sitz von Rom nach Avignon, das sich nach einem berühmten Wort des Dichters Petrarca zu einem „Babylon des Westens" entwickeln wird. Avignon ist die letzte, traurige Lebensstation Meister Eckharts.

Schon die Einbindung Eckharts in die Welt, in der er lebte, verrät, daß er, sehr im Unterschied zu den großen Dichtern des deutschen Mittelalters, im vollen Rampenlicht der Geschichte steht. Es gibt von ihm eine belegbare und rekonstruierbare Biographie. Trotzdem, wenn auch im Hinblick auf die Personalgeschichte mittelalterlicher Denker keineswegs erstaunlich, gibt es keine Nachricht über ihn, die über sein 30. Lebensjahr zurückführt.

Die datierbare Vita Eckharts beginnt mit dem 18. April, dem Ostertag 1294, in Paris, wo der Dominikanermönch *frater Ekhardus* als *lector sententiarum* der theologischen Fakultät bezeugt ist. An diesem Tage hatte er die Festpredigt zu halten. Das geht aus einer Pariser Sammlung von Predigten und Collationen (Tischlesungen) hervor, die heute im Cod. 83 (geschrieben vor 1298) der Stiftsbibliothek Kremsmünster in Oberösterreich aufbewahrt wird. Obschon diese Entdeckung bereits 1957 erfolgte, ist Eckharts Festansprache noch immer nicht publiziert. Es darf an dieser Stelle nun doch mit Erstaunen registriert werden, daß die Ausgabe des lateinischen Werks seit längerer Zeit völlig zum Stillstand gekommen ist. Die letzte Lieferung kam 1978 heraus. Die Gründe für diese Stagnation sind nur zum Teil durch bedauernswerte Todesfälle von Herausgebern zu erklären.

Der Sentenzenlektor war bereits ein gehobenes Amt der Universitätslaufbahn. Es beruhte auf dem Bakkalaureat der Theologischen Fakultät, dem das Studium der Artes, d.i. der formalen Fächer Grammatik, Dialektik und Rhetorik der Artistenfakultät, voranging. Aufgabe dieses theologischen Lektorats war es, die ‚Sentenzen' zu „lesen", d.h. das akademische Lehrbuch der Theologie, die ‚Libri quatuor Sententiarum' des Petrus Lombardus (1150–1152) zu erklären. Daraus resultierten die Sentenzenkommentare, in der Regel das erste Hauptwerk eines theologischen Lehrers. Derjenige Eckharts scheint nicht erhalten zu sein. Umstritten ist, ob ein anonym überlieferter Sentenzenkommentar in der Stadtbibliothek Brügge, Cod. 491, derjenige Eckharts ist. Erhalten ist uns jedenfalls die ‚Collatio in libros Sententiarum'. Diese ‚Collatio' ist der erste Teil des Principiums, das als feierlicher Universitätsakt einer Vorlesung voranzugehen hat, und zwar nach den Statuten der Pariser Universität zwischen Kreuzerhöhung (14. Sept.) und St. Dionysius (9. Okt.). Sie hat im Sinne einer Einführung, als „Antrittsrede", den Gegenstand der Vorlesung zu thematisieren, seien es die Sentenzen selbst oder aber deren Inhalt, die Theologie. Eckhart stellt in kunstvoller Auslegung von Ecclesiasticus (Buch Jesus Sirach) 38,4, ‚*Altissimus creavit de terra medicinam*' („Der Höchste schuf aus dem Erdreich ein Heilmittel"), die vier Bücher der ‚Sentenzen' vor. *Altissimus* zeigt das erste Buch, die Gotteslehre, an, *creavit* das zweite von der Schöpfung und den Geschöpfen, *de terra* das dritte von der Menschwerdung Christi, *medicinam* das vierte mit der Sakramentenlehre.

Es liegt uns hier das Muster eines scholastischen Sermo vor, wonach man das Textwort aufgliedert – *litteram punctare* nennt Eckhart dieses Verfahren der *divisio* (LW II 247,11) – und die Einzelglieder auf den beabsichtigten Gegenstand der Ansprache bezogen werden. Nicht immer sind bei diesem Vorgang so ungezwungene Gleichungen zu erzielen, wie das hier – man möchte fast sagen: wunderbarerweise – der Fall ist. Da der Prediger der Osteransprache *lector sententiarum* genannt wird, können wir nun erschließen, wann er die ‚Collatio' gehalten hat: zwischen dem 14. September und 9. Oktober 1293.

Alles was vorher in Eckharts Leben liegt, ergibt sich aus Rückschlüssen. Daß er das Artes-Studium gleichfalls in Paris absolviert und dort Siger von Brabant, das Haupt der averroistischen Aristotelesauslegung, gehört hat, und zwar um 1277, ergibt sich aus diffizilen, jüngst indes in Frage gestellten Überlegungen von Josef Koch, dem wir überhaupt die Grundlegung einer präziseren Eckhart-Biographie verdanken, als sie uns früher zur Verfügung stand. Dazwischen liegt nun das fünfjährige Grundstudium der Theologie. Aus einer Bemerkung der Osterpredigt, *Albertus saepe dicebat*, was einer Berufung auf mündliche Aussage gleichkommt, wollte man das Generalstudium der deutschen Dominikaner in Köln, wo Albert der Große wirkte, als Ausbildungsstätte Eckharts bestimmen. Albert starb 1280 *octogenarius et amplius*, also in einem Alter von über achtzig Jahren. So dürfte er als Lehrer Eckharts nicht mehr in Frage kommen. „Goldene Worte" von ihm konnte man indes in dominikanischen und in gelehrten Kreisen überhaupt nicht nur in Köln vernehmen. Ein Kölner Studium ist also nicht mit Sicherheit zu erschließen, auch wenn es durchaus die Regel war, die deutschen Nachwuchstheologen nach Köln zu schicken. Aber ließ man nicht schon den Artes-Studenten Eckhart in Paris studieren, was eine hohe Auszeichnung war, da nach den Konstitutionen der Pariser Universität nur zwei Brüder aus jeder Provinz zum Studium zugelassen wurden? Warum sollte er sein Theologiestudium nicht ebenfalls dort zur Gänze absolviert haben? Denn beendet hat er es ohnehin an der Sorbonne, anders wäre er dort nicht Baccalarius der Theologie geworden.

Gehen wir nunmehr weiter zurück in der Nachzeichnung von Eckharts Lebensgang. Sein Heimatkloster ist das Dominikanerkloster in Erfurt, einer der angesehensten und ältesten Konvente des Ordens im nördlichen Deutschland, 1229 gegründet; es wird mit Eckhart seine Höhe erreichen. Lateinschule und Noviziat, Hausstudium mit dem Studium logicale, naturale, biblicum und Priesterweihe Eckharts fallen so in die Zeit der zweiten Generation des Hauses. Setzt man die üblichen Ausbildungszeiten und einen Eintritt ins Kloster im Knabenalter an, so dürfte Eckhart um 1260 geboren worden sein.

Nur einmal, im Anschluß an die Festpredigt zu Ehren des hl. Augustin, die er als Magister in Paris am 28. August 1303 gehalten hat, wird ein Herkunftsname genannt: *reportatus ab ore magistri Eckardi de Hochheim.* Ein thüringisches Hochheim liegt bei Erfurt, ein anderes bei Gotha. Man glaubte das letztere als Heimat Eckharts bestimmen zu können, und das bedeutete zugleich seine Ritterbürtigkeit. Diese Kombination ist indes, wie Koch nachgewiesen hat, das Resultat einer offensichtlich falschen Deutung einer Urkunde. Wir wissen also nicht, aus welchem der beiden Hochheim Eckhart stammt, und eine adelige Herkunft ist unbeweisbar.

In der Titulatur von Eckharts frühester deutscher Schrift, den ‚Reden der Unterweisung' (mhd. *underscheidunge*), heißt es: „Das sind die Ansprachen, die der Vikar von Thüringen, der Prior von Erfurt, Bruder Eckhart des Predigerordens ... gehalten hat." Eckhart nimmt also ein doppeltes Amt wahr: Er ist Vikar der Ordensnation Thüringen und Vorsteher des Erfurter Konvents. Da im Jahre 1298 auf dem Generalkapitel die Unvereinbarkeit dieser beiden Ämter dekretiert wurde – aus verständlichen Gründen: für den Prior war die Präsenz im Hause wünschenswert, der Vikar hatte viel unterwegs zu sein –, muß Eckhart zu diesem Zeitpunkt das eine Amt zur Verfügung gestellt haben, – ich möchte meinen das Priorat, da es die Aufgaben des Vikars sind, die Eckharts spätere Ämterlaufbahn bestimmen. Es oblag diesem als ‚Stellvertreter' des Provinzials, hier in einer bestimmten Nation, die Ordensklöster zu visitieren und für die Beachtung der Regel und Konstitutionen zu sorgen. Daraus erhellt, daß dieses Amt die eigentliche Verantwortung für das geistliche Leben der Klostergemeinschaften umschloß. Provinzial war in dieser Zeit der noch ungetrennten Teutonia, 1293–1296, Dietrich von Freiberg, dem wir noch mehrfach begegnen werden.

Im Jahre 1302 wurde Eckhart abermals nach Paris entsandt. Die berühmteste Universität des Abendlandes war damals bereits hundert Jahre alt.

1200 befreite König Philippe-Auguste die Lehr- und Lerngemeinschaften am linken Seineufer im Quartier latin, wohin sie mit Pierre Abaelard von der Ile de cité gezogen waren, von der königlichen Gerichtsbarkeit. Diesem Freibrief folgten in harten Auseinandersetzungen die Befreiung von der Autorität des Bischofs und seines mächtigen Kanzlers und die Privilegien des Papstes, dem die Universität nunmehr allein unterstand (Bulle v. J. 1215). Die ‚Sorbonne', seit dem 16. Jahrhundert der Name der gesamten Universität, war das von Robert de Sorbonne, dem königlichen Beichtvater, 1253 gestiftete Kolleghaus für die Weltpriester, wurde aber bald zur Bezeichnung der Theologischen Fakultät. Die Orden hatten ihre besonderen, natürlich als Konvente eingerichteten Häuser. Das der Dominikaner, St. Jacques, lag den Gebäuden der Sorbonne unmittelbar gegenüber (s. Abbildung). Hier verbrachte Eckhart seine Pariser Jahre.

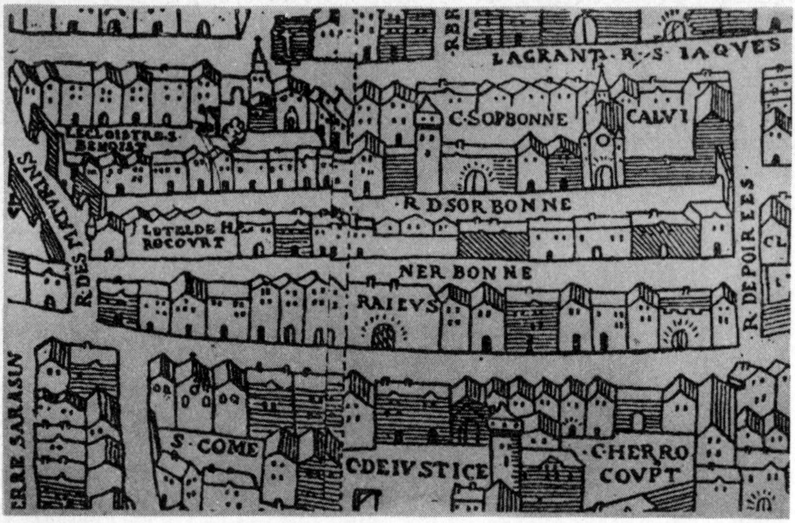

Paris, Sorbonne und Umgebung (Holzschnitt)

Auf Grund der früheren Tätigkeit als Sentenzenlektor erhielt er die Lizenz für das theologische Doktorat. Sie entspricht etwa einer heutigen Habilitation und berechtigte in Paris zur Übernahme eines Lehrstuhls für ein Jahr. Für Eckhart ist es der für Nichtfranzosen reservierte Lehrstuhl der Dominikaner. Als Magister actu regens (amtlich beauftragter Professor, ‚Ordinarius') hatte er neben der Teilnahme an den Disputationen die Aufgabe, die Bibel zu erklären. Aus dieser Lehrtätigkeit gingen in der Regel die zahlreichen Bibelkommentare des Hoch- und Spätmittelalters hervor. Auch von Meister Eckhart sind einige überliefert. Es herrscht indes Unklarheit, welche der erhaltenen Auslegungen diesem ersten oder erst dem zweiten Magisterium zuzuordnen sind. Darüber wird an späterer Stelle (S. 29) noch zu reden sein.

Die wichtigsten gelehrten Schriften des ersten Pariser Magisteriums Eckharts sind drei ‚Quaestionen' (Streitfragen, offene Fragen), wobei die dritte freilich nur durch Referat und Gegenargumente eines anderen Pariser Magisters vermittelt wird. Sie sind schon deshalb kurz zu charakterisieren, weil sie nicht nur für die Doktrin Eckharts, sondern auch für das deutsche Predigtwerk, wie ich nachweisen werde (Kap. 5), von erheblicher Bedeutung sind. Ihre Vorstellung im biographischen Zusammenhang ist aber insofern angezeigt, als diese Quaestionen, die als methodische Grundform des höheren Schulbetriebs zu gelten haben, die geistige Welt, in der Eckhart als Gelehrter wirkte, die Universität, genauer zu vergegenwärtigen vermögen. Wir lesen heute die Pariser Quaestionen als literarische Werke. Es sind indes ‚Quaestiones disputatae', im Hörsaal vorgetragene theologische ‚Fragen', die dialektisch mit Thesen und Gegenthesen zu lösen versucht wurden.

Die erste Quaestio gilt der Frage nach dem Verhältnis von Sein und Erkennen in Gott: *Utrum in Deo sit idem esse et intellegere* („Ist in Gott Sein und Erkennen identisch?"). Einleitend werden einige Argumente des Thomas von Aquin zugunsten der Identität vorgetragen, hierauf ein eigenes Argument ebenfalls zum Beweis der Identität. Hierauf revoziert Eckhart ausdrücklich und ungewöhnlich, daß er nämlich nicht mehr der Meinung sei, daß „Gott erkennt, weil er ist", sondern daß es sich umgekehrt verhielte: „weil er erkennt, deshalb ist er"; „Gott ist Erkennen, und das Erkennen ist die Grundlage seines Seins." Als biblischer Beweis wird Joh. 1,1 herangezogen: „Im Anfang war das Wort, und das Wort war bei Gott, und Gott war das Wort", wobei das Wort auf den *intellectus* bezogen wird. Ontologisch argumentiert Eckhart, daß das Sein etwas Kreatürliches sei und infolgedessen dem Schöpfer, der unerschaffen ist, nicht zukommen könne. Gott kann aber auch als Ursache des Seins nicht dieses selbst sein, sondern nur die „Lauterkeit des Seins" *(puritas essendi)*, das Sein „an sich". Eckhart betont dies, weil ihm offensichtlich an einer scharfen Trennung zwischen dem Göttlichen und dem Kreatürlichen gelegen ist. Im übrigen führt er *von götlicher natûre lûterkeit* als eines seiner vier zentralen Predigtthemen auf (Q 53, II 529,2). Schließlich heißt es, „daß Gott das Sein nicht zukommt und daß er kein Seiendes ist, sondern er ist etwas Höheres als das Seiende". In der Verneinung sieht er so den „Überschwang der Bejahung". Das ist, wie in einem späteren Kapitel dargetan wird, im Geiste des Pseudo-Dionysius Areopagita formuliert.

Die zweite Quaestio lautet: *Utrum intelligere angeli, ut dicit actionem, sit suum esse* („Ist das Erkennen des Engels, insofern es eine Tätigkeit besagt, mit dessen Sein identisch?"). Hier erklärt Eckhart gleich zu Beginn: *quod non.* Er verwendet zum Teil dieselben Argumente wie in der ersten Quaestio, wobei er generell vom *intellectus* redet, nur die Thesenformel nennt die „Engel". Es werden so, und dies durchaus im Einklang mit anderen Scholastikern, *intellectus* und *intelligentia* (denn Engel sind Intelligenzen) gleichgesetzt.

Die dritte Pariser Quaestio, reduziert auf Argumente, verdanken wir dem nächsten Amtskollegen Eckharts, dem Magister actu regens auf dem theologischen Lehrstuhl der Franziskaner, Gonsalvus Hispanus. Seine Quaestio lautet: *Utrum laus dei in patria sit nobilior eius dilectione in via* („Ist der Lobpreis Gottes im Himmel edler als die Liebe zu ihm auf Erden?"). Probleme haben die! ruft der heutige Leser aus und sieht die Vulgärmeinung bestätigt, daß es die Scholastik vornehmlich mit theologischen Spitzfindigkeiten vom Typus: Wieviel Engel haben auf einer Nadelspitze Platz? zu tun hatte. Die Formulierung der Quaestio ist indes nur so etwas wie ein Reißertitel, der sich auch weniger wunderlich-auffallend formulieren ließe. Der Verfasser macht nämlich (allmählich) klar, daß der Lobpreis mit der Schau *(visio)* Gottes, wovon er ein Einzelakt ist, gleichzusetzen ist und daß weiterhin die Liebe auf Erden und im Himmel derselben Art ist. Das ergibt, daß die Quaestio schlicht lautet, ob im Himmel die Liebe oder die Schau Gottes von höherer Art sei. Diese Frage aber entspricht der allgemeineren – und ihr kam eine bedeutende Aktualität zu –, ob dem Willen (der das Liebesvermögen in sich schließt) oder dem *intellectus* der Vorrang in der Beziehung Mensch-Gott einzuräumen sei. Es war dies ein zentraler Punkt der Doktrin, in der sich Dominikaner und Franziskaner unterschieden – mit erheblichen Auswirkungen auf die jeweilige Spiritualität, wie leicht einzusehen ist. Es entpuppt sich so die verspielt scheinende Gelehrtenfrage, die erst durch verschiedene Begriffsversetzungen Aktualität gewinnt, als eine zentrale Streitfrage zwischen den beiden Bettelorden.

Gonsalvus hat nun seinem Plädoyer zugunsten der Liebe *rationes* seines Amtskollegen folgen lassen, um sie anschließend einzeln zu entkräften. Es sind elf Argumente, und sie scheinen nicht wesentlich verkürzt und damit verfälscht zu sein. Von einem „Pamphlet" des Franziskaners gegen Eckhart zu sprechen, wie geschehen, ist völlig verfehlt, geht auch gänzlich an der Wirklichkeit des Universitätsbetriebs, der auf Thesenbildung und entsprechenden Antithesen beruhte, vorbei.

Von den elf Argumenten, die den Vorrang des Erkennens dartun wollen, greife ich drei wesentliche heraus: (4.) Das Erkennen besagt eine gewisse Gottförmigkeit und ein Gottförmigwerden, denn Gott ist selbst Erkennen und nicht Sein. Dem hält Gonsalvus entgegen, Liebe schließe größere Gottförmigkeit in sich, weil der höchste Chor der Engel, die Seraphime, nach der Liebe genannt werden: Seraphim bedeutet *incendium amoris*. Gott sei nur „nach der Art unseres Erkennens und Begreifens" kein Sein, wohl aber ist er Sein nach Maßgabe der Sprache. (7.) Die entscheidende Ursache, daß wir „wohlgefällig" vor Gott sind, ist das Erkennen. „Daher ist jemand gerade deshalb Gott wohlgefällig, weil er ein Wissender ist." Der Franziskaner erklärt dazu: „Es gibt viele einfache Männer und Frauen, die Gott wohlgefälliger sind als die großen Gelehrten." Damit greift er offensichtlich zu kurz. Eckhart dürfte mit dem „Wissenden" *(sciens)* nicht den Gelehrten gemeint haben, sondern den Menschen, der im Zustand des Erkennens ist – die *anima intelligentis* (s. 5. Kapitel). (8.) Dasjenige Vermögen ist edler, in dem vorzüglich die Freiheit beschlossen ist. Diese aber liegt vorzüglich im *intellectus*, denn etwas ist frei, weil es ohne Materie ist. Gonsalvus stellt die Unstofflichkeit als Ursache der Freiheit in Abrede, er vertritt die Ansicht, daß Engel und Seele – aristotelisch – aus Materie und Form zusammengesetzt sind.

In Eckharts erstes Magisterium fällt noch eine Predigt zum Festtag des hl. Augustin am 28. August 1302 oder (wahrscheinlicher) 1303. Sie dürfte, da das Fest des großen Kirchenvaters für alle Fakultäten als Feiertag bestimmt war, vor der gesamten Universitätsgemeinde gehalten worden sein. Sie wird als wenig bedeutend eingestuft – zu Unrecht, wie ich meine, wenn man den richtigen Maßstab anlegt, nämlich denjenigen einer akademischen Pflichtübung. Aber der ‚Horizont' Eckharts ist durchaus präsent: in der Zitation einer Kernstelle aus Platons ‚Timaios', in der Ausführung der mystischen Theologie nach Dionysius mit dessen *ablatio* und *eminentia*, der eigentlichen Verneinung und der Heraushebung über alles Sagbare. Er spricht die Gotteserkenntnis *in exstasi mentis*, in der Ekstase, an, er faßt die Gnade, die ins menschliche Herz kommt, u. a. als „Erleuchtung und Entflammung durch Gott" und „heftig wehender Wind", was an die *orewoet* der Hadewijch erinnert.

2.

Als Eckhart nach Abschluß des akademischen Jahrs im Frühsommer 1303 in seine Heimat zurückkehrte, hatte soeben an Pfingsten das Generalkapitel in Besançon beschlossen, Provinzen, die zu groß geworden waren, zu teilen. Das geschah auch mit der Teutonia. Aus ihr ausgegliedert wurde die Saxonia. Sie war mit 47 Konventen, Frauenklöster nicht mitgezählt, und einem Territorium, das aus elf Nationen bestand und von Seeland und Holland bis in die Mark Brandenburg und das Mecklenburgische reichte, immer noch eine Großprovinz. Ihr erster Provinzial wurde Meister Eckhart.

Amtssitz war das Erfurter Dominikanerkloster, das nunmehr sein goldenes Jahrzehnt erlebte. Es liegt mitten im Ring der alten Stadt, sehr nahe dem Franziskanerkonvent, der seine Blütezeit als Ordensschule, im Verband der 1392 gegründeten Universität, erst im späten 14. und im 15. Jahrhundert erreichen wird. Die Konventsgebäude sind zum größten Teil niedergerissen worden, die Kirche aber, in der Eckhart gepredigt hat (begonnen nach 1278, vollendet um 1280) – und es sind Predigten zu nennen, die hier gehalten wurden –, ist der Nachwelt erhalten.

Aus der Zeit seines Provinzialats, das eine Fülle von Aufgaben umschloß, stammt der einzige Originalbrief Eckharts, datiert vom 11. September 1305 in Rostock, wo am Tage von Mariae Geburt, dem 8. September, (wie üblich) ein Provinzialkapitel statthatte. Er ist an den Rat der Stadt Göttingen gerichtet und lautet:

„Den hochehrbaren und weisen Männern, den Ratsherren der Stadt Göttingen [wünscht] Bruder Eckhart, Prior der Predigerbrüder in der Provinz Sachsen, sie mögen in den Wechselfällen dieser Welt in Gottes Bewahrung stehen. – Das Versprechen, das Euch von den mir sehr teuren Brüdern, die in Eurer Stadt niedergelassen sind, vom Prior und der Konventsbrüderschaft unseres Ordens gemacht worden ist, wonach sie ohne

Eueren Willen und Euere Zustimmung ihr Areal nicht über die jetzige Ausdehnung hinaus erweitern dürfen, ratifiziere und bestätige ich. In Erinnerung dieser Sache ist zur Beglaubigung unser Siegel angehängt."

In verstümmelter Form sieht man das Amtssiegel des Provinzials noch an der Urkunde hängen; ein noch unbeschädigtes ist im Wolfenbütteler Stadtarchiv aufbewahrt. Es zeigt in recht kunstvoller Ausführung den auferstehenden Christus. Auf der Umrandung des spitzovalen Siegels steht: S. PRIORIS (PRO)VINC. FRM PRED (SAX)ONIE *(Scriptum Prioris Provincialis fratrum predicatorum Saxonie).*

Es ist dies, und deshalb durfte der Brief nicht unerwähnt bleiben, neben dem literarisch ausgewiesenen Pariser Magister der Theologie und dem „liebwerten Meister", der „aus der Ewigkeit" als Prediger gesprochen hat, der eigentliche Ausweis Eckharts als Amtsinhaber. Sachlich geht es in diesem dem Sekretär diktierten Schreiben um den klösterlichen Grundbesitz des Göttinger Konvents, der ohne Zustimmung der Stadtväter nicht erweitert werden durfte. Er wurde erst vor wenigen Jahren, 1296, gegründet, befand sich noch im ersten Stadium des ökonomischen Aufbaus. Man bedenke: Der Raum innerhalb der Stadtmauern war begrenzt, jede Ausdehnung von Grundbesitz stieß auf Interessen und Bedürfnisse anderer; Bodenpolitik mußte so eine harte Sache sein. Man bedenke gleichfalls, daß es sich um spezifische Sorgen und Schwierigkeiten der neuen Orden, der Bettelorden, handelte, die ihre Häuser und Kirchen nicht wie die alten Orden in Einöden (die später zu Städten werden konnten), sondern innerhalb der Mauern von Städten erbauten, richtete sich doch ihr eigentlicher Auftrag, Predigt und Seelsorge, an die städtische Bevölkerung. Das aber schloß in der Regel den Widerstand des Stadtklerus in sich, der – mit Recht – die Konkurrenz der Bettelmönche befürchtete.

Der Originalbrief Eckharts an die Ratsherren von Göttingen verrät uns, was zum Alltag des Provinzials gehörte. Wenn dieser drei Frauenkonvente gründete, in Braunschweig, Dortmund und Groningen – alle 1310 vom Papste bestätigt –, so waren dazu zahlreiche amtliche Auflagen, Gesuche und Verhandlungen nötig. Die Gründungsgeschichte des Dominikanerinnenklosters in Braunschweig gilt als „eines der turbulentesten Kapitel in der Geschichte der Dominikaner" (Koch). Eckhart mußte im Juni 1309 persönlich nach Braunschweig reisen. Ein städtisches Protokoll vom 23. Juni 1309 hielt in niederdeutscher Sprache fest: „Bruder Eckhart, der Provinzial der ‚Pauler' (volkstümliche Bezeichnung der Dominikaner in Braunschweig), hat vor dem Rat zugesagt, daß hier alle Bauten stehen bleiben sollen, wie sie jetzt stehen, käme auch ein Bote vom päpstlichen Hofe [mit der Nachricht], daß sie [weiter] bauen können, so sollen sie doch keine Brücken und andere Objekte bauen, die der Stadt schaden könnten, es sei denn, es geschehe mit dem Willen des Rates. Als Zeugen waren zugegen Bruder Klaus, der Prior von Hildesheim, und Bruder Henrec, der Prior von Halberstadt." Offensichtlich hatte man den Klosterbau vorangetrieben, ohne die erforderliche päpstliche Genehmigung abzuwarten. Das Zugeständnis des Provinzials, einen Baustopp zu bewirken (die päpstliche Genehmigung traf erst im Frühjahr 1310 ein), war höchst unerfreulich und wirtschaftlich verlustreich.

Von Meister Eckharts Klostergründungen ist nichts mehr zu sehen. Kirchen und Klöster wurden restlos zerstört; auch die klösterlichen Archive sind im Zug der Reformation vernichtet worden.

Zu den Aufgaben des Provinzialats gehörte Organisation, Durchführung und Leitung der jährlichen Provinzialkapitel, die immer am Tage von Mariae Geburt, am 8. September, angesetzt wurden. In der Amtszeit Eckharts fanden sie in Halberstadt, Rostock, Halle, Minden, Seehausen (Altmark), Norden und Hamburg statt. Dazu kamen die pfingstlichen Generalkapitel von Toulouse 1304, Straßburg 1307 und Piacenza 1310, an denen der Provinzial der Saxonia teilnahm. Die Auto- und Intercity-Fahrer unserer Tage müssen an die zu Fuß zurückzulegenden Wege über Ströme und Gebirge hinweg erinnert werden, um die Länge und Mühseligkeiten dieser Reisen auch nur zu ahnen. Zu bedenken ist auch, daß das Provinzialiat Eckharts, das ihn in ständiger Bewegung sah, ein Jahrzehnt katastrophaler Witterungsverhältnisse gewesen ist. 1303 und 1306/1307 fror die Ostsee, auch im Süden, zu. Schon selbstverständlich ist die Tatsache, daß die Reisenden wilden Tieren ausgesetzt und vielfach von Wegelagerern bedroht waren. Sehr anschaulich erzählt der Eckhart-Schüler Heinrich Seuse in seiner Lebensgeschichte von der Gesellschaft eines Mörders mit Spieß und langem Messer in einem finstern Wald (,Leben' c. 26). Kein Wunder, daß viele, und besonders prominente Ordensleute, die viel auf Reisen waren, unterwegs ihr Leben beschlossen, so zu Lebzeiten Eckharts der berühmteste Dominikaner des Mittelalters, Thomas von Aquin, 1274 auf dem Wege zum Konzil von Lyon und 1294 der 8. Generalminister des Ordens, Stephan von Besançon, auf dem Wege nach Rom.

Die Provinzialkapitel erfüllten neben den administrativen Aufgaben wie Statuten-Beratungen und -Beschlüssen, Fragen von Neugründungen und Neubauten, der Disziplin und Reformen sowie Wahlen auch ein geistliches, gelegentlich sogar ein wissenschaftliches Programm. In diesem Rahmen sind uns zwei Predigten Eckharts über die Lesung der Festmesse von Mariae Geburt, *,Ego quasi vitis fructificavi suavitatem odoris'* („Ich brachte gleich wie der Weinstock die Frucht lieblichen Duftes hervor") und *,Spiritus meus super mel dulcis'* („Mein Geist ist weit süßer als Honig"), Ecclesiasticus 24,23 und 27, sowie zwei je daran anschließende Lektionen (Vorlesungen) überliefert.

Die Predigten sind im Gegensatz zu den ,Sermones de tempore' und ,de Sanctis' (LW IV), die Entwurfcharakter haben, ausgeführte Reden. Den lateinischen Rhetoriker Eckhart lernen wir nur aus ihnen kennen. Besonders eindrucksvoll ist der einführende, allgemeine Teil der ersten Predigt, der den wahren Prediger zum Gegenstande hat (n. 1–6).

Der Provinzial spricht hier seine Brüder auf ihre wichtigste Aufgabe hin an, ihr Predigtamt, führt aus, wie ein Prediger zu „sein" hat und was seines Amtes ist: Der Apostel (Paulus, in bezug auf das zitierte Schriftwort 2. Cor. 2,14f. „Den Duft seiner Erkenntnis tut [Gott] durch uns allerorts kund, denn wir sind Christi Wohlgeruch"), der „Prediger der Wahrheit" (so im Dominikanerbrevier), kennzeichnet die Predigttätigkeit sowie die Aufgabe des Predigenden und folgert daraus mit den Worten ‚Wir sind Christi Wohlgeruch', was für den Prediger selbst notwendig ist. Und das sind drei Eigenschaften: Reinheit des Lebens, Lauterkeit der Absicht, Lieblichkeit des duftspendenden Rufes. Lauterkeit der Absicht: er soll nur Christus meinen, nichts anderes außer ihm, nach dem Wort: „Wir predigen Christus den Gekreuzigten" (1. Cor. 1,23). „Lieblichkeit des Rufes: ‚Wohlgeruch'. Bernhard (von Clairvaux) schreibt in einem seiner Briefe: Der Glanz eines Werkes ist der Wohlgeruch seines Rufes. Reinheit des Lebens: ‚Wir sind'. Denn ‚Leben ist für die lebenden Wesen Sein' (Aristoteles). Je allgemeiner, je abstrakter aber das Sein – ‚wir sind' – genommen wird, um so reiner bezeichnet es das Leben, und das besagt das Zeitwort ‚leben'" (n. 2). Dies wird dann näher ausgeführt.

Der Universitätsbetrieb ist Eckhart noch nah – wie in deutschen Predigten dieser Zeit, die in die Sammlung ‚Paradisus anime intelligentis' eingegangen sind. In Lectio I führt er im 14. Punkt aus, was er von der Wissenschaft hält: Wenn sie nicht im Wissen selbst haltmache, sofern sie keine Frucht finden kann, sei sie unfrei und nicht um ihrer selbst willen, und gehe im Suchen nach der Frucht außer und neben dem Wissen buhlerisch um. „Wer Wissenschaft und Weisheit so behandelt, sieht sie nicht als seine Braut an (wie Sapientia 8,2 „Ich habe sie geliebt und bin ihr nachgegangen und gedachte sie nur als Braut heimzuführen"), sondern als seine Buhle, nicht als Freie, sondern als Magd" (n. 28). Es fiele nicht schwer, mit einigen Umdeutungen dieses Wissenschaftsverständnis zu einem Mahnspruch zuhanden heutiger Gelehrter zu formulieren.

Zu Beginn von Sermo II sagt Eckhart: „Geliebte Brüder! Bei den feierlichen Antrittsvorlesungen der Theologen besteht folgender Brauch: Einer von den ersten, das heißt ältesten Meistern stellt eine Frage, und einer von den jüngsten antwortet auf sie. Es ist gewiß schon lange her, daß einer aus der Frühzeit des Alten Bundes die Frage stellte: ‚Was ist süßer als Honig' (Richter 14,18). Ein sehr junger Meister, der heute anfängt, heute geboren wird – ‚Der Herr sprach zu mir: ‚Mein Sohn bist du, heute habe ich dich gezeugt' (Ps. 2,7) –, antwortet jetzt auf sie mit den Worten: ‚Mein Geist ist weit süßer als Honig'" (Eccl. 24,27).

Der „sehr junge Meister" ist Eckhart, wobei „sehr jung" für einen etwa vierzigjährigen Mann nicht überraschen darf: Die Magisterwürde durfte an der Theologischen Fakultät der Universität Paris vor dem 35. Lebensjahr überhaupt nicht verliehen werden. Eckhart hielt also offensichtlich diese Predigt, als er gerade, kurz vor dem 8. September 1302, dem Tage des Provinzialkapitels (das in Basel stattfand), die Lizenz zu seinem Pariser Magisterium erhalten hatte – wie üblich einige Wochen vor Beginn des akademischen Jahrs. Vielleicht war er gerade aus Anlaß der Ernennung mit dieser Aufgabe betraut worden – zu seiner Ehrung: Wir hätten so in der ungewöhnlichen persönlichen Einleitung eine Replik auf diese Situation zu erblicken.

Hier ist ein kleiner Exkurs zur Werkchronologie einzuschalten. Es überrascht zunächst, daß sich die Herausgeber der ‚Lateinischen Werke', ja die Forschung schlechthin nicht in der Lage sahen, die Schriftkommentare Eckharts seinem ersten oder dem zweiten Magisterium zuzuordnen. Das hängt mit dem Umstand zusammen, daß Eckhart von 1311 an, im Rahmen des ‚Opus tripartitum', die bereits früher entstandenen Kommentare erweiterte und erneuerte, wie er überhaupt, was aus den zweifachen Fassungen der Genesis- und Exodusauslegungen hervorgeht, ständig bemüht war, seine Auslegungen à jour zu halten. Es bieten so auch die zahlreichen Rückverweise keine Hilfe mehr an, denn sie erfolgen wechselseitig. Wenn so Eckhart in Lectio I, n. 21 des ‚Ecclesiasticus' auf den Sapientia-Kommentar verweist, so darf man gewiß daraus schließen, daß dieser dem ersten Magisterium zuzuordnen ist, aber nicht in welcher Gestalt, denn im Sapientiakommentar verweist er umgekehrt auf Eccl. Lectio I, n. 29, was bedeutet, daß jene Lectio erneuert worden ist. Der sehr präzise Rückverweis in n. 120 auf den ‚Liber propositionum' macht dies zur Gewißheit. Es ginge nun darum, die alten von den neuen Partien abzuheben; dazu hatte noch niemand den Mut.

Gelegentlich freilich liegt ein Ansatz vor – so gerade im Eingang von Sermo II, von dem wir ausgegangen sind –, der sich datieren läßt. Es ist nämlich noch eine zweite Einleitung überliefert, die das Verhalten von Käufern und Verkäufern zum Ausgangspunkt der Ansprache macht. Es ist dieser Einsatz, an den der folgende Text anschließt, während überhaupt nicht zu erkennen ist, in welcher Weise der Anschluß an die persönliche Einleitung v.J. 1302 vollzogen wurde. Hier liegt also eine neue Fassung vor, und dies bestätigt zweifelsfrei die Doktrin, die diejenige des ‚Opus tripartitum', also des zweiten Magisteriums, ist. Die Neufassung fällt so in die Zeit von 1311/1313 oder später. Übrigens gibt es einen Rückverweis auf einen Teil des ‚Opus tripartitum', nämlich den ‚Liber propositionum' (n. 53), der sich freilich, da von diesem Werk nur der Prolog überliefert ist, nicht verifizieren läßt.

Es scheint nicht mehr möglich, die ältere Fassung aus der jüngeren herauszuschälen; am ehesten darf man noch den abschließenden Marienteil des Sermo (n. 39/40) der Erstfassung zuschreiben. Die Lectio II scheint mir völlig neu verfaßt worden zu sein, und wohl auch nicht zu Zwecken theologischer Unterweisung im Rahmen eines Provinzialkapitels – bezeichnenderweise fehlt hier jeglicher Bezug auf die Gottesmutter –, diese gilt vielmehr den Lernenden und Lehrenden der Pariser Universität. Hier ist z. B. die Kernstelle von Eckharts neuer Analogielehre zu finden (s. Kap. 6, S. 82 f.).

Bei der vorgetragenen Chronologie mag noch stören, daß die Erstfassung von Sermo II dem Sermo I und der Lectio I zeitlich vorangeht. Es ist jedoch anzunehmen, daß die vollständig umgeschriebenen Texte von Sermo II und Lectio II nachträglich an die zweite Stelle versetzt wurden. Einen Grund dazu kann man im Umstand erblicken, daß die Textworte von Sermo/Lectio II (Eccl. 24,29; 30 b; 31) denjenigen von Sermo/Lectio I (Eccl. 24,23) folgen. Das hieße: Die ursprünglich für das Provinzialkapitel bestimmten und dort gehaltenen Vorträge wurden später in ein fortlaufendes Stück Schriftkommentar eingeordnet und umgeschrieben.

Auf dem Generalkapitel in Straßburg 1307 wurde Eckhart ein weiteres Amt aufgebürdet, dasjenige eines Generalvikars des Generalministers Aymerich von Piacenza in der Provinz Böhmen. Die Aufgabe eines Generalvikars bestand nach den Bestimmungen des Ordens in der *auctoritas* „zu prüfen, zu bestrafen, (von Strafen) loszusprechen, zu festigen, zu reformieren, und dies von Konvent zu Konvent, von Provinz zu Provinz, am Haupt wie an den Gliedern". Zu dieser Aufgabe in Böhmen wurde Eckhart mit besonderen Reformvollmachten ausgestattet. Solche schienen dringlich, und wir finden Eckhart denn auch bereits im August des Jahres in Böhmen. Daß es nach dem Abschluß der Sondermission zu neuen Schwierigkeiten bzw. Verstößen gegen die Reform gekommen ist, geht aus dem Auftrag des Generalkapitels von Padua 1308 an den Provinzial von Böhmen hervor, die Angelegenheit zu prüfen und Schuldige zu bestrafen, sowie aus dem Bericht Eckharts selbst vor dem Generalkapitel in Piacenza 1310.

Im selben Jahr, auf dem Provinzialkapitel in Speyer unter dem Vorsitz Dietrichs von Freiberg, wählten die Elektoren der Teutonia, der (seit 1303) süddeutschen Ordensprovinz, Meister Eckhart als Nachfolger des bedeutenden Theologen Johannes von Lichtenberg zu ihrem Provinzial: eine ungewöhnliche Wahl, da man dadurch einer andern Provinz die Leitung entzog. Das Generalkapitel in Neapel (1311) bestätigte indes diese Wahl nicht, entband vielmehr Eckhart auch seines sächsischen Provinzialats, um ihn abermals mit der Wahrnehmung des Pariser Lehrstuhls zu beauftragen. Es war dieses zweite Magisterium an der berühmtesten Universität des Abendlandes eine Auszeichnung, die bis dahin nur Thomas von Aquin zuteil wurde. Die Pariser Jahre 1311–1313 bedeuten, wie mir scheinen will, den wichtigsten Wendepunkt in Eckharts Dasein.

Drittes Kapitel

Der Ordensspirituale: ‚Die Reden der Unterweisung'

1.

Die ‚Reden der Unterweisung' sind das Hauptwerk des Priors des Predigerklosters in Erfurt. Das Amt des Leiters seines Heimatkonvents wird Eckhart nach seiner Rückkehr von Paris, wo er als Sentenzenlektor 1293/1294 wirkte, übernommen haben. Er behielt es, wenn die früheren Überlegungen richtig sind (s. o. S. 21), bis 1298. Die ‚Reden' sind so zwischen 1294 und 1298 entstanden.

Der heute übliche Titel, mhd. *‚Die rede der unterscheidunge'* (RdU), ist nur in einer kleinen Gruppe später Handschriften belegt und sicher nicht ursprünglich. Er kombiniert *rede* (Ansprachen) des originären Titels mit einem Registertitel *materie der unterscheidunge*. Der vollständige Satztitel legt Form, Inhalt und Zweckbestimmung klar: „Das sind die Reden, die der Vikar von Thüringen, der Prior von Erfurt, Bruder Eckhart Predigerordens, mit solchen ‚Kindern' geführt hat, die ihn zu diesen Reden nach vielen Dingen fragten, als sie zu Lehrgesprächen beieinander saßen." Form und Anlaß ist das Lehrgespräch *(collatio)*, das mit einer Ansprache *(rede)* des Leiters Fragen der Zuhörer auslösen soll. Zuhörende und Fragende sind „Kinder", d. h. geistliche Kinder, die dem Prior anvertrauten Mönche, vorzüglich, worauf mancherlei hinweist, wenn nicht ausschließlich, die jüngeren Mitglieder, die Novizen wohl eingeschlossen, „Kinder", die zu wahren Ordensleuten erzogen werden sollten. Damit ist *collatio* präzisiert: das Lehrgespräch bezieht sich auf das klösterliche Leben – und doch, wie zu zeigen sein wird, keineswegs auf es allein.

Der Gesprächscharakter tritt verständlicherweise in der literarischen Form, in der uns die ‚Reden' überliefert sind, fast ganz zurück, doch sind Reste der Gesprächsform erhalten geblieben: *Ich wart gevrâget, nû vrâge*; *ein vrâge*; ein spontaner Einwand: *Eyâ, herre, ich hân vil gesündiget, ich enmac niht gebüezen*.

Die überlieferte Form dürfte auf Eckhart selbst zurückgehen. So wie die lateinischen Ansprachen, Disputationen und Vorlesungen in der Regel von den Autoren nachträglich in eine schriftlichen und literarischen Ansprüchen genügende Form gebracht wurden – daneben gab es auch die Nachschriften *(reportationes)*, was fast immer vermerkt wird, so zu Eckharts ‚Collatio in libros Sententiarum' –, so dürfte der bereits universitätserfahrene Prior seine Ansprachen und Gespräche zu Pergament gebracht und damit einer breiteren Öffentlichkeit vorgelegt haben.

Die Überlieferung bestätigt dies. Sie ist mit 44 Textzeugen besser bezeugt als alle übrigen Schriften Eckharts, und die Provenienzen weisen auf vielfältige und nicht nur klösterliche Kreise hin. Es ist auch bezeichnend, daß die Tradierung der ‚Reden der Unterweisung' im Gegensatz zu den anderen deutschen Traktaten und zu den Predigten nicht nur im Verbund mystischen Schrifttums erfolgte, vielmehr ist dies die eklatante Ausnahme. Der ähnlich breit überlieferte ‚Von Abgeschiedenheit'-Traktat macht dies deutlich: dieser erscheint regelhaft in Corpus-Handschriften von Mystik-Texten. Die Gebrauchsfunktion der ‚Reden' scheint so eine andere gewesen zu sein als diejenige der Predigten und der übrigen deutschen Traktate: Es ging hier nicht um mystische ‚Erbauung' (im ursprünglichen Wortsinn, nämlich des Auferbauens), sondern um die Praxis klösterlicher und christlicher Lebensführung überhaupt. Das soll nicht heißen, daß aus diesem Frühwerk nicht unverkennbar und unvergleichlich (und nicht nur gelegentlich durch Vorzeigen der sprichwörtlichen ‚Klauen des Löwen') Meister Eckhart zu uns spricht oder daß sogar die in diesem Falle nun wirklich obsolete Echtheitsfrage wiederum aufgegriffen werden soll. Vielmehr sind die ‚Reden' ein einzigartiges Zeugnis des jungen, freilich reifen Eckhart – er steht in der Mitte der Dreißigerjahre, *in mezzo di camin di nostra vita* –, und man darf es als bezeichnend finden, daß es ein volkssprachiges Werk ist. Das unmittelbar vorangehende lateinische Werk des Sentenzenmeisters bietet – auch wenn man die lückenhafte Überlieferung, u. a. den wahrscheinlichen Verlust des Sentenzenkommentars, berücksichtigt – nichts qualitativ Vergleichbares. Originäre (metaphysische) Positionen gewinnt Eckhart erst als Magister mit den Pariser Quaestionen 1–3 und, zehn Jahre später, im ‚Opus tripartitum'. Es ist auch hervorzuheben, daß in den ‚Reden' das gelehrte Element und damit die Nähe zur geistigen Welt der Universität völlig fehlt, und dies im auffallenden Gegensatz zu Eckharts Predigten im ‚Paradisus anime intelligentis', die dem ersten Pariser Magisterium folgten.

Noch einmal: Ein in Klosterspiritualität und Theologie erfahrener Mann spricht zu den „Kindern" des Klosters, die der Belehrung, der Stärkung, des Trostes bedürfen. Diese kloster- und ordensinterne „Situation" der ‚Reden' ist immer gegenwärtig – und trotzdem sind sie keine monastische Erziehungslehre, schon gar nicht ein Novizentraktat, von dem es zu dieser Zeit bereits ein herausragendes Muster gab, denjenigen des Franziskaners David von Augsburg (‚De exterioris et interioris hominis compositione secundum incipientium, proficientium et perfectorum', Teil I). Das heißt, sie sind es in ihrem primären Gebrauch, aber darüber hinaus sind die ‚Reden der Unterweisung' als eine christliche Lebenslehre schlechthin zu betrachten, von allen aufzunehmen und zu erfüllen, die guten Willens sind. So spricht Eckhart denn auch gelegentlich sehr allgemein die „Leute“ an, etwa in Kapitel 4, die weniger daran denken sollten, was sie täten, vielmehr, was sie wären. Die Ethik des Seins richtet sich an alle. Das gilt für das deutschsprachige Werk Eckharts schlechthin und charakterisiert geradezu das Schrifttum der „deutschen Mystik“. So sehr sie, hier als klösterliche Collationen, später als Spiritualität im Rahmen der *cura monialium* (Nonnenseelsorge) im Monastischen ihren konkreten ‚Sitz im Leben‘ hat, sie erschöpft sich nicht in ihren ursprünglichen Zweckbestimmungen, sondern ist gerade in der Höhe des spirituellen und theologischen Anspruchs, als ‚Mystik‘, die die Wahrheit des Predigerwortes mit der Wahrheit des Hörers gleichsetzt – „Denn solange der Mensch dieser Wahrheit nicht gleich ist, so lange wird er dies Predigtwort nicht verstehn“ (DW II 501,1 f.) –, eo ipso an keine konkrete Gemeinde, sondern an „alle“ gerichtet, die diesen Anspruch erfüllen bzw. an dieser Gleichheit teilhaben. Das ist es ja auch, warum Eckhart nicht einfach ein historisch bedeutender Theologe und Prediger ist, sondern ein Denker und ‚Spirituale‘, der uns, Menschen des fortgeschrittenen 20. Jahrhunderts, anzusprechen und herauszufordern vermag.

Klosterleben ist kein einfaches Leben, für Prediger-, Bettelmönche überhaupt schon gar nicht. Die auferlegte Mobilität erlaubte nicht Frieden und Sicherheit hinter Klostermauern, wie man sich dies heute vorstellen mag. Vor allem ist Armut als Lebensform schwer zu erfüllen: Die Geschichte der Bettelorden, zumal der Franziskaner, erweist dies in geradezu erschütternder Weise. Die Gelübde sind eine schwere Last, die nur derjenige zu tragen vermag, der ihren Sinn erkennt und anerkennt. In diese Situation hinein sind Eckharts ‚Reden‘ gesprochen.

2.

Sie beginnen denn auch mit der Unterweisung über ein Ordensgelübde (das allen Orden gemeinsam ist), den Gehorsam. „Wahrer und vollkommener Gehorsam ist eine Tugend über alle Tugenden“, beginnt der Traktat lehrsatzmäßig, wie eine offizielle Regelauslegung. Aber es wird sofort deutlich, daß „Tugend“ nicht als Eigenleistung und Verdienst aufzufassen ist, sondern als ein *lûter ûzgân des dînen* (188,4), als völliges Heraustreten aus dem Selbst. Das Gebet, wovon im 2. Kapitel die Rede ist, ist nichts anderes als dieses „Heraustreten aus sich selber“: es geht nämlich aus von einem *ledigen*, „freigewordenen“ Gemüt, was per definitionem nichts anderes ist als das Gemüt, das *des sînen ûzgegangen* ist (190,9 f.). Damit, im 3. Kapitel, ist der Vortragende bei der „Gelassenheit“ angelangt, die man als Leitmotiv des ganzen Traktats betrachten kann. Sie ist das Gegenteil des Eigenwillens, den es zu überwinden gilt. Ohne den Begriff selbst in Anspruch zu nehmen, thematisiert Eckhart hier die freiwillige Armut und damit die Mitte der dominikanischen Lebensform. Der Eintritt in den Orden bedeutete den Verzicht auf persönlichen Besitz; wie dieses Gelübde weit mehr umspannt und vor allem das „Lassen“ vom Ich, führt der Seelenführer in diesem und den folgenden Kapiteln aus. In der Ordensregel ein *instrumentum perfectionis*, ist die Armut zwar nicht die Vollkommenheit selbst, wie sie es für Franz von Assisi war, wohl aber die schlechthinnige Voraussetzung für die Teilnahme an den (göttlichen) Vollkommenheiten.

„Darum fange zuerst bei dir selbst an und laß dich. Wahrhaftig, fliehst du nicht zuerst dich selbst, wohin du sonst fliehen magst, da wirst du Hindernis und Unfrieden finden, wo immer es auch sei. Die Leute, die den Frieden suchen in äußeren Dingen, sei's an [bestimmten] Stätten oder in Verhaltensweisen, bei Leuten oder in Werken, in der Fremde oder in Armut oder in Erniedrigung – wie eindrucksvoll oder was immer diese sein mag, das ist dennoch alles nichts und gibt keinen Frieden. Sie suchen völlig verkehrt, die so suchen. Je weiter weg sie in die Ferne gehen, um so weniger finden sie, was sie suchen. Sie gehen wie einer, der den Weg verfehlt: je weiter der geht, um so mehr geht er in die Irre. Aber, was soll er denn tun? Er soll zuerst sich selbst lassen, dann hat er alles gelassen. Fürwahr, ließe ein Mensch ein Königreich oder die ganze Welt, behielte aber sich selbst, so hätte er nichts gelassen. Läßt der Mensch aber von sich selbst ab, was er dann noch behalten mag, sei's Reichtum oder Ehre oder was immer, so hat er alles gelassen“ (193,3–194,8).

Eckhart geht vom Menschen aus, „der Frieden sucht“, allgemeiner vom Menschen, der seiner geistigen Bestimmung folgen möchte – einem Bedürfnis, das man dem Menschen unserer Tage dank einer lautstarken und alles beherrschenden Bedürfnisökonomie und -politik mit wachsendem Erfolg wegschwatzen will. Es ist dann freilich des Menschen Art, diesen „Frieden“ in Scheinwerten und Scheintugenden zu suchen, und dazu gehören auch schon christlich anerkannte Tugenden wie Armut und Erniedrigung, die zur Lebensform der Bettelorden gehören. Eckhart bezieht das „Lassen“ auf den Menschen, auf dessen Eigenwillen; läßt er diesen, dann hat er alles gelassen.

Aber was heißt das, sich selber lassen? Das christliche Mittelalter verstand darunter die Unterdrückung der (bösen) sinnlichen Natur des Menschen, des fatalen Erbes der Stammeltern. Davon ist bei Eckhart nicht die Rede, er meint das Ich schlechthin. Dazu bedarf es der Icherforschung. *Nim dîn selbes wâr*, sagt Eckhart am Schluß dieses Kapitels (196,3) und übersetzt damit das ‚Gnothi seauton‘ des Tempels zu Delphi, aber auch Augustins „Suche zuerst dich selber“ (Sermo 52, n. 17). Die Frage wird dringlich: Wo steht und was meint Eckhart mit seiner Gnoseologie? Dabei ist einzig die (grundsätzlich ethische) Position der ‚Reden der Unterweisung‘ zu berücksichtigen – in der Einsicht, daß es das Ineinsnehmen aller Aussagen Eckharts (nicht zuletzt in Ermangelung einer Werkchronologie) gewesen ist, das, notwendigerweise, zu den bekannten ambivalenten Auffassungen seiner ‚Lehre' geführt hat.

Nim dîn selbes wâr ist sicher im Zusammenhang nichts anderes als die Aufforderung zur Aufgabe des Eigenwillens – der Text fährt fort: „und wo du dich findest, da lasse von dir ab" –; aber wir hätten dieses Fahnenwort nicht heranzuziehen brauchen, wenn es nicht eine positive Wertung des Selbst gäbe. Es verhält sich in der Tat so, daß „wenn du in allen Dingen dich des Deinen völlig entäußerst", „Gott eingeht mit all dem Seinen" (197,2 f.), was im 11. Kapitel noch deutlicher ausgesprochen wird: „Fürwahr, ein Mensch, der sich des Seinen ganz entäußert hätte, der würde mit Gott eingehüllt, daß alle Kreaturen ihn nicht zu berühren vermögen" (228,9 f.), er wird *gotvar*, ‚gotthaft' (229,2). Das ist natürlich der Ansatz zu einer Introversionsmystik, der indes in den ‚Reden' nicht verfolgt wird. Was Eckhart hier aus dem Austausch des Eigenen mit dem Göttlichen ableitet, ist eine Ethik des Seins.

„Die Leute brauchten nicht soviel nachzudenken, was sie tun sollten, vielmehr bedenken, was sie wären. Wären nun aber die Leute gut und [gut] ihre Lebensweise, so könnten ihre Werke hell leuchten. Bist du gerecht, so sind auch deine Werke gerecht. Man gedenke nicht Heiligkeit zu gründen auf ein Tun, man soll Heiligkeit vielmehr gründen auf ein Sein, denn die Werke heiligen nicht uns, sondern wir sollen die Werke heiligen" (197,6–198,3).

Wir nennen dies Gesinnungsethik. Wer über die Gesinnung „Güte" oder „Gerechtigkeit" verfügt, dessen Werke sind notwendigerweise „gut" oder „gerecht". Nur bedeuten bei Eckhart „Güte" und „Gerechtigkeit" keine bloßen sittlichen Qualitäten, sondern Teilhabe an der göttlichen Güte und Gerechtigkeit: Gerade diese Teilhabe ist jenes Stehen im „Sein", das die Werke heiligt.

Dieses „Sein" ist so zugleich das „Haben" Gottes. Es ist unabhängig von der jeweiligen Daseins- und Lebensform des Menschen. Das 6. Kapitel, das diesem „Haben" Gottes gilt, beginnt: „Ich wurde gefragt: Manche Leute zögen sich streng von den Menschen zurück und wären gerne gänzlich allein, und daran läge ihr Friede und daran, daß sie in der Kirche wären. Ob dies das Beste wäre? Daraufhin sprach ich: Nein! und merke warum. Wer im Rechten steht, wahrlich, der steht so an allen Stätten und unter allen Menschen. Wer aber im Unrechten steht, der steht so an allen Stätten und unter allen Menschen. Wer im Rechten steht, der hat Gott wahrlich bei sich, der hat ihn an allen Stätten und auf der Straße und bei allen Leuten ebenso wie in der Kirche oder in der Einöde oder in der Zelle" (200,10–201,7). Und in einem späteren Abschnitt: Das „wirkliche Wissen darum, worauf das Gemüt gestellt ist im Umgang mit den Dingen und unter den Leuten", „kann der Mensch nicht durch Fliehen lernen, indem er vor den Dingen flüchtet und sich äußerlich in die Einöde kehrt: Er muß vielmehr eine innere Einöde lernen, wo und bei wem er auch sei“ (207,4–7).

Die Lebensform des Eremiten, die im Früh- und Hochmittelalter besonders Personen aus dem Adelsstande gerne ergriffen, um schwere Schuld, sei's für sich oder andere oder auch die lastende Daseinsschuld zu büßen – sie spiegelt sich u. a. im „guten Sünder“ Gregorius Hartmanns von Aue (Ende des 12. Jahrhunderts) –, wurde vom 13. Jahrhundert an eine Zuflucht für viele und aus vielfältigen Gründen. Sie galt als besonders verdienstvoll – und darauf hebt Eckhart ab –, wurde aber frühzeitig, und nicht durchaus zu Unrecht, von den kirchlichen Instanzen mit Argwohn betrachtet. Gerade während der Entstehungszeit der ‚Reden‘ wurden neue kanonische Rechtssätze gegen sie formuliert: im ‚Liber sextus‘ Bonifaz' VIII (1298). Eckhart nennt zunächst dieses Eremitentum „Abgeschiedenheit“ *(abegescheidenheit)* und erklärt diese für die Heiligung des Menschen als irrelevant. Damit wird der Begriff als ethischer Terminus verfügbar (so in Kapitel 21 der ‚Reden‘), später als mystischer Grundbegriff, der die schlechthinnige Loslösung von allem Kreatürlichen besagt.

Daß Mönch- und Christsein nicht Weltflucht bedeutet, bestätigt das folgende, das 8. Kapitel. Eckhart möchte voraussetzen, daß „der Mensch in diesem Leben nicht ohne Tätigkeit sein kann, die nun einmal zum Menschsein gehört“ (211,8f.), und so geht es um den rechten Umgang mit den Dingen. Er besteht darin, „in allen Dingen Gott (zu) ergreifen in der höchsten Weise, wie es möglich ist“, „in allen Dingen bewußt nach unserem Herrn auszuschauen“ (210,3f.; 8f.). Es ist damit die schwierigste Forderung ausgesprochen, die das Christenleben zu erfüllen hat, und das verrät sich schon im Umstand, daß sie sich nicht näher konkretisieren läßt. Eckhart weiß es und weiß um den langen Weg. Um dies zu verdeutlichen, greift er zum Vergleich des Schreibenlernens, dessen Mühseligkeit im Mittelalter, angefangen mit Karl dem Großen, immer erneut hervorgehoben wurde. „Fürwahr, soll er diese Kunst beherrschen, so muß er sich viel und oft in dieser Tätigkeit üben, wie sauer und schwer es ihm auch werde und wie unmöglich es ihn dünkt: will er's nur fleißig üben und oft, so lernt er's doch und eignet sich die Kunst an. Fürwahr, zuerst muß er seine Gedanken auf jeden einzelnen Buchstaben richten und sich den sehr fest einprägen. Späterhin, wenn er dann die Kunst beherrscht, so bedarf er der Bildvorstellung und der Überlegung gar nicht mehr, er schreibt zügig und frei. Ebenso ist es auch, wenn es sich um Fiedeln oder irgendwelche Verrichtungen handelt, die aus seinem Können geschehen sollen. Für ihn genügt es völlig zu wissen, *daß* er seine Kunst betätigen will, und ist er sich dessen auch nicht ständig bewußt, so vollbringt er sein Tun doch, woran er auch denken mag, aus seinem Können heraus“ (207,10–208,10).

Die erste Sequenz der ‚Reden‘, die Kapitel 1–8, gründet, wenn auch nicht als solche angesprochen, auf den Ordensgelübden. Unerwähnt bleibt die Keuschheit. Selbst das Wort erscheint nur einmal im ganzen Traktat, in der Schlußformel von Kapitel 20, wo Christus u. a. „Liebhaber der Keuschheit“ („eines reinen Lebens“) genannt wird. Aber auch im übrigen Werk fehlt jegliche Thematisierung der Keuschheit wie das entsprechende Eifern gegen die Sinnlichkeit, das schon die Kirchenväter mit Leidenschaft geübt hatten. Man wird daraus nicht folgern dürfen, daß sie für ihn nichts bedeutete, keinen Wert dargestellt hätte, sie war indes aufgehoben im „Ausgang aus dem Seinigen“, in der Aufgabe des eigenen Willens und Begehrens.

Ein Neuansatz erfolgt mit dem 9. Kapitel („Du mußt wissen...“). Thematisiert wird die Neigung des Menschen zur Sünde, und diese bleibt Gesprächsgegenstand, wenn auch nicht ausschließlicher, bis Kapitel 16. Wenn die Kapitel 10 und 11 vom Willen handeln und von der Liebe, so ist dies nur eine scheinbare Abschweifung. Denn es ist der Wille, der die Sünde lenkt bzw. verhindert, und im „rechten“ Willen wiederum ist die Liebe beschlossen.

Zu den in der Papstbulle ‚In agro dominico‘ v.J. 1329 als häretisch verurteilten Sätzen Eckharts gehört auch ein Ausspruch über die Sünde (art. 15): „Wenn ein Mensch tausend Todsünden begangen hätte und es wäre ein solcher Mensch in rechter Verfassung *(recte dispositus)*, so dürfte er nicht wünschen, sie nicht begangen zu haben.“ In den ‚Reden‘ steht: „Ja, wer recht in den Willen Gottes versetzt wäre, der sollte nicht wollen, daß die Sünde, in die er gefallen, nicht geschehen wäre“ (233,4f.). Die Übereinstimmung ist, wie man sieht, nicht sehr genau, wobei die Lesart der Bulle mit „tausend Todsünden“ gegenüber der „Sünde, in die er gefallen“, und das subjektiv gefärbte „in rechter Verfassung“ gegenüber dem konkreten im „Willen Gottes“ eine unbezweifelbare Verschärfung der Aussage bedeuten. Es findet sich zwar keine Stelle in Eckharts Werk, die dem Artikel 15 der Bulle genauer entspricht als die Formulierung in den ‚Reden der Unterweisung‘, aber es muß dennoch bezweifelt werden, daß sie jener zugrunde liegt: Die Übereinstimmungen zwischen der Bulle und den nachgewiesenen Quellen sind sonst durchwegs genauer.

Aber auch der ‚Reden‘-Text tönt als einzelner Ausspruch für fromme und für orthodoxe Ohren schockierend. Die Inquisition war für Sätze dieser Art hellhörig geworden, weil gerade die Sündentheologie und Sündenspiritualität zu den neuralgischen Punkten der zeitgenössischen häretischen oder häretisch gefährdeten Bewegungen gehörte, so zu der schwer, jedenfalls nicht als ‚Sekte‘ zu fassenden Bewegung des ‚Freien Geistes‘ (von der an späterer Stelle ausführlicher die Rede sein muß).

Es ist zum Verständnis des ominösen Satzes der ‚Reden‘ wichtig, den weiteren Zusammenhang zu kennen. Als erfahrener Seelenführer weiß

Eckhart um das Gewicht der Sünde und wie es den Menschen innerlich vernichten kann. Dem versucht er entgegenzuwirken mit einer Spiritualität des Trostes. „Du mußt wissen", beginnt er, „daß der Anstoß zur Tugend für den gerechten Menschen [das ist der Mensch, der in der Gerechtigkeit steht] niemals ohne großen Segen und Nutzen ist" (212,11 f.), weil nämlich die Anfechtung die Willenskräfte mobilisiert. „Denn Vollkommenheit der Tugend kommt nur aus Kampf" (213,9 f.): was eine Weiterbildung des vielzitierten Hiob-Wortes (7,1) ist: *Militia est vita hominis super terram.*

Die „Neigung zur Sünde", fährt Eckhart fort, „ist nicht Sünde" – weil sie zur menschlichen Natur gehört –, „aber sündigen *wollen*, das ist Sünde. Wahrlich hätte der, der im Rechten steht, die Gewalt zu wünschen, er würde nicht wünschen wollen, daß ihm die Neigung zur Sünde verginge, denn ohne sie stünde der Mensch unsicher in allen Lebenslagen und bezüglich seiner eigenen Werke und arglos gegenüber den Vorgängen [in der Welt], und er ermangelte der Ehre des Kampfes, des Sieges und des Lohnes. Denn der Anstoß und die Erregung durch die Untugend bringen die Tugend und den Lohn für das Bemühen. Die Neigung nämlich macht den Menschen allwegs beflissener, sich in der Tugend kräftig zu üben, und sie treibt ihn mit Macht zur Tugend an und ist eine scharfe Geisel, die den Menschen zur Hut und zur Tugend antreibt, denn je schwächer sich der Mensch findet, desto besser muß er sich mit Stärke und Sieg wappnen, liegt doch Tugend wie Untugend im Willen" (214,1–215,5).

Dieser wird, im folgenden 10. und 11. Kapitel, vor allem als „guter" und „rechter" Wille dargestellt. Er ist es, „wenn er ohne Ich-Bindung ist und wo er sich seiner selbst entäußert hat und in den Willen Gottes hineingebildet und geformt ist. Ja, je mehr dem so ist, desto rechter und wahrer ist der Wille. Und in solchem Willen vermagst du alles, es sei Liebe oder was du willst" (218,9–12).

Das sind tröstliche Worte, christliches Leben scheint möglich ohne Zerknirschung und Marter der Selbstanklage. „Das Gute ist nicht minder mächtig zum Guten als das Böse zum Bösen" (216,11 f.). Hat man bis jetzt nicht zumeist die Übermacht des Bösen gepredigt, als ob Gott aus dieser Welt vertrieben sei? Eckhart sagt weiter dem Menschen: „Du mußt ferner wissen, daß der gute Wille Gott gar nicht verlieren kann" (224,9). Aus dieser Haltung und dieser Zuversicht heraus gelangt Eckhart zur innerlichen Überwindung der Sündenlast. „Sünden getan zu haben ist nicht Sünde, wenn sie uns leid ist" (232,3). Das „Aufstehen von Sünden" (233,10) ist alles. Das ist möglich mit der „göttlichen Reue", der Reue, die allein auf Gott setzt, und führt zur „geistlichen Freude, die die Seele aus allem Leid und Jammer erhebt und sie fest an Gott bindet" (237,2 f.).

Schon die ‚Reden', nicht erst die Schrift mit diesem Titel sind ein „Buch der göttlichen Tröstung".

In den Folgekapiteln 14–16 wird das Thema Sünde weitergeführt, aber nunmehr sozusagen im Kontrapunkt. Im Vordergrund steht die Gottesliebe.

Sie war schon im Gespräch im 10. Kapitel als im Willen wohnend, und zurückhaltend wurden die Ausdrucksformen der Liebe „Innigkeit", „Andacht", „Jubilus" beurteilt. Eckhart meint, diese „Ausbrüche" kämen mitunter gar nicht von der Liebe, sondern von der menschlichen Natur. Man muß sich vergegenwärtigen, daß der Jubilus, das stimmliche Ausbrechen in der Ekstase, eine Form der Mystik ist, die zumal, nach dem Zeugnis der Schwesternbücher, von Klosterfrauen als Erfahrung in Anspruch genommen wurde. Erste pastorale Erfahrungen scheinen Eckharts abwehrende Stellung zu bestimmen (im 21. Kapitel wird ausdrücklich an die Aussage einer Klosterfrau angeknüpft, 279,11 ff.): „Man soll nämlich bei gegebener Gelegenheit von solchem Jubilus ablassen um eines Besseren aus Liebe willen und um zuweilen ein Liebeswerk zu vollbringen, wo es dessen bedarf, sei's geistlich oder leiblich. Wie ich euch sonst schon gesagt habe" – offensichtlich ein Rückverweis auf mündliche Aussage –: „Wäre der Mensch so in Verzückung, wie es Sankt Paulus war (2. Kor., 12,2 und 4), und wüßte einen kranken Menschen, der eines Süppleins von ihm bedürfte, ich erachtete es für weit besser, du ließest aus Liebe von der Verzückung ab und dientest dem Bedürftigen in größerer Liebe" (221,2–8).

Nach dieser Kritik der „ausbrechenden" Formen der Gottesliebe wird sie im neuen Zusammenhang des 14.–16. Kapitels als Gottestugend gepriesen. Sie erweist sich als wahr und vollkommen in der Hoffnung und Zuversicht, die der Mensch auf Gott setzt (c. 14), sie ist es aber auch, die die Gewißheit des ewigen Lebens verleiht (c. 15). Endlich ist die wahre Buße nichts anderes als die Zuwendung zu Gott in unerschütterlicher Liebe (c. 16).

Unsere Buße gründet aber auch „auf dem würdigen Leiden im vollkommenen Bußwerk unseres Herrn Jesu Christi" (246,3 f.). Damit wird, wie immer wieder in den ‚Reden‘, ein neuer Gegenstand der Unterweisung im voraus angezeigt, nämlich Grundfragen der auf Christus beruhenden Lebensführung. Sie bestimmen die letzte Kapitelfolge 17–23.

Ohne Zweifel ist sie weniger fest gefügt als die vorangehenden, besonders die erste. Man steht unter dem Eindruck, daß der vortragende Spirituale und seine Hörer einander näher gerückt sind. Die Fragen werden dringlicher, konkreter, die Antworten unmittelbarer. Eckhart scheint sich führen zu lassen von den Fragen der „Kinder". Ein ‚systematischer‘ Zusammenhang ist kaum mehr zu erkennen, nur der Grundtenor des Unterweisenden bleibt, die Ermahnung, das eigene Selbst abzulegen. Es ist wie in einer Diskussion, in der es immer lebhafter wird: ein Votum drängt das andere, und der Gesprächsleiter sieht sich nicht mehr ganz, aber zum Vorteil des Gesprächs, in der Lage, ihr eine eigene Ordnung aufzuerlegen.

Eckhart setzt in diesem Schlußteil die Nachfolge Christi voran. Sie ist das Movens aller Ordensgründungen: Was in der Welt schwer oder kaum zu verwirklichen ist, sollte der Ordensstand mit seinen Gelübden und seinem Gottesdienst im Gebet und im Werk ermöglichen. Es überrascht, daß der Ordensmann Eckhart gerade hier keineswegs von den Bedingungen und besonderen Ansprüchen seines Ordens ausgeht, sondern offensichtlich den Christenmenschen als solchen anspricht.

„Die Leute kann wohl Furcht und Verzagtheit überkommen darüber, daß das Leben unseres Herrn Jesu Christi und das Leben der Heiligen so streng und mühselig war, der [gewöhnliche] Mensch aber nicht viel darin vermag und sich auch nicht dazu getrieben fühlt. Deswegen glauben sich diese Menschen, wenn sie sich derart ungleich finden, oft ferne von Gott, dem sie nicht nachzufolgen vermöchten. Das sollten sie keineswegs. Der Mensch soll sich in keiner Weise je als fern von Gott ansehen, weder wegen eines Gebrestens noch wegen einer Schwäche noch wegen irgend etwas sonst. Und wenn dich auch deine großen Vergehen so weit wegtreiben, daß du dich Gott nicht als nah ansehen könntest, so sollst du doch Gott als dir nahe annehmen. Denn darin liegt ein großes Übel, daß der Mensch sich Gott in die Ferne rückt; ob nämlich der Mensch in der Ferne oder in der Nähe wandelt, Gott geht nimmer in der Ferne, er bleibt ständig in der Nähe, und kann er nicht drinnen bleiben, so entfernt er sich doch nicht weiter als bis vor die Tür. – So ist es auch mit der Strenge der Nachfolge. Achte darauf, worin deine Nachfolge bestehen kann. Du mußt erkennen und darauf gemerkt haben, wozu du von Gott am meisten in Pflicht genommen wirst; denn mitnichten sind alle Menschen auf *einen* Weg zu Gott gerufen, wie Sankt Paulus sagt (1. Kor. 7,24)" (249,5–250,9). Was die Heiligen betrifft, so hat ihnen der Herr nicht nur ihre Lebensweise auferlegt, sondern auch die Kraft gegeben, sie durchzuhalten. „Gott hat der Menschen Heil nicht an irgendeine besondere Weise gebunden" (251,10f.). Eckhart spricht all den Menschen, und es sind die meisten, Mut zu, denen es an besonderen geistlichen Gaben wie an Kraft und Beharrlichkeit gebricht. Er ist trotz höchster Anforderungen dort, worauf es ankommt, im Heraustreten aus dem Selbst, kein harter Eiferer. Er ist es nicht, weil sein Gott immer nahe ist, mag sich ihm der Mensch in seiner Gebrechlichkeit noch so ferne fühlen. „Gott ist ein Gott der Gegenwärtigkeit" (234,5); „Gott bewegt nichts anderes zu irgendeinem Werke als seine eigene Güte" (261,4f.). Es ist auch hier das Gottesbild, das das Bild des Menschen bestimmt.

Als eine in sich geschlossene Ansprache stellt sich das 20. Kapitel über den Sakramentsempfang dar. Sie hat einen förmlichen Predigtschluß mit „Das verleihe uns" und „Amen", und ich halte es nicht für ausgeschlossen, daß sie nachträglich in die ‚Reden' eingeordnet wurde. Das lag besonders nahe, wenn es sich um eine in der Zeit der ‚Reden' gehaltene

Predigt handeln sollte. Eckharts Ausführungen muten an wie eine gegenläufige Betrachtung zu den zahlreichen volkssprachlichen Anweisungen der Zeit über den „richtigen" oder den „würdigen" Sakramentsempfang. „Wer den Leib unseres Herrn gern empfangen will, der braucht nicht darnach zu schauen, was er in sich empfinde oder spüre oder wie groß seine Innigkeit oder Andacht sei" (262,8 ff.). Das ist gegen die Forderung gerichtet, der Mensch müsse in „Andacht" – einer Form der „ausbrechenden" Gottesliebe, s. o. – und in einer Disposition besonderer subjektiver Bereitschaft zum Sakrament gehen. Vielmehr, findet sich der Mensch „leer und kalt und träge", um so mehr bedarf er es, zu seinem Gott zu gehen (264,9 ff.), und das gilt ebenso für denjenigen, der sich „arm" (an geistlicher Erfahrung) findet oder den seine zahlreichen Sünden belasten. Er findet ja im Sakrament, das als Einigung mit Gott verstanden wird, gerade das, was ihm fehlt: die Sammlung und Einigung des zerstreuten Gemüts, den Reichtum, die Entsühnung. Der Prediger stellt nicht auf die Disposition des Sakramentsempfängers ab, sondern auf die heilende und heiligende Gabe des Spenders. Deshalb glaubt er auch nicht mit vielen zeitgenössischen Theologen dem häufigen Genuß des Altarsakraments entgegentreten zu müssen, vielmehr: „Je öfter du dann zum Sakrament gehst, um so viel besser und nützer ist es auch. Und darum laß dir deinen Gott nicht abreden noch wegpredigen, denn je mehr, desto besser und Gott nur um so lieber. Gelüstet's doch unsern Herrn darnach, daß er in dem (Menschen) und bei dem Menschen wohne" (264,4–8).

Ist es Ziel, „in den Werken ungebunden" *(ledic)* zu sein, sich weder durch Menschen noch deren Tätigkeiten behindern zu lassen, was positiv heißt, in Gottes Gegenwart zu stehen, so verlangt dies andauernden „Fleiß". Davon handelt ausführlich das 21. Kapitel. „Dazu gehört ein gar behender Eifer und insbesondere zwei Dinge: Das eine, daß sich der Mensch in seinem Innern wohl verschlossen halte, damit das Gemüt geschützt sei vor den Bildern der Außenwelt, damit sie außerhalb seiner bleiben und nicht in ungemäßer Weise mit ihm wandeln und umgehen und keine Stätte in ihm finden. Das andere, daß sich der Mensch weder in seine inneren Bilder, seien es nun Vorstellungen oder das Erhabensein des Gemüts, noch in äußere Bilder oder was es auch sein mag, was dem Menschen gegenwärtig ist, verliere noch zerstreue noch sich veräußere an das Vielerlei. Daran soll der Mensch alle seine Kräfte gewöhnen und darauf hinwenden und sich sein Inneres gegenwärtig halten" (276,3–12).

Alles ist hier auf Wachsein, Freisein der inneren Kräfte, „Präsenz" ausgerichtet. Es findet, wo man sich Gott „gegenwärtig" hält, kein Versinken in Gottergebenheit statt. Bezeichnenderweise wird gerade in diesem Zusammenhang die Vernunft angesprochen. Sie soll sich recht und völlig an Gott „gewöhnen". „Der Vernunft ist nichts so eigen und so gegenwärtig und so nahe wie Gott" (277,5 f.).

Das vorletzte Kapitel, das 22., ermahnt den Menschen, bei der Lebensweise zu verweilen, in die ihn Gott zum „neuen Leben“ hineingestellt hat. Es gibt viele gute Lebensweisen in Gott. Dieser Mensch soll bedenken: „Diese Weise hat Gott dir zugewiesen, und so sei sie ihm die allerbeste. Darin soll er Gott vertrauen, und er soll alle guten Weisen in ebendiese Weise miteinbeziehen und alle Dinge darin und demgemäß nehmen, welcher Art sie auch sein mögen. Denn, was Gott einer Weise an Gutem angetan und mitgegeben hat, das kann man auch mit *allen* guten Weisen finden. In *einer* Weise eben soll man *alle* guten Weisen und nicht das Besondere eben dieser Weise ergreifen. Denn der Mensch muß jeweils nur eines tun, er kann nicht alles tun. Er muß je Eines sein und in diesem Einen alle Dinge ergreifen“ (285,6–286,2).

Das Schlußkapitel ist das längste. Die Fragen drängen sich: nach dem Mitwirken des Menschen, wo er doch sich selbst entfallen ist, und wie Gott den Menschen in der Erniedrigung erhöht, nach der Armut des Geistes, und was ein wahrhaft armer Mensch ist. Auch die Lebensweise wird nochmals aufgegriffen, ebenso das Verhältnis von Natur und Gnade, das auch schon im 22. Kapitel angesprochen war.

Die dringlichste Frage in einer Ethik des Seins ist die Frage nach den Werken. Eckhart betont noch einmal: „*Ein* Werk bleibt einem billig und recht eigentlich, und das ist ein Vernichten seines selbst. Indessen mag dieses Vernichten und Erniedrigen seiner selbst auch noch so groß sein, mangelhaft bleibt es, wenn Gott es nicht in einem selbst vollendet. Dann erst ist die Demut vollkommen genug, wenn Gott den Menschen durch den Menschen selbst demütigt, und damit allein wird dem Menschen und auch der Tugend Genüge getan und nicht eher“ (292,6–11). Erniedrigung aber ist dasselbe wie Erhöhung. Je tiefer der Grund, um so höher die Erhebung. „Die Höhe und die Tiefe sind eins“ (293,8f.). Das gilt auch von der Armut und dem Reichtum. Wer arm an allen Dingen geworden ist, der empfängt alle Dinge. „Dafür, daß ich um seinetwillen [Gottes willen] mich meiner selbst entäußere, dafür wird Gott mit allem, was er ist und zu bieten vermag, ganz und gar mein Eigen sein, ganz so mein wie sein, nicht weniger noch mehr“ (298,4–7).

Eckhart schließt mit Worten zum Frieden, den der Mensch in seinem Innersten erstrebt und dem der Verlauf der Welt und in ihr die Mächtigen der Welt hohnsprechen, gestern wie heute:

„Denn so viel bist du in Gott, so viel du in Frieden bist, und so viel außer Gott, wie du außer Frieden bist. Ist etwas in Gott, so hat es Frieden, so viel in Gott, so viel in Frieden. Wieviel du in Gott bist, wie auch, ob dem nicht so sei, das erkenne daran, ob du Frieden oder Unfrieden hast. Denn wo du Unfrieden hast, darin mußt du notwendig Unfrieden haben, denn Unfriede kommt von der Kreatur und nicht von Gott. Auch ist nichts in Gott, was zu fürchten wäre; alles, was in Gott ist, das ist nur zu lieben. Ebenso ist nichts in ihm, über das zu trauern wäre. – Wer seinen vollen Willen hat und sein Genügen, der hat Freude. Das aber hat niemand, als wessen Wille mit Gottes Willen völlig eins ist. Diese Einung gebe uns Gott! Amen“ (308,4–309,5).

3.

Ich habe die ‚Reden‘ einigermaßen ausführlich referiert und zitiert, um ihre Sonderstellung im deutschen Werk Eckharts deutlich zu machen. Ganz und gar eckhartisch in der Unbedingtheit des Leitthemas, entfalten sie eine Vielzahl von Fragen der christlich-monastischen Lebensführung, die im übrigen Werk fast ganz zurücktreten. Das hängt sicher mit der gestellten Aufgabe, der Unterweisung der im Kloster anvertrauten „Kinder“, zusammen, und ich möchte meinen, es läge in dieser frühen Schrift nicht auch der Spiritualität nach ein „Jugendwerk“ vor, etwa ein „noch nicht“ zur Mystik der Gottesgeburt und der Abgeschiedenheit durchgebrochener Eckhart, vielmehr ein Buch, das der Meister bei gegebenem gleichen Anlaß auch in sehr viel späteren Jahren hätte schreiben können. Unterweisung der Konventsbrüder kann ihrer Zweckbestimmung nach keine Einführung in mystische Kontemplation sein, sie kann auch nicht in einer solchen gipfeln, sondern sie hat dem im christlich-klösterlichen Leben zwar fortgeschrittenen, aber noch nicht gefestigten Menschen zu dienen. Es gilt die Gelübde wahrhaft zu erfüllen, mit Anfechtungen und Sünde fertig zu werden, zu wissen, was im Vollzug christlicher Werke wesentlich und was nichtig ist.

Das ist die Aufgabe eines Seelenführers. Als solcher steht Eckhart in der Reihe Augustin – Bernhard von Clairvaux – Richard von St. Viktor – Johannes Gerson – Thomas von Kempen. Die Besonderheit aber ist die Form der Volkssprache. Sie ist zwar, sofern es die deutsche Sprache betrifft, nicht mehr neu: Einige Jahrzehnte vor den ‚Reden‘ schrieb der Franziskaner David von Augsburg († 1272) aus ähnlichem Anlaß und in ähnlicher Absicht seine deutschen Lehrtraktate ‚Die sieben Vorregeln der Tugend‘ und ‚Der Spiegel der Tugend‘, die, ganz von innen heraus, die Lebensform der Armut und der Demut in der Nachfolge Christi aufweisen. Es ist nicht wahrscheinlich, wenn auch nicht auszuschließen, daß Eckhart diese gehaltlich und sprachlich herausragenden Schriften gekannt hat, aber so oder so stellt sich die Frage, warum Eckhart zur deutschen Sprache gegriffen hat. Er sprach ja zu Mönchen, die des Lateinischen mächtig waren.

Soll man annehmen, daß die Erfurter Collationen in lateinischer Sprache stattgefunden haben, die Eckhart erst, als er sie in literarische Form umsetzte (davon muß gleich noch die Rede sein), im Hinblick auf nicht lateinkundige Leser ins Deutsche umgeschrieben hätte? Ich hielte dies für eine schlechte These, denn nichts weist sprachlich auf eine lateinische Vorform der ‚Reden' hin, und da die schriftliche Form ja *auch*, wenngleich nicht mehr ausschließlich, dem internen klösterlichen Gebrauch diente, wäre der Sprachenwechsel unverständlich. Die Frage nach der Volkssprache scheint sich mir hier nicht vom Publikum und der Zweckbestimmung her beantworten zu lassen. Sie liegen in der Sprache selbst und im Sprecher der Sprache. Ohne an dieser Stelle die Frage nach dem eigentlichen sprachlichen Ort der Mystik, die zu den (vernachlässigten) Zentralfragen der Mystikforschung gehört, aufgreifen zu wollen, geht die Beantwortung unserer Frage – wie könnte es anders sein! – in diese Richtung.

Volkssprachliche Schriftkultur im Mittelalter darf und muß grundsätzlich als Ausformung der lateinischen verstanden werden. Das gilt vor allem für die sog. Fachliteratur, nämlich das religiöse, juristische, geschichtliche, naturwissenschaftliche und medizinische Schrifttum. Die Ausnahmen liegen im Bereich der schönen Literatur: heldische und höfische Epik, Minnesang und Spruchdichtung. Hier handelt es sich um Innovationen aus dem Geist der Volkssprachen, gleichgültig ob einzelne Formen immer noch rhetorischer Bildung und anderen Formelementen lateinischer Schrifttradition verpflichtet sind. Ausnahmen gibt es aber auch im Bereich der religiösen Prosa, und damit sind wir wiederum bei Eckharts ‚Reden' angelangt, die zu diesen Ausnahmen gehören wie schon Davids deutsche Schriften. Es gilt also, eine Ausnahme zu erklären.

Es gibt keine Geschichte der lateinischen Sprache im Mittelalter, mehr als gelegentliche Hinweise hat die mittellateinische Philologie bisher nicht angeboten. Mit Sicherheit kann indes gesagt werden, daß seit dem 13. Jahrhundert Latein außerhalb seiner liturgischen und amtlichen Funktion sich immer mehr auf die Schulsprache einschränkte. Freilich eine perfekte Schulsprache, fähig zur fast unerschöpflichen Begriffsbildung, um Sachverhalte zu differenzieren, reich auch an Formen der Argumentation, kurzum ein brillantes wissenschaftliches und didaktisches Instrumentarium. Aber eine schöpferische Sprache war Latein nicht mehr, wie sie es noch war im Gebrauch Bernhards von Clairvaux, der Viktoriner Hugo und Richard, selbst noch, in der Zeit der Hochscholastik des 13. Jahrhunderts, in Bonaventuras mystischen Schriften.

Meister Eckhart handhabte dieses technische Latein wie alle anderen Theologen im Schulbetrieb und in wissenschaftlichen Publikationen, aber ein Medium der Spiritualität, d. h. einer kerygmatischen und charismatischen Frömmigkeit, konnte es nicht sein, und für einen Deutschen noch weniger als für einen Franzosen oder gar Italiener. Wenn nun Eckhart im kleinen, häuslichen Kreise christlich-klösterliche Lebensformen gesprächsweise vermittelte, so ist das ein *geworten von innen* her oder wie es das ‚Buch der göttlichen Tröstung' im Anschluß an Seneca formulieren wird: „Man soll von großen und von hohen Dingen mit großen und mit hohen Sinnen sprechen und mit erhabener Seele“ (V 60,25ff.). Darum ging es schon in den ‚Reden‘, die Unterweisung hatte zudem mit dem ganzen persönlichen Einsatz des Seelenführers zu erfolgen – was nur die eigene Sprache ermöglichte. Es ist, um es auf eine Formel zu bringen, der spirituelle Mehrwert der Volkssprache, der Eckhart deren Gebrauch in den ‚Reden der Unterweisung‘ aufdrängte.

Fragen der Strukturierung der ‚Reden‘ wurden im Verlaufe der Inhaltsanalyse verschiedentlich angesprochen. Sie sollen nunmehr zusammengefaßt gewürdigt werden. Unschwer lassen sich drei Hauptgruppen erkennen mit den Kapitelfolgen 1–8, 9–16, 17–23. In der ersten, der geschlossensten Gruppe, die von den Ordensgelübden ausgeht und vor allem die Entäußerung des Selbst zum Gegenstande hat, handelt es sich um eine eigentliche Sequenz, eine Gedankenfolge, und sie ist markiert durch das bewußte Setzen von Leitbegriffen. In der Regel spricht Eckhart einen neuen Gegenstand gegen Schluß eines Kapitels an, um ihn dann im Folgekapitel zum eigentlichen Gesprächsthema zu erheben. So wird im 1. Kapitel, das dem Gehorsam gilt, das Gebet angesprochen (188,4f.), das in Kapitel 2 im Mittelpunkt steht, und hier fällt das Stichwort vom „Ausgehn aus dem Seinigen“ (190,12), dem Thema des 3. Kapitels usw. Dem Vortragenden scheint daran gelegen, ein wohlüberlegtes Arbeitsprogramm durchzuführen. Auch die 2. Gruppe mit den Kapiteln 9–16 läßt sich als Einheit begreifen, was formal bestätigt wird durch das soeben beobachtete Fortschreiten von Stichwort zu Stichwort mittels Voranzeigen. Indes ist die Konsistenz zwischen den Einzelthemen geringer als in der ersten Folge. Immerhin stellt sich als Hauptthema eindeutig die Sünde heraus. Die dritte Gruppe mit den Kapiteln 17–23 läßt sich hingegen nur noch schwer auf einen thematischen Nenner bringen, es sei denn auf die Fragen der Lebensführung. Doch gelingt es dem Vortragenden, sein durchgehendes Leitthema von der Aufgabe des eigenen Selbst, damit Gott an dessen Stelle treten kann, immer wieder aufzugreifen. Der heutige Leser steht unter dem Eindruck, es seien hier von den Teilnehmern Fragen der Praxis gesammelt worden, die der Gesprächsleiter fairerweise alle aufzugreifen und zu behandeln hatte. Es fand so etwas wie eine offene Schlußdiskussion statt.

Dies spricht für die Nähe der schriftlich redigierten ‚Reden‘ zu den mündlichen Gesprächen. Eckhart wollte offensichtlich den Verlauf dieser Unterweisungen nicht zugunsten einer geschlossenen literarischen Form aufgeben. Der Traktat ist so zu Teilen Protokoll geblieben.

Das gilt nicht für die sprachliche Gestaltung. Sie spiegelt nicht Mündlichkeit, dokumentiert nicht die Nuancen des Gesprächs. Wer schreibt bzw. diktiert, erinnert sich weniger an das Publikum der Rede, als daß er an diejenigen denkt, für die er zur Feder greift. Die Distanz von Mündlichkeit und Schriftlichkeit ist im Mittelalter noch groß, viel größer, als es auch die meisten Kenner mittelalterlicher Überlieferung wahrhaben wollen. Erst mit der im 18. Jahrhundert einsetzenden totalen Verschriftlichung rücken Mündlichkeit und Schriftlichkeit einander immer näher. Anspruchsvollen Reden, selbst Predigten, kommt primär die schriftliche Existenzform zu. Gelesen oder gesprochen: ihre Funktion bleibt dieselbe. Eben dies gilt nicht für die mittelalterliche Rede. So kann man in ihr (ein verbreiteter Irrtum!) auch keine Mündlichkeit fassen – es seien denn spezifische Formen der Publikumsbezogenheit (die aber auch zum literarischen Typus ‚Rede‘ gehören) oder gelegentlich Vulgarismen wie bei Berthold von Regensburg –, vor allem keine Syntax des Sprechens.

Eckharts ‚Reden der Unterweisung‘ stellen hohe und höchste Anforderungen an den Christenmenschen, der nach dem „rechten“ Leben strebt, und trotzdem sind sie ohne asketische Härte. Die Vorstellung von Hölle, Teufel und Strafen fehlt gänzlich, das Leiden trägt Gott mit, die Sünde braucht den Menschen nicht zu zerstören, die Kräfte des Guten sind so stark wie die des Bösen, Gott ist immer nahe: das sind erstaunliche Leitsätze im weitgehend institutionalisierten und juridisch fixierten Christentum des späten 13. Jahrhunderts, dem immer mehr auch die neuen Orden anheimfielen. Eckhart nimmt dem Menschen die Daseinsangst und führt ihn in die Wesentlichkeit zurück, sofern er Gott gehören will und nicht sich selbst. Er verkündet ein ganz vom Geist her bestimmtes Christentum, ein Christentum in seiner *lûterkeit.*

„So viel du in Gott bist, so viel bist du in Frieden“ (308,4).

Viertes Kapitel

Dionysische Mystik: ‚Granum sinapis'

1.

‚Granum sinapis' ist der Titel eines volkssprachlichen Liedes in der Form einer Sequenz. Es lautet im Original und in unserer Sprache folgendermaßen:

I	In dem begin	In dem Beginn
	hô uber sin	hoch über (alles) Begreifen
	ist ie daz wort.	ist das Wort.
	ô rîcher hort,	O reicher Hort,
	dâ ie begin begin gebâr!	da stets Beginn Beginn gebar!
	ô vader brust,	O Vaterbrust,
	ûz der mit lust	aus der mit Lust
	daz wort ie vlôz!	das Wort stets floß!
	doch hat der schôz	Doch hat der Schoß
	daz wort behalden, daz ist wâr.	das Wort behalten, das ist wahrlich so.
II	Von zwên ein vlût,	Von zwei als eine Flut,
	der minnen glût,	der Minne Glut,
	der zweier bant,	der zweier Band,
	den zwein bekant,	den zweien bekannt,
	vlûzet der vil sûze geist	fließt der liebsüße Geist
	vil ebinglîch,	ebengleich,
	unscheidelîch.	untrennbar.
	dî drî sîn ein.	Die drei sind eins.
	weiz du waz? nein.	Weißt du ihr Wesen? Nein.
	iz weiz sich selber aller meist.	Es versteht sich selber am besten.
III	Der drîer strik	Der Strick der drei
	hat tîfen schrik,	löst tiefes Erschrecken aus,
	den selben reif	diesen Reif
	nî sin begreif:	hat nie Verstand begriffen:
	hîr ist ein tûfe sunder grunt.	Hier ist Tiefe ohne Grund.
	schach unde mat	Schach und Matt
	zît, formen, stat!	der Zeit, den Formen, dem Ort!

der wunder rink
ist ein gesprink,
gâr unbewegit stêt sîn punt.

Der Wunderring
ist Ursprung,
unbeweglich steht sein Punkt.

IV Des puntez berk
stîg âne werk,
vorstentlichkeit!
der wek dich treit
in eine wûste wunderlîch,
dî breit, dî wît,
unmêzik lît.
dî wûste hat
noch zît noch stat,
ir wîse dî ist sunderlîch.

Des Punktes Berg
besteige ohne (Eigen)werk,
Vernünftigkeit!
Der Weg führt dich
in eine wunderbare Wüste,
die breit, die weit,
unausmeßbar sich ausdehnt.
Die Wüste hat
weder Zeit noch Stätte,
ihr Dasein kommt nur ihr allein zu.

V Daz wûste gût
nî vûz durch wût,
geschaffen sin
quam nî dâ hin:
us ist und weis doch nimant was.
us hî, us dâ,
us verre, us nâ,
us tîf, us hô,
us ist alsô,
daz us ist weder diz noch daz.

Der Wüste Gut
durchschritt nie ein Fuß,
geschaffener Sinn
gelangte nie da hin:
es ist, und niemand weiß, was es ist.
es ist hier, es ist da,
es ist ferne, es ist nah,
es ist tief, es ist hoch,
es ist so beschaffen,
daß es weder dies noch das ist.

VI Us licht, us clâr,
us vinster gâr,
us unbenant,
us unbekant,
beginnes und ouch endes vrî,
us stille stât,
blôs âne wât.
wer weiz sîn hûs?
der gê her ûz
und sage uns, welich sîn forme sî.

Es ist hell, es ist klar,
es ist ganz finster,
es ist ohne Namen,
es ist unerkannt,
frei von Beginn und Ende,
es steht stille,
ist bloß, ohne Kleid.
Wer kennt sein Haus?
Der komme daher
und sage uns, von welcher Gestalt es sei.

VII Wirt als ein kint
wirt toup, wirt blint!
dîn selbes icht
mûz werden nicht,

Werde wie ein Kind,
werde taub, werde blind!
Dein eigenes Ich
muß zunichte werden,

	al icht, al nicht trîb uber hôr!	alles Etwas und alles Nichts treibe hinweg!
	lâ stat, lâ zît,	Laß Raum, laß Zeit,
	ouch bilde mît!	meide auch das Bild!
	genk âne wek	Gehe ohne Weg
	den smalen stek,	den schmalen Pfad,
	sô kums du an der wûste spôr.	dann findest du der Wüste Fußspur.
VIII	Ô sêle mîn	O meine Seele,
	genk ûz, got în!	geh aus, Gott ein!
	sink al mîn icht	Sinke mein ganzes Etwas
	in gotis nicht,	in Gottes Nichts,
	sink in dî grundelôze vlût!	sinke in die grundlose Flut!
	vlî ich von dir,	Fliehe ich von dir,
	du kumst zu mir.	so kommst du zu mir.
	vorlîs ich mich,	Verliere ich mich
	sô vind ich dich,	so finde ich dich,
	ô uberweselîches gût!	o überwesenhaftes Gut!

Dieses anonym überlieferte Gedicht im Geiste der Mystik bedeutet einen Höhepunkt geistlicher Lieddichtung im deutschen Mittelalter. Es ist in 9 Handschriften 11mal tradiert, im ostmitteldeutschen Raum, in Nürnberg und im alemannischen Westen. Die Originalsprache, in einer Basler Handschrift, der unser Text genau folgt (hinzugefügt sind nur die vom normierten Mittelhochdeutsch abweichenden, dem originalen Lautstand entsprechenden Längezeichen ˆ), perfekt überliefert, ist thüringisch, die Entstehungszeit, nimmt man die originalnahe Basler Handschrift als Ausgangspunkt, das frühe 14. Jahrhundert.

Die Form, auch sie makellos erhalten, ist die einer kirchlichen Sequenz, was zugleich bedeutet, daß das Gedicht als Lied erklingen konnte. Die Melodie ist bekannt: Es handelt sich um eine bekannte Sequenzform des berühmten Adam von St. Viktor († 1192).

Das Erstaunlichste aber an diesem Liede ist der Umstand, daß es ausführliche Kommentare erhalten hat: einen gelehrt-lateinischen, der mit der ältesten, mitteldeutschen Überlieferung verbunden ist, und einen deutschsprachigen, paraphrasierenden im Gebetsstil, der mit den Nürnberger und alemannischen Texten verbunden und sicher nicht vor dem 15. Jahrhundert entstanden ist. Nur der lateinische Kommentar wird uns hier beschäftigen.

Die Überlieferung verweist uns an die Wirkungsstätte des jüngeren Eckhart: nach Thüringen. Das Lied wurde denn auch schon immer in den „Umkreis" Meister Eckharts gestellt und dessen Verfasserschaft für möglich oder wahrscheinlich gehalten. Ich habe heute keine Bedenken mehr, in ihm nicht nur den geistigen Anreger, sondern den wirklichen Verfasser zu sehen.

Zur Verfasserfrage führen gleich Beobachtungen zum Liedanfang: *In dem begin . . . ist ie daz wort.* Der Anschluß an den 1. Vers des Johannesevangeliums ist unüberhörbar: „Im Anfang war das Wort." Die Kopisten des Liedes, mit einer Ausnahme, schrieben *was* („war"), offensichtlich in der Meinung, Joh. 1,1 sei hier unkorrekt zitiert worden. Richtig ist indes die *ist*-Lesart – nämlich als spezifische Eckhart-Aussage! Die Authentizität bezeugt der Kommentar mit aller nur wünschenswerten Eindeutigkeit. Er schreibt „Drittens erhebt sich die Frage, warum unser Verfasser ,ist' setzt, d. h. das Zeitwort in der Gegenwart, Johannes aber das Zeitwort in der unvollendeten Vergangenheit, sagt er doch: ,Im Anfang war das Wort'. Da scheint nun Johannes das Bessere gesetzt zu haben; denn bei der unvollendeten Vergangenheit ist gewiß, daß sie gewesen ist, nämlich als Vergangenheit, und daß sie noch nicht völlig vorübergegangen ist, nämlich als unvollendete. Es ist zu bemerken, daß unser ,gestern', ,morgen' und ,einst' für Gott immer ,jetzt' und dasselbe ist. Mit Recht aber ist das Zeitwort in der Form der Gegenwart gesetzt worden, weil dem Begriff der Ewigkeit die Zeitform der Gegenwart am nächsten kommt – obschon gerade Johannes zu diesem selben Zweck sich der unvollendeten Vergangenheit bedient" (n. 9). Diesen interpretatorischen Befund würden wir auf die Formel bringen: Die „war"-Lesart bezweckt eine heilsgeschichtliche, die „ist"-Lesart eine ontologische Aussage. Sie erinnert uns aber an die 1. Pariser Quaestio, wo das Erkennen Gottes, das mit dem „Wort" in Joh. 1,1 verbunden wird, als Voraussetzung von Gottes Sein bestimmt wird. „Weil er erkennt, deshalb ist er" (s. o. S. 23). Damit haben wir vom Gedicht über den Kommentator eine Identitätsbrücke zu Eckhart geschlagen. Sie wäre mit dem Johannes-Kommentar, dem exegetischen Hauptwerk Eckharts, zu ergänzen. Dort heißt es zu Joh. 1,1: „Verhält es sich aber so, dann ist es (das Wort) immer im Anfang – so ist es doch auch bei uns: Nimm die Zeit weg, und der Abend wird zum Morgen –, und wenn es immer der Anfang ist, dann ist die Geburt immer, das Entstehen immer . . . Daher kommt es, daß der Sohn in der Gottheit, das Wort im Anfang, immer geboren ist. Das besagt das folgende ,war': ,Im Anfang war das Wort'. Denn ,war' besagt dreierlei: die Substanz, da es verbum substantivum ist, ferner Vergangenheit, ferner die unvollendete Vergangenheit. Weil es substantivisch ist, so ist das Wort die Substanz des Ursprunges selbst; weil es der Vergangenheit angehört, so *ist* es immer geboren; weil die Vergangenheit aber unvollendet ist, wird *es* immer geboren" (n. 8).

Trotz dieser Übereinstimmung läßt sich kein Beweis erbringen, daß Eckhart selbst der Kommentator des ,Granum sinapis'-Liedes ist. Hätte dieser in der Johannes-Auslegung (die sicher nicht vor dem 2. Pariser

Magisterium entstanden ist) auf seinen ‚Granum sinapis‘-Kommentar zurückgegriffen, so wäre es, entsprechend den zahlreichen Rückverweisen in seinem lateinischen Werk, in einer präziseren Weise geschehen, etwa durch Zitation. Eine solche liegt indes nicht vor, und außerdem beruhen beide Texte auf dem Johannes-Kommentar des Thomas von Aquin. Gleichwohl bleibt der Gedanke faszinierend, Eckhart sei hier sein eigener Ausleger. Unabweisbar ist indes die Annahme, daß der Kommentar in seiner unmittelbaren Nähe entstanden ist, und das dürfte wohl heißen: auf seine Anregung hin und von ihm inspiriert.

Die Nähe von Lied und Kommentar bezeugt die Überlieferung. Es ist nämlich nicht so, daß es das Lied gibt, zu dem dann der Kommentar getreten ist – die Ausgabe von Maria Bindschedler erweckt durch Zusammenstellung aller Strophen diesen Eindruck, beruft sich indes zu Unrecht auf die Hs. z –, sondern es gibt, und zwar am frühesten Punkte der Überlieferung, einzig den Kommentar, der das Lied, Strophe um Strophe, Vers um Vers, *zitiert*. Dieser Befund, der Kommentar als früheste Existenzform des Gedichts in der Überlieferung, läßt sich zwanglos, wenn nicht durch die Personengleichheit, so doch nur durch die Personenverbindung von Dichter und Kommentator erklären.

2.

Die folgende Analyse, die auch immer wieder den Kommentar heranzieht, vermag diese These zu erhärten.

Der Titel ‚Granum sinapis‘ entstammt dem Kommentar: *granum sinapis de divinitate pulcherrima in vulgari* („das Senfkorn von der herrlichsten Gottheit in deutscher Sprache“). Es heißt von ihm, und damit dem Gedicht, rühmend, es sei *parvum in substantia, magnum in virtute*, „klein in seiner Substanz, groß in seiner Kraft“ (c. 2,1), der Tiefe der mystischen Rede aber müsse die Tiefe der Auslegung entsprechen gemäß dem Prologtext *Abissus abissum invocat* (Ps. 41,8), „die Tiefe ruft die Tiefe“.

Die drei ersten Strophen preisen in hohem, feierlichem Stil die Dreieinigkeit Gottes. Die erste spricht das aus, was man in der Trinitätslehre *processio verbi* nennt, den Hervorgang des ‚Wortes‘ *(verbum, logos)*, d. i. des Sohns, aus dem Vater, dem *begin: ô vader brust, /ûz der mit lust / daz wort ie vlôz*, und daß diese ‚Geburt‘, der Sohn, doch im Vater bleibt: *doch hat der schôz / daz wort behalden.*

Die 2. Strophe gilt dem zweiten Hervorgang der innertrinitarischen Bewegung, der *processio amoris*. Der Heilige Geist fließt von Vater und Sohn *(a patre filioque)*: *Von zwên ein vlût / . . . vlûzet der vil sûze geist*. Es ist dies die spezifische Lehre der Römischen Kirche, während die Ostkirche den Hl. Geist vom Vater durch den Sohn ausströmen läßt *(a patre per filium)*. Der Verfasser hat den zweiten Hervorgang, der in der theologischen

Fachsprache bezüglich seiner Relation *spiratio*, ‚Hauchung' genannt wird, mit dem gleichen Verbum ausgedrückt wie den ersten: mit „fließen". Während *der minnen glût* den Akt dieser Bewegung bezeichnet, so *der zweier bant*, modern ausgedrückt, die Funktion des Hl. Geistes: er ist *nexus*, ‚Band' von Vater und Sohn; *ebinglîch* betont nicht nur, was auch der Kommentator vermerkt, den durchaus gleichen Hervorgang der Minneglut von Vater und Sohn, sondern auch schon die Gleichheit, das Ineinander der Personen, das dann in *unscheidelîch, dî drî sîn ein* präzisiert wird. Die Theologen nennen dies Perichorese, und der Kommentator zitiert (allerdings erst zu III, 1 ff.; es paßt indes besser zu II, 8) das Paradebeispiel aus Dionysius Areopagita (‚De divinis nominibus' II § 4): „Angenommen, daß in *einem* Hause sich mehrere Lampen befinden und daß die Lichter von allen zu *einem* Lichte vereinigt sind und daß sie *einen* ungeschiedenen Glanz ausstrahlen: niemand, denke ich, dürfte da imstande sein, aus der alle Lichter umfangenden Luft das Licht einer bestimmten Lampe von der anderen auszusondern und das eine ohne das andere zu sehen, da doch alle ohne Vermischung in allen verschmolzen sind" (c. 28,12). Wie I, 2 „hoch über unserem Begreifen" werden ebenfalls die innertrinitarischen Vorgänge über alles Verstehen hinausgehoben (II, 9 f.).

Die 3. Strophe thematisiert nach der Dreiheit der Personen die *unitas naturae*, die Einheit der göttlichen ‚Natur' oder ‚Substanz'. Zum Bild des ‚Strickes', der Verflochtenheit der drei Personen, sagt der Kommentator, er bezeichne „die unbegreifliche Einfachheit der göttlichen Substanz" (c. 26,3). Ihr Anblick löst Schrecken aus: man denke an die Schrecknisse der Schau der niederländischen Mystikerin Hadewijch oder an das „schreckliche Gesicht", das dem Eremiten Klaus von Flüh zuteil wurde: alles Schauungen der Trinität. Auch hier fügt der Verfasser die Unmöglichkeit menschlichen Begreifens hinzu: *den selben reif nî sin begreif*, er ist eine Tiefe ohne Grund, jenseits der kreatürlichen Kategorien Zeit, Spezies, Raum.

An dieser Stelle handelt der Kommentator ausführlich vom Erkenntnisansatz der negativen Theologie: Der Verfasser „nennt die Erkenntnis der erwähnten Verbundenheit *(reif)* als nicht möglich, weil ‚die erste Ursache über jede Bezeichnung erhaben ist', wie es im 5. Satz des Buches ‚Von den Ursachen' (‚De causis') heißt. Und zwar versagen die Sprachen bei ihrer Schilderung nur deswegen, weil es sich eben um die Schilderung ihrer selbst handelt, deren Einfachheit von dem nicht-einfachen Geschöpf nicht erfaßt wird. Denn verborgen ist das seiende Licht denen, die es haben, und [verborgen] der Erkenntnis des realen Seins das Nichtwissen in bezug auf Gott. Und die über die Erkenntnis Gottes gelegten Schatten verbergen sich sowohl vor jedem Licht, wie sie auch jede Erkenntnis verdecken. Wer aber das Wesen von irgend etwas aussagen will, muß sagen, was es ist, nicht, was es nicht ist. Von Gott aber ist es unmöglich zu sagen, was er seinem Wesen nach ist. Zutreffender ist jedoch, aus aller Absprechung *(ablatione)* heraus in vermehrtem Sinne eine Aussage zu machen. Denn Gott ist nichts von dem, was ist: nicht als ein Nicht-Seiendes *(non ens)*, sondern als ein Über-allem-Seiendes *(super omnia ens)* und als ein Über-dem-Sein-selbst-Seiendes *(super ipsum esse ens)*. Wenn wir nämlich von dem, was ist, Erkenntnis haben, – wird dann Gott, weil er ganz über der Erkenntnis ist, auch über der Substanz sein? Ich antworte: weil er über der Substanz ist, wird er auch über der Erkenntnis sein. Unendlich ist daher Gott und unfaßbar, und dies allein ist an ihm faßbar: seine Unendlichkeit und seine Unfaßbarkeit" (c. 28,1–10).

Die Unaussprechlichkeit, die sich in Verneinungen geäußert hat (III, 3–7), mündet abschließend ins Paradox, das zu den bevorzugten Stilformen Eckharts gehört: der „Wunderring" der Gottheit ist Quelle *(gesprinc)*, und doch ist sein „Punkt" unbeweglich. Der Verfasser lehnt sich an eine alte, von Boethius zuerst formulierte Gottesformel an – der Kommentator zitiert sie: „Unbeweglich gibst du allem (seine) Bewegung" (c. 32,2). Zum „Punkt" vermerkt er, nicht der Mittelpunkt des Kreises sei gemeint, sondern „der Punkt, welcher Anfang und Ende des Umfangs selbst ist". Das gilt zugleich von einem zweiten an dieser Stelle zitierten Boethius-Wort (das der Kommentator Empedokles zuschreibt): „Gott ist eine intelligible Kugel, deren Mittelpunkt überall, deren Umfang jedoch nirgends ist" (c. 35,3).

Galten die ersten drei Strophen der „Dreiheit der Personen in der Einheit der Substanz", wie die Grundformel der theologischen Trinitätslehre lautet, so die folgenden fünf dem mystischen Weg und dessen Ziel, der *unio mystica*.

Aufgefordert wird *verstentlichkeit*, „den Berg des Punktes" – ein erneutes Paradox, das aus der Verbindung des intelligiblen Punktes mit dem biblischen Bild von Gott als Berg hervorgegangen ist – zu besteigen. *Verstentlichkeit* ist das Vermögen göttlicher Erkenntnis. Ihr Weg führt in die Wüste. Sie ist eine der ältesten Metaphern für die Gottheit und wird vom Kommentator „gleichsam als Schnittpunkt" betrachtet, „in welchen, als in die Einfachheit *(simplicitas)* der Einheit *(unitas)* und Einheit der Einfachheit des göttlichen Seins, der Dreiweg *(trivium)* der göttlichen Personen mündet" (c. 39,2). In ihrer geheimnisvollen Unerfaßbarkeit jenseits menschlicher Kategorien wird die Wüste vom Dichter in feierlicher Diktion und poetischer Dignität heraufbeschworen. Es geschieht dies teils im Modus der Verneinung, indem unsere Vorstellungen von Zeit und Ort verneint werden: „weder Zeit noch Stätte"; „weder dies noch das", „frei von Beginn und Ende", „bloß, ohne Kleid", teils in der Zuschreibung des Unvereinbaren: „der Wüste Gut" ist „hier und dort, fern und nah, tief und hoch"; es ist Licht und Finsternis, und dies alles zugleich.

Besonderen Wert legt der Kommentator auf die zwei besonderen Namen der mystischen Wüste, „Gut" und „es ist" (V 1,5), wobei der erste „die göttliche Wirksamkeit", der zweite „das göttliche Sein" bezeichnet. „Das erste nun, nämlich ‚gut', ist der erste und im besonderen auf uns bezogene Name Gottes. Denn ihn selbst können wir zuerst nach dem Einwirken seiner Güte erkennen, da die Werke der göttlichen Güte den Menschen zuerst dazu bewegen, nach der göttlichen Wesenheit zu forschen. Der zweite Name aber ist der erste in bezug auf Gott, daß er ist, ‚der er ist' (Exod. 3,13); denn er bezeichnet Gott als das erste Seiende, d. h. als das nicht durch ein anderes bewirkte Seiende. Da aber das Seiende das erste Denkbare ist und sich durch sich selbst, der Tatsache entsprechend, daß es alles benennt, dem Verstande darbietet, so wird durch Hinzufügen dieser Beraubung *(privatio)* ‚nicht durch ein anderes' der Eigenname Gottes gebildet. Der erste wird berührt bei ‚der Wüste Gut', der zweite bei ‚es ist'" (c. 42,1 f.).

In der Verbindung des göttlichen Guten mit dem göttlichen Sein steht Eckhart auf dem Boden des Aquinaten (Summa theol. I, q.5).

Das Sein wird am Schluß von Strophe V mit einer Formel gekennzeichnet, die bei Eckhart größte Bedeutung gewonnen hat: „es ist – ‚es' verbindet der Kommentar ausdrücklich mit dem göttlichen Sein (c. 44,3) – weder dies noch das" *(hoc et hoc)*. „dies und das" ist das eigentliche Signum des Kreatürlichen und wird dem Seelenfünklein ebenso abgesprochen wie hier dem göttlichen Sein: „‚Jetzt aber sage ich: es ist weder dies noch das" (DW I 39,4).

Nach der eindrucksvollen Vergegenwärtigung der mystischen Wüste fragt der Verfasser nach dem Ort Gottes: „Wer kennt sein Haus?" Gemäß der christlichen Tradition der mystischen Beschauung waren dies, woran der Kommentator unter Berufung auf Augustinus erinnert, Moses und Paulus, „aber sie vermochten nicht den anderen anzuzeigen, was sie gesehen hatten" (c. 58,1).

In den beiden abschließenden Strophen dominiert der appellative Stil, der bisher nur mehr angeklungen ist. Das kontemplative Ich, die *sêle mîn*, wird angesprochen und aufgefordert, den geschilderten Weg der Gottesschau zu gehen, und dies durch Ablegung allen dessen, was kreatürlich, was „eigen" ist, durch Vernichtung des Ich: *dîn selbes icht / mûz werden nicht*. Es ist dies die religiöse Zentralaussage Eckharts, und zwar in allen seinen Schriften. In den frühen ‚Reden der Unterscheidung' vernahmen wir (Kap. 3) die Aufforderung des Spiritualen, „ohne Eigenschaft" zu werden, aus dem „eigenen Selbst", „aus all dem Seinigen herauszutreten". In einer Predigt des ‚Paradisus anime intelligentis' wird gelehrt, daß die Einigung von zweien es verlangt, daß der eine, und das ist der Mensch, „ausgeht aus dem Selbst und zunichte wird" (Nr. 42, Strauch 93, 32–34). Eine spätere Predigt formuliert: „Wo die Kreatur endet, da beginnt Gott zu sein. Nun begehrt Gott nichts mehr von dir, als daß du aus dir selbst ausgehest deiner kreatürlichen Seinsweise nach und Gott Gott in dir sein läßt“ (DW I 92,7 ff.). Positiv lautet diese Aufforderung: „Sink in die grundlose Flut (der Gottheit)“. „Fliehe ich von Dir, so kommst du zu mir“. Es flieht, wie der Kommentator nach Dionysius ausführt, derjenige, „der in sich selbst nicht zu stehen vermag, sondern vor sich selbst zurückweicht“ (c. 78,1). Verliere ich mich so, so finde ich ihn, das unfaßbare, überwesenhafte Gut.

3.

Die Einzigartigkeit von Eckharts ‚Granum sinapis‘-Sequenz in der Volkssprache beruht nicht auf der Originalität der Gedanken und Bilder, sondern auf deren unvergleichlicher Formgebung. Die Trinitätsvorstellung der ersten drei Strophen entspricht der abendländischen seit Augustin, immerhin bereichert mit der „kühnen“ Lesart „ist“, wo der Evangelist Johannes „war“ geschrieben hat. Die übrigen Strophen beruhen in ihrer Bild- und Gedankenwelt auf der maßgeblichen Autorität des europäischen Mittelalters in Fragen der Mystik: Dionysius Areopagita. Er wird auch im Kommentar fortlaufend zitiert; einzig zu I, 1–3 folgt er der Johannes-Auslegung des Thomas von Aquin (c. 7–12). Von Dionysius muß die Rede sein, wenn die früheste Gestalt spekulativer Mystik in der Volkssprache, wie sie im ‚Granum sinapis‘ vorliegt, in ihren Aussageformen verstanden werden will.

Das Geheimnis seiner Existenz liegt im Beinamen „Areopagita“. Er gab sich nämlich aus als jenen Dionysius, „einen aus dem Rat“, der durch des Paulus Rede auf dem Areopag in Athen bekehrt und dessen Schüler wurde (Apostelgesch. 17,34). Es war zweifellos diese Fiktion, die seinem Namen einen Nimbus ohnegleichen, seinen Schriften eine unerschütterliche Autorität verlieh. War doch Paulus der Kronzeuge unmittelbarer Gottesschau, des *raptus*, der ‚Entrückung‘: „Ich kannte einen Menschen in Christo . . ., der ward entrückt in das Paradies und hörte unaussprechliche Worte, die kein Mensch sagen kann“ (2. Kor. 12,2 ff.).

Wir wissen heute, das heißt seit dem italienischen Humanisten Lorenzo Valla, was das Mittelalter nicht wußte und nicht ahnte: Dionysius war keineswegs der biblische Paulusschüler, sondern ein im späten 5. Jahrhundert wirkender Theologe in Syrien. Deshalb spricht man heute von ihm als Pseudoareopagiten bzw. von Pseudo-Dionysius Areopagita. (In unserem, d. h. mittelalterlichen Zusammenhang verzichten wir auf den ‚Pseudo‘-Indikator.). In jüngster Zeit hat man ihn genauer mit einem Petrus Fullo („der Walker“) identifiziert, der 471–485 Patriarch von Antiochien war und später verbannt wurde. Als Todesjahr gilt 488.

Der Pseudoapostel und dessen „Entlarvung“ zu Beginn der Neuzeit haben es auch der modernen Wissenschaft schwer gemacht, die historische Leistung des Areopagiten in gerechter Weise zu würdigen. Ebenso verstellten die Übersetzungen, die alten lateinischen wie die modernen fremdsprachlichen, den Zugang zu seinem Werk. Was indes in Übertragungen verstiegen-barock und begrifflich forciert wirkt, hat im griechischen Original durchaus die Dignität einer religiösen Heilslehre, die den Zugang zur einzig wahren Wirklichkeit, der intelligiblen Welt, eröffnet.

Die historische Leistung des Dionysius ist in dessen Versuch zu sehen, den Neuplatonismus, die stärkste philosophisch-spekulative Kraft seit dem 3. Jahrhundert (Plotin † 290, Porphyrios † 303, Proklos † 485, dessen Schüler Dionysius war), mit dem Christentum in Einklang zu bringen. Das geschah in einem verhältnismäßig schmalen Œuvre: ‚De coelesti hierarchia', ‚De ecclesiastica hierarchia', ‚De divinis nominibus', ‚De mystica theologia', zehn Briefe. Dieses Schriftenbündel gelangte im Jahre 827 als byzantinischer Prachtkodex, Geschenk des oströmischen Kaisers, in die Hand des Abtes von St. Denis (= Dionysius). Eine Hausübersetzung durch Abt Hilduin von St. Denis, vom Jahre 832, wurde um 867 vom berühmten Johannes Scotus Eriugena, der seinerseits wiederum zu den Vätern der mystischen Metaphysik gehört, abgelöst. Außerdem eröffnete Eriugena die Reihe der Dionysius-Kommentare. Ihm folgten weitere Theologen höchsten Ranges: Hugo von St. Viktor (um 1140), Robert Grosseteste (um 1240), Thomas Gallus (etwa gleichzeitig), Albertus Magnus (nach 1248), Thomas von Aquin (1256–59): es sind dies auch Autoritäten für Meister Eckhart. Große Bedeutung erhielt sodann das an der Pariser Universität um 1250 entstandene ‚Corpus Dionysiacum', ein aus Texten, Kommentaren und Paraphrasen zusammengestelltes Dionysius-Handbuch. Sicher hat es Eckhart zur Verfügung gestanden.

Besonders zwei theologische Gedanken des Dionysius sind geschichtlich fruchtbar geworden.

1. Die sog. „negative Theologie" *(theologia negativa)*. Sie beruht auf der „negativen Dialektik" als Prinzip des Philosophierens bei Proklos und ist bestimmt von der Vorstellung, daß von Gott nur in angemessener Weise gesprochen werden könne, wenn es in der *apophasis* (lat. *negatio*) geschieht. So spricht man auch von der apophatischen Theologie des Areopagiten. Es handelt sich dabei um keine absolute Negation, sondern um die Bestimmung eines Seins als Nicht-Sein, was heißt, daß die Verneinung die Affirmation in sich schließt: Gott ist der Gute und ist es zugleich nicht, nämlich nicht im Sinne einer kategorialen Bestimmung. Das sei an einigen Beispielen aus Schriften der deutschen Mystiker erläutert.

Meister Eckhart: „Es kann niemand von Gott das im eigentlichen Sinne aussprechen, was er ist" (DW I 329,9 f.); „alle die von Gott aussagen wollen, haben unrecht, denn sie sagen nichts von ihm aus. Die aber, die ihn nicht aussagen wollen, die haben recht, denn kein Wort vermag Gott auszudrücken" (DW I 347,2 ff.), was als Dionysius-Zitat gekennzeichnet ist; „Wer aber *bî nihte*, verneinend, von Gott redet, der redet im eigentlichen Sinne von ihm“ (DW III 224,3); „Ein (das *unum*, Gott) ist ein *versagen des versagennes*“ (DW I 363,1 f.); dazu stellen sich zahlreiche Belege aus den lateinischen Schriften. – Heinrich Seuse: „Dionysius spricht, daß Gott ein Nichtwesen oder ein Nichts sei, und das ist so zu verstehen, . . . daß wir ihm nicht in kreatürlicher Art Eigenschaften zulegen können. Denn was wir ihm in grober Weise zuschreiben, das ist alles gewissermaßen falsch, in der Negierung indes wahr“ (Bihlmeyer 329,1 ff.). – ‚Der Frankfurter' (die Schrift, die der junge Luther 1516 unvollständig und 1518 vollständig als ‚Theologia Deutsch' zum Druck gebracht hat): „Darum nennt man das Vollkommene (Gott) auch Nichts, denn es ist keines von diesen [vorgenannten Teilheiten]. Die Kreatur als Kreatur vermag dies nicht zu erkennen noch zu begreifen, weder auszusprechen noch auszudenken“ (c. 1). – Noch Angelus Silesius im 17. Jahrhundert steht in dieser Tradition: „Die zarte Gottheit ist ein Nichts und Übernichts“ (I, 111).

Kernstellen für die negative Theologie des Dionysius sind ‚De mystica theologia' c. 5 und ‚De coelesti hierarchia' c. 2 § 3.

Die Apophase bedeutet, wie auch aus den Zitaten hervorgeht, zugleich „über alles hinaus“, es ist ein *nihil per superessentialitatem*, ein „Nichts als Überwesentlichkeit“, wie Johannes Eriugena sagen wird (Periph. V, 21). Gott ist so der „Übergute“ (so schon bei Plotin), das „Überwesen“, er ist „überewig“, „übermächtig“, „überhaben“, „überweise“, *uberweselîch* (im Schlußvers von ‚Granum sinapis'). Im Griechischen sind es *hyper-*, im Lateinischen *super*-Bildungen. Im mystischen Sprachschatz spielen sie eine überragende Rolle.

2. Die Hierarchisierung der Seele ist der andere theologische Grundgedanke des Dionysius. Sie bezeichnet den Prozeß des „herrschaftlich Werdens“, bezogen auf die Seele, und ihr Ziel ist die Vergöttlichung in der *unio mystica*. Sie vollzieht sich in drei Stufen oder Wegen: dem Weg der Reinigung, der Erleuchtung, der Einigung *(via purgativa, illuminativa, unitiva)* (‚De coelesti hierarchia' c. 3 § 2; c. 7 § 3; c. 9 § 3, c. 10). Voraussetzung dieses hierarchischen Aufstiegs ist formal die Trias als Strukturelement bei Proklos, inhaltlich die neuplatonische, verchristlichte Emanationslehre: Aus der Gottheit als dem „Einen“ ist die Trinität, sodann die Hierarchie der Engel, endlich das „Viele“ hervorgegangen; der Weg der Seele ist somit eine Rückkehr in den Ursprung.

Das im Abendland entscheidend gewordene Modell des mystischen Aufstiegs der drei Wege hat nun Eckhart *nicht* verwendet, wie er überhaupt jede Stufenmystik unberücksichtigt ließ. Was er diesem Entwurf (dem Bonaventura eine vollendete Gestalt, in ‚De triplici via', verliehen hat) entnimmt, ist einzig der Weg der Einigung und dessen Begriffs- und Bildwelt. Dafür ist gerade ‚Granum sinapis' ein Zeugnis. Die Bildvorstellungen ‚Berg' und ‚Wüste', beide bei Dionysius belegt, ziehen zwar die Wegvorstellung nach sich – der Berg ist zu besteigen (*stîg* IV, 2), der Weg führt in die Wüste (IV, 4f.); diese durchschritt nie ein Fuß (V, 2), „geh ohne Weg den schmalen Pfad" (VII, 8f.) –, aber sie ist beiläufig, jedenfalls ohne spirituelle Bedeutung: entscheidend ist die Beschaffenheit (*wîse* IV, 10) der Wüste als Bild der göttlichen Einheit.

Außer dem Bildkomplex ‚Berg' und ‚Wüste' ist *gesprinc*, die Vorstellung der quellhaften, fließenden Gottheit, dionysisch (und darüber hinaus neuplatonisch): „Quelle der überwesentlichen Gottheit", „quellhafte Gottheit" sind Leitwörter im Buch ‚Von den göttlichen Namen'.

Wie in einem Brennspiegel faßt die Schlußzeile *O uberweselîches gût* die dionysische Gottesvorstellung zusammen: die Gottheit als *bonum* schlechthin ist, wie im Christentum, die platonische Grundvorstellung. Es ist dasjenige, wonach wir unablässlich verlangen, „der erste und im besonderen auf uns bezogene Name Gottes", wie der ‚Granum sinapis'-Kommentar sagt (c. 42,1). Dieses Gute ist *uberweselîch*, „weil wir nichts von ihm wissen" (c. 80,5). Beides zusammengesehen: „Denn er [Gott] ist als überwesentlicher nirgends, jedoch als guter überall" (c. 80,7).

Der dionysische Erkenntnisansatz und die Bild- und Begriffswelt des Areopagiten treten auch, was hier im Vorgriff auf das nächste Kapitel angesprochen werden soll, in den Eckhart-Predigten des ‚Paradisus anime intelligentis' stark hervor. Das Dutzend Dionysius-Zitate in 32 Predigten mag zwar bescheiden erscheinen. Aber Eckhart zitiert überhaupt nicht häufig, und öfter ohne Namenangabe. Dionysius im ‚Paradisus anime intelligentis' ist sehr viel präsenter, als es die Nennungen verraten. Es fällt auch nicht schwer, fast alle Bilder und Begriffe des Gedichts aus dem ‚Paradisus' zu belegen. Statt einer solchen Dokumentation vermittle ich eine zusammenhängende größere Partie aus der Predigt 46 über Prov. 13,13 *Beatus homo qui invenit sapientiam*:

„Ein Meister spricht: ‚Alles was man über Gott sprechen kann, ist Gott'; ein anderer spricht: ‚Alles was man sprechen kann, das ist nicht Gott', und beide sprechen wahr. Augustin spricht: ‚Gott ist Gewalt, Weisheit und Güte' [die sog. Appropriationen, Wesenseigenschaften, die im besonderen für je eine Person zutreffen]. Dionysius spricht: ‚Gott ist Überweisheit und Übergüte und über alles, was man sprechen kann'. Darum gibt man unserm Herrn in der Schrift so viele Namen, und zwar aus zwei Gründen: Der eine, daß man seinen Adel mit keinen Worten begreifen kann, weil er außerhalb und über alle Natur ist und einen nichtnaturhaften *(ungenaturten)* Adel hat. Bald heißt man ihn Gewalt, bald Licht, er ist aber über allen Lichtern. Darum nennt man ihn ‚dies und das', und das ist darum, daß er keines dieser Dinge im eigentlichen Sinne ist. Könnte man seinen Adel mit irgendwelchen Worten fassen, diese Namen behielte er stets. Wer von Gott allermeist (sagen) kann, der verneint ihn allermeist, was man am Beispiel eines Schiffes nachweisen kann. Wollte ich [als Reeder] einem ein Schiff geben, der nie eines gesehen hätte, ich spräche, es sei weder aus Stein noch aus Stroh. Damit hätte ich ihm etwas von diesem Schiffe vermittelt. – Zwei Meister waren an ihrem Gebet. Der eine rief unsern Herrn an bei seiner Gewalt und bei seiner Weisheit. Der andere sprach: ‚Schweig, du lästerst Gott. Gott ist so hoch über allem, was wir sprechen können, wäre er nicht so demütig und hätten nicht die Heiligen so gesprochen und hätte es Gott nicht von ihnen angenommen, ich getraute mich nicht, ihn mit Worten zu preisen‘. Durch diese ehrfürchtige Einsicht kommt die Seele in eine ehrfürchtige Furcht, und in der Furcht wird Gott ausgesät in die Seele, und die Seele erstirbt in Gott. Darüber spricht unser Herr: ‚Es sei denn, das Weizenkorn falle in die Erde und sterbe, so kann keine Frucht daraus werden‘. Solches Sterben soll die Seele haben an der Erkenntnis Gottes, daß sie in ihr selber faule und daß ihr alle Dinge stinkend werden, die nicht Gott sind. Dann ergießt sich Gott gnadenhaft in sie, und sie wurzelt im Glauben und wird wesenhaft in der Liebe“ (104, 39–105,24).

Die Stelle vermag zu zeigen, wie aus einem theologischen Ansatz, der Frage nach der Erkennbarkeit Gottes, praktische Spiritualität erwächst. Das Wissen um unser Ungenügen in der Erkenntnis Gottes führt zum Ersterben alles dessen, was nicht Gott ist, und damit gnadenhaft zum Glauben und zur Liebe.

Fünftes Kapitel

‚Paradisus anime intelligentis'

1.

Dies ist der Titel einer deutschen Predigtsammlung mit Eckhart-Predigten, die in zwei aufs Repräsentative hin angelegten Handschriften aus der Mitte des 14. Jahrhunderts auf uns gekommen sind. Auch ein mhd. Titel ist überliefert: *‚Dit buchelin heizit ein paradis der fornüftigin sele'*. Die Sprache des Predigtcorpus ist thüringisch, und es kann, auch wenn ein direktes Zeugnis fehlt, mit Sicherheit angenommen werden, daß es im Erfurter Dominikanerkloster, also in Eckharts Heimatkonvent, zusammengestellt und redigiert wurde. Es gibt keine andere Sammlung mit Predigten des Meisters, die in solche Nähe zum Verfasser gebracht werden kann wie diese; sie ist auch die einzige mit einem in sich geschlossenen und chronologisch eng abgrenzbaren Bestand. Man versteht diese Besonderheit freilich nur, wenn man sich die allgemeine Überlieferungssituation der deutschen Predigten Eckharts vergegenwärtigt. So wird ein kleiner Abstecher in die Grundlagenforschung nötig.

Eckharts deutsches Predigtwerk, so stattlich-geschlossen es uns heute in den drei Bänden Quints entgegentritt, ist nicht in einheitlichen Eckhart-Corpora tradiert, so wie das etwa beim St. Georgener und Schwarzwälder Prediger im 13., bei Tauler, Hartwig von Erfurt oder beim Engelberger Prediger im 14. Jahrhundert der Fall ist, sondern als Corpus disjectum. Wir dürfen zwar annehmen, daß Eckhart seine Predigten, etwa zur Tischlektüre für Dominikanerinnen, aber auch für andere monastische Gemeinschaften, zusammengestellt und autorisiert hat, aber diese ‚Erstausgaben' sind restlos verlorengegangen. Dafür dürfte sicher, wenn auch nicht allein, die kirchliche Verurteilung eckhartscher Lehrsätze verantwortlich gemacht werden, die ja auch der Grund für die merkwürdige Tatsache ist, daß der zweifache Inhaber des Pariser theologischen Magisteriums nicht in den offiziellen Schriftstellerkatalog der Dominikaner aufgenommen worden ist. Die uns noch greifbaren Handschriften mit Eckhart-Predigten sind insgesamt sekundäre Sammlungen, frühestens, wie der ‚Paradisus anime intelligentis', gegen Mitte des 14. Jahrhunderts redigiert, immer durchsetzt mit anderem mystischen Predigtgut, in der Regel auch ohne Verfassernamen. Keinem der Redaktoren ging es wohl irgendwie um Meister Eckhart. Sie schufen zu erbaulichem Zwecke ‚Anthologien' mit mystischen und aszetischen Schriften. Es kann mit diesem

Befund nun auch verdeutlicht werden, welchen Mühseligkeiten und Schwierigkeiten sich die Eckhart-Editoren, sofern sie sich um kritische Texte bemühten, zuerst Franz Pfeiffer, dann Josef Quint, gegenübersahen. So war für jede einzelne Predigt eines ungefähr 150 Ansprachen umfassenden Bestands der Echtheitsbeweis besonders zu führen. Wenn man sich vorstellt, das lyrische Werk Goethes oder Mörikes müßte aus Anthologien der Nachwelt, die nur gelegentlich einmal einen Autor namhaft machen, neu gewonnen und ediert werden, so wäre damit die Schwierigkeit der Eckhart-Edition vergleichbar –, aber auch nur auf der einen Ebene der Heuristik und der Zuweisung, keineswegs in bezug auf den authentischen Wortlaut, der bei Eckharts deutschem Werk als textkritisches Problem hinzutritt.

Von diesem Befund hebt sich nun die ‚Paradisus anime intelligentis‘-Sammlung deutlich ab. Schon daß von ihr zwei Schwesterhandschriften, der Bodleian Library in Oxford und der Staats- und Universitätsbibliothek in Hamburg, letztere heute immer noch an einen Ort der DDR verlagert, vorliegen, ist in der Eckhart-Überlieferung singulär. Es sind sorgfältige Abschriften des verlorenen Erfurter Originals.

Das Corpus umfaßt insgesamt 64 Predigten. Genau die Hälfte wird Eckhart zugeschrieben, nämlich 32 (die einzige, wohl aus Versehen ohne Verfassernamen überlieferte Predigt, Nr. 57, darf Eckhart aus der Perspektive des Sammlers, nicht als textkritisches Resultat zugesprochen werden). Die übrigen gehören zumeist thüringischen Dominikanern an, die in Erfurt gepredigt hatten, einige vielleicht als Gäste bei besonderer Gelegenheit, die es in der Zeit von Eckharts Provinzialat häufig gab.

Eine weitere Besonderheit dieser Sammlung neben der einheitlichen Überlieferung besteht darin, daß ein Register jede Predigt (mit der erwähnten Ausnahme) mit Autornamen versieht. Es ging somit dem Sammler und Redaktor um diese Verfasser und ihre im Hause gehaltenen oder dort verwahrten Predigten. Das Corpus hat so den Charakter einer Dokumentation. Das ist höchst ungewöhnlich bei deutschen Predigten des Mittelalters.

Den Dokumentationscharakter bestätigen weitere Gesichtspunkte. Der Sammler schuf ein ‚Hausbuch‘, fast möchte man sagen ein Erinnerungsbuch. Zwischen ihm und den Autoren liegt eine Generation; gewiß waren schon alle in der Sammlung zu Wort kommenden Prediger gestorben. Das Corpus dürfte nämlich im 5. Jahrzehnt des 14. Jahrhunderts zusammengestellt worden sein, d. h. in einer Zeit, als sich die Wogen des Eckhart-Prozesses geglättet hatten und man auch andernorts begann, Eckhart-Predigten zu verbreiten und zu bewahren. Sie sind im Register des ‚Paradisus‘ nun geradezu zur Schau gestellt, auf einen Blick zu erkennen, auch wenn sie, da die Sammlung nach dem Kirchenjahr und Heiligenkursus angelegt ist, nicht blockhaft erscheinen, immerhin in Gruppen bis zu sechs Predigten. Sollte hier ganz bewußt ein Meister Eckhart dokumentiert werden, der mit den verurteilten Sätzen nichts zu tun hat? Es ist nämlich festzustellen, daß der ‚Paradisus‘ mit Ausnahme einer Stelle (Nr. 33 = Q 9) – die der Redaktor einfach übersehen haben dürfte und deren ‚Häresie‘ im Kontext kaum erkennbar ist – keine Predigten überliefert, denen die päpstliche Bulle die inkriminierten Sätze entnahm. Es läge demnach eine posthume Rechtfertigung vor, eine durchaus legale übrigens, da nicht die Person, sondern einzelne Aussagen verurteilt wurden und einzig die Verbreitung dieser Aussagen (in ihrem Kontext, versteht sich, als der die ganze Predigt oder ein ganzer Traktat zu verstehen ist) kirchliche Verfolgung nach sich zog. Weiterhin dokumentiert die Sammlung die große Zeit des Erfurter Konvents, die Zeit um 1300, als Meister Eckhart mit anderen begabten oder doch tüchtigen Ordensbrüdern in ihm wirkte, als das Kloster zu den Mittelpunkten des Ordens in Deutschland gehörte, von 1303 bis 1311 ‚Vorort‘ der sächsischen Ordensprovinz war. Diese Zeit war um 1340 längst vorbei. Der Redaktor mochte sie als junger Mann erlebt haben und mit einer gewissen Wehmut an sie zurückdenken.

Das Wichtigste aber ist dies: Unser Erfurter Sammler dokumentierte nicht nur Namen seines Hauses und solche, die mit diesem in engerer Verbindung standen, sondern er vermittelte zugleich spezifisch dominikanische Doktrin. Sie ist im Titel (der für Predigtsammlungen dieser Zeit höchst ungewöhnlich war) angezeigt: „Ein Paradies der vernünftigen Seele". „Paradies der Seele" ist ein geläufiger Topos, „vernünftige" Seele aber hat programmatischen Anspruch, besagt den Vorrang des *intellectus*, der ‚Vernünftigkeit‘ (der nhd. Begriff ‚Vernunft‘ erweckt leicht falsche Vorstellungen, weshalb ich ihn hier vermeide, obschon er auch in den alten Texten nicht fehlt) als oberstes Vermögen vor der *caritas* bzw. *voluntas*, der geistigen, vom Willen getriebenen Gottesliebe. Es ist dies in dieser Zeit einer der wichtigsten Unterschiede in der Doktrin der Dominikaner und Franziskaner. Der Sammler hebt ihn im Register zur 41. Predigt pointiert hervor: „In dieser Predigt disputiert Bruder Giselher von Slatheim, der Lesemeister in Köln und Erfurt war, gegen die Barfüßer und beweist, daß das Werk der Vernünftigkeit in bezug auf das ewige Leben edler ist als das Werk des Willens, und er entkräftet meisterhaft die Argumente der Barfüßer". Von da her verstehen wir auch das ‚schwarze Schaf‘ in der Sammlung, Nr. 62 „Ein Barfüßer Prediger". Er – doch wohl mit Absicht ohne Namensnennung, hat er doch nicht sich selbst, sondern die diesbezügliche Doktrin seines Ordens zu vertreten – trägt die bekämpfte Alternative vor. Im Register heißt es denn auch bissig: „Aber die Brüder und Prediger des Predigerordens glauben kein Wort von dem, was er hier aufsetzt".

Die Vernünftigkeit – Eckhart gebraucht daneben noch den Begriff *ver-*

stentnisse, ‚Verstandesvermögen‘ – ist nun aber auch ein wichtiges Thema der ‚Paradisus‘-Predigten Eckharts. Es bietet zudem – eine Chance, die die Eckhart-Forschung bisher nicht wahrgenommen hat – eine Handhabe für ihre Entstehungszeit. Eckhart vertritt nämlich die Doktrin vom Vorrang des Intellectus einzig hier und in den Pariser Quaestionen 1302/1303 in spezifischer Ausformung. Charakteristisch für alle drei Quaestionen ist, um an früher Vorgetragenes (2. Kapitel) kurz zu erinnern, daß Eckhart in ihnen Gott als *intellectus* definiert, während das Sein, das in den späteren Schriften mit Gott identifiziert wird, (fast) nur als geschöpfliches Sein in den Blick kommt. Die dritte Quaestio, im Referat und in der Widerlegung des Gonsalvus Hispanus, begründet dann speziell den Vorrang des *intellectus* vor dem Willen und mit ihm der Liebe. Da diesem in der Frage der Gotteserkenntnis im ‚Paradisus‘ eine zentrale Rolle zukommt, darf man die Entstehung dieser Ansprachen in die Zeit zwischen die beiden Pariser Magisterien, 1303–1311, ansetzen, die Zeit also, in der Eckhart als erster Provinzial die neugeschaffene Ordensprovinz Saxonia leitete. Das bestätigt ein direkter Hinweis auf die Pariser Kontroverse in Predigt 28, die man an der entscheidenden Stelle freilich wegen Verderbtheit aus der Parallelüberlieferung ergänzen muß: „Die besten Meister sagen, der Kern der Seligkeit liege im Erkennen. Ein großer Pfaffe kam neulich nach Paris, der war anderer Meinung und schrie und tobte“ (DW III 188,1ff.). Man sieht, daß Eckhart auch die humorvoll-drastische Übertreibung kennt: hier konnte und durfte der Zuhörer lachen.

Sicher ist nicht auszuschließen, sogar wahrscheinlich, daß die eine oder andere der 32 Eckhart-Predigten des ‚Paradisus‘ nicht in Erfurt gehalten wurde, sondern aus späterer Zeit in schriftlicher Gestalt dorthin gelangte. Ich gehe dabei von der Voraussetzung aus, daß die persönlichen Beziehungen Eckharts zu seinem Heimatkloster in seiner Straßburger und Kölner Zeit nicht gänzlich abgerissen waren. Auch die Überlieferung zeigt Predigten an, die nicht in Erfurt entstanden sind, nämlich solche, die in südwestliche (Straßburger) Textgruppen eingebunden sind. Nur philologische Kleinarbeit könnte indes zu konkreten Resultaten führen.

2.

Eine der Eckhart-Predigten des ‚Paradisus‘, Nr. 33, ‚Quasi stella matutina‘, sei besonders vorgestellt, zumeist im Wortlaut, teils paraphrasierend und zusammenfassend und mit eingesprengten Erklärungen, wo sie erforderlich sind. Sie ist auch anderswo als in den beiden Handschriften des ‚Paradisus‘ überliefert und gehört mit 13 Textzeugen sogar zu den verbreitetsten Stücken des eckhartschen Predigtwerks. Ich halte mich selbstverständlich an die Fassung des ‚Paradisus‘, die ich nur an offensichtlich verderbten Stellen nach der kritischen Ausgabe Quints (Nr. 9) korrigiere.

„‚Wie der Morgenstern mitten im Nebel und der volle Mond in seinen Tagen und wie die strahlende Sonne, so hat dieser [der Seher Simon] im Tempel Gottes geleuchtet‘ (Ecclesiasticus 50,6). Diese Worte stehen geschrieben im Buch der Weisheit.

Nun nehme ich mir das letzte Wort [zur Auslegung] vor: ‚Tempel Gottes‘. Was ist ‚Gott‘ und der ‚Tempel Gottes‘? Vierundzwanzig Meister kamen [einst] zusammen, um zu ergründen, was Gott wäre, und jeder von ihnen machte seine Aussage. Ich erwähne nur wenige. Der eine sprach: ‚Gott ist etwas, dem gegenüber alle veränderlichen und zeitlichen Dinge nichts sind, und alles Seiende [der kreatürlichen Welt] ist vor ihm gering‘. Ein anderer sprach: ‚Gott ist etwas, das notwendigerweise über dem Sein steht, der niemandes bedarf, dessen aber alle Dinge bedürfen‘. Ein dritter sprach: ‚Gott ist Vernünftigkeit, die da lebt in der Erkenntnis ihrer selbst‘. Ich lasse alle [Aussagen so stehen], sage aber im Anschluß an die zweite, daß Gott etwas ist, das notwendig über dem Sein steht. Was [nämlich] Sein hat, Zeit oder Ort, das rührt nicht an Gott. Er steht darüber. Gott ist [zwar] in allen Kreaturen, sofern sie Sein haben – und steht hoch über ihnen. Mit eben dem, daß er in allen Kreaturen ist, ist er auch über ihnen: Was in vielen Dingen eins ist, muß notwendigerweise über den Dingen sein“.

Die „vierundzwanzig Meister“ meinen eine kleine Schrift neuplatonischer Provenienz, den gegen Ende des 12. Jahrhunderts entstandenen ‚Liber 24 philosophorum‘, in dem Kernsätze über Gott zusammengestellt sind. Eckhart zitiert häufig aus ihm, hier freilich ungenau; nur die dritte Aussage läßt sich sicher identifizieren. Es liegt dem Prediger einzig daran, eine Autorität namhaft zu machen, die eigene Überlegungen in Gang setzt. Mit dem dritten Satz (der später in erweiterter Form noch einmal aufgegriffen wird) umschreibt er den Hauptsatz der Doktrin der Pariser Quaestionen, der mittlere jedoch, den er sogleich weiterführt, erörtert präzis die Seinslehre dieser Doktrin. Eckhart geht aus vom Sein der kreatürlichen Welt, und dieses Sein, das Zeit und Ort konstituiert, „rührt nicht an Gott“. Aber natürlich ist umgekehrt Gott das Sein nicht abzusprechen, es liegt nur über dem Geschöpflichen als dessen Ursache. Aber wie verhält sich das göttliche Sein zum göttlichen Intellekt? In der ersten Pariser Quaestio, die diese Frage eigens vorträgt, sagt Eckhart: „Nicht erkennt Gott, weil er ist, sondern weil er erkennt, deshalb ist er, und zwar so, daß Gott Intellekt und Erkennen ist und daß das Erkennen die Grundlage seines Seins ist“ (n. 4). Wie vom kreatürlichen Sein auf den göttlichen Intellekt als dessen Ursache zu schließen ist, so vom göttlichen Sein auf den göttlichen Intellekt. Davon wird sich die Theologie des zweiten Pariser Magisteriums, zumindest in der Akzentuierung, deutlich abheben.

Mit der Feststellung, daß die Seele nicht, wie viele meinen, nur im Herzen sei, vielmehr „ganz und ungeteilt“ in jedem Glied des Leibes, verbindet der Prediger die Feststellung, daß das „Nun" nicht ein Stückchen Zeit wie heute und gestern sei, sondern es umfasse alle Zeit. Im „Nun" aber hat Gott die Welt geschaffen, und es ist dieser Zeit so nahe wie der Jüngste Tag und der Augenblick, in dem der Prediger spricht.

Ich überspringe den nächsten Abschnitt, der ausführt, inwiefern, nach der Aussage des zitierten Meisters, alle Dinge Gottes bedürfen, er aber niemandes bedarf.

„Ein jedes Ding", so fährt Eckhart fort (74,5), „wirkt in seinem Sein, keines vermag über sein Sein hinaus zu wirken. So kann das Feuer nur im Holze wirken. Gott wirkt über dem Sein in der Weite, da kann er sich regen. Er wirkt im Nichtsein. Ehe es noch Sein gab, wirkte Gott; er wirkte Sein, als es noch gar kein Sein gab. Grobsinnige Meister sagen, Gott sei ein lauteres Sein. Er aber ist so hoch über dem Sein wie der oberste Engel über einer Mücke ist. Ich spräche durchaus Unrichtiges, wenn ich Gott ein Sein nennen würde, so etwa als bezeichnete ich die Sonne als blaß oder schwarz. Gott ist weder dies noch das. Ein Meister sagt: ‚Wer da glaubt, er habe Gott erkannt – gerade dadurch daß er etwas zu erkennen meint, erkennt er ihn nicht'. Wenn ich aber gesprochen habe, Gott sei nicht ein Sein und über dem Sein, habe ich ihm damit nicht das Sein abgesprochen, sondern ich habe es in ihm erhöht. Nehme ich Kupfer im Golde, so ist es dort in einer höheren Weise, als es als solches ist. Der heilige Augustin sagt: ‚Gott ist weise ohne Weisheit, gut ohne Güte, gewaltig ohne Gewalt'".

Im Lichte der Seinslehre des z w e i t e n Pariser Magisteriums klingen zentrale Aussagen dieses Abschnitts befremdlich. Man versteht sie, wenn man Sein *(wesen)* als das Sein der geschaffenen Welt versteht. Gott ist und wirkt außerhalb dieses Seins. Eckhart bestimmt dieses Sein unmißverständlich, wenn er sagt, Gott sei weder dies noch das. „Dies und das", *hoc et hoc*, ist (wir wissen es bereits aus dem 4. Kapitel) eine Schlüsselformel des Meisters, nämlich das Signum des Geschöpflichen. Über die Ausgrenzung des Kreatürlichen vom Göttlichen geht der Prediger freilich noch hinaus, wenn er das „lautere Sein" *(esse purum)*, eine geradezu klassische, auch von Eckhart häufig für Gott verwendete Formel, relativiert bzw. der Hermeneutik der negativen Theologie unterwirft. Nach dieser neuplatonischen Denkform, die in den Schriften des Dionysius Areopagita ihre erste christliche Ausformung erhalten hat (s. Kap. 4), kann von Gott nur in der Negation, beziehungsweise in hyperbolischen Aussagen angemessen gesprochen werden. So sagt der Prediger in unserm Text: Gott ist *unwesen*, „Nichtsein", sowie: Gott ist „über dem Sein". Vom Sein und den Transzendentalien, die identisch mit Gott sind, wird dies Eckhart nach dem zweiten Pariser Magisterium nicht mehr sagen.

„Kleine Meister dozieren in der Schule, alle Wesen seien in zehn Seinsweisen [Kategorien] geteilt, und eben diese zehn sprechen sie Gott ab.

Keine dieser Seinsweisen entbehrt er, und keine berührt er. Die erste, die am Sein den größten Anteil hat, da alle Dinge ihr Sein von ihr beziehen, ist die Substanz, und die letzte, die den mindesten Anteil am Sein hat [die Relation], ist in Gott jenem, dem am meisten Sein zukommt, durchaus gleich. Sie haben in Gott dasselbe Urbild. In Gott sind die Urbilder aller Dinge gleich, wie sie doch die Urbilder ungleicher Dinge sind. Der höchste Engel und die Seele und die Mücken haben ein gleiches Urbild in Gott. Gott ist nicht Sein und ist nicht Güte. Die Güte haftet am Sein und trägt nicht weiter als das Sein. Gott ist nicht gut und nicht besser und nicht am allerbesten. Wer da sagte, Gott sei gut, der spräche so unrecht, als ob er erklärte, die Sonne sei blaß oder schwarz".

Warum erinnert Eckhart immer wieder an den gelehrten Schulbetrieb? Sicher, weil ihm dessen Formen geläufig und nahe waren, sicher aber auch, weil er für die Zuhörer, wenig oder halbwegs gelehrte Mönche, ein Faszinosum war. Er steht aber auch über der Betriebsamkeit des Universitätsmilieus und der Gewichtigkeit ihrer Vertreter. Fast immer, wenn er auf die Universität zu sprechen kommt, sind etwas Distance und ein Lächeln mit dabei. Hier trifft es zunächst die „kleinen Meister". Da im Folgenden auf die zehn Kategorien des Stagiriten angespielt wird, sind es die Aristoteliker, d. h. die Magistri artium, denen es zukommt, im Rahmen der Grammatik und der Dialektik die Kategorienlehre zu erklären. Wenn sie Eckhart „klein" nennt, muß das allerdings kein persönliches Urteil sein. Die Artistenfakultät hatte in jener Zeit nicht das Renomee, das der medizinischen, juristischen oder gar der theologischen Fakultät zukam; in Paris freilich war es größer als anderswo.

Was Eckhart vom Sein sagte und wieder aufgreift, überträgt er jetzt auf die Güte, eine weitere Wesensbestimmung Gottes, im Platonismus, dem philosophischen und dem christlichen mit Augustin, die höchste. Und in diesem Zusammenhang steht nun der einzige Satz im ‚Paradisus‘, den die päpstliche Bulle als häretisch verurteilte, und zwar als Nachtrag (Nr. 2): „Gott ist weder gut noch besser noch vollkommen; wenn ich Gott gut nenne, so sage ich etwas ebenso Verkehrtes, als wenn ich das Weiß schwarz nennen würde". Der inkriminierte Ausspruch verrät die grundsätzliche Problematik des Verfahrens: die Isolierung einzelner Aussagen. Sicher ist es für den Gläubigen schockierend, ja blasphemisch, aus dem Munde des Predigers zu vernehmen, daß es falsch sei, Gott die Güte zu nennen. Im Zusammenhang ist Eckharts Formulierung zwar zugespitzt, aber völlig unverfänglich. Was zum Teil mit denselben Worten vom Sein Gottes gesagt wurde, es sei Nichtsein und Übersein, das gilt eben auch von der Güte Gottes. „Ich habe ihm damit nicht Sein [lies jetzt: „Güte"] abgesprochen, sondern es [sie] in ihm erhöht". Eckhart hat denn auch in der Rechtfertigungsschrift den Satz mit dem Hinweis, daß Gott „über allen Namen" stehe und daß dies den Menschen zur „Hervorhebung von

Gottes Majestät" kundgetan werden müsse, energisch verteidigt (Théry, S. 263).

Eckhart geht anschließend in seiner Predigt auf den möglichen Einwand ein, daß die Heilige Schrift wiederholt Gott als die Güte bezeugt: „Nun spricht doch aber Gott selbst: ‚Niemand ist gut als Gott allein‘ (Mk. 10,18). Was ist gut? Gut ist, was sich mitteilt, (sagen wir) ein Mensch, der sich mitteilt und nützlich ist. Deshalb sagt ein Meister: ‚Ein Einsiedler ist weder gut noch böse in dem Sinne, weil er sich weder mitteilt noch nützlich ist.‘ Gott aber ist das, was sich am allermeisten mitteilt. Kein Ding (jedoch) teilt sich mit aus Eigenem, weil alle Kreaturen nicht aus sich selber sind. Was sie mitteilen, das haben sie von einem anderen, sie geben sich nicht selbst. Die Sonne gibt ihren Schein und bleibt doch stehen [d. h. folgt nicht dem Schein], das Feuer gibt seine Hitze ab und bleibt doch Feuer, aber Gott teilt das Seine mit, weil er aus sich selber ist, und in allen den Gaben, die er gibt, gibt er zuerst sich selbst. Er gibt sich als Gott, wie er in allen seinen Gaben ist, sofern es an dem liegt, der ihn empfangen möchte. Jakobus schreibt: ‚Alle Gaben fließen hernieder vom Vater der Lichter‘ (Jak. 1,17).

Fassen wir Gott in seinem Sein, so fassen wir ihn in seinem Vorhof, denn Sein ist, wo Gott in seinem Vorhof wohnt. Wo ist er aber in seinem Tempel, in dem er heilig strahlt? Vernünftigkeit ist der Tempel Gottes. Nirgendwo wohnt Gott eigentlicher als in seinem Tempel, in der Vernünftigkeit, so wie jener andere Meister [der als dritter zitierte der ‚24 Philosophen‘] sprach, daß Gott Vernünftigkeit ist, die einzig im Erkennen ihrer selbst lebt, in sich selber weilend, unberührt, denn er ist da allein in seiner Stille".

Im folgenden Abschnitt spricht der Prediger von den Kräften der Seele, und zwar von den aristotelischen, der vegetativen („kraft derer nimmt der Mensch zu und wächst"), der sensitiven („eine Kraft im Auge") und der vernünftigen („mit der sie denkt"). „Diese Kraft stellt in sich die Dinge vor, die nicht gegenwärtig sind, so daß ich diese Dinge ebenso gut erkenne, als ob ich sie mit den Augen sähe, sogar noch besser: ich kann mir sehr wohl (auch) im Winter eine Rose vorstellen. Mit dieser Kraft wirkt die Seele im Nichtsein und folgt darin Gott, der im Nichtsein wirkt".

Um den letzten Satz zu verstehen, muß nochmals daran erinnert werden, daß in diesem Zusammenhang Sein das Sein der geschaffenen Welt meint. Gott als *intellectus* ist und wirkt außerhalb dieses Seins, und darin folgt ihm die Seele in ihrem Erkennen, wobei hinzuzufügen ist: dem Erkennen als solchem *(intellectus in quantum huiusmodi)*. So steht es auch in der 2. Pariser Quaestio (n. 7).

Anschließend kehrt Eckhart nochmals zum Thema der göttlichen Güte zurück. „Ein heidnischer Meister spricht – noch immer zitiere ich Worte heidnischer Meister, die nur im natürlichen Licht [der Vernunft] zu erkennen vermochten, noch nicht die heiligen Meister, die im höheren Lichte erkannten –: Die Seele, die Gott liebt, die nimmt ihn unter der Hülle der Güte. Vernünftigkeit aber zieht Gott die Hülle der Güte ab und nimmt ihn bloß, dort wo er entkleidet ist von der Güte und vom Sein und von allen Namen. – In der Schule sprach ich, daß Vernünftigkeit edler ist als der Wille, aber sie gehören doch beide in dieses Licht. Da sagte der Meister einer anderen Schule, der Wille sei edler als die Vernünftigkeit, denn der Wille nähme die Dinge, so sagte er, wie sie in sich selber sind; Vernünftigkeit jedoch, wie sie in ihr sind. Das ist wahr. Ein Auge ist edler in sich selbst als ein Auge, das an die Wand gemalt ist. Ich aber sage, daß die Vernünftigkeit edler als der Wille ist. Wille nimmt Gott unter dem Kleide der Güte, Vernünftigkeit nimmt Gott bloß, wie er entkleidet ist von der Güte und vom Sein. Die Güte ist ein Kleid, darunter Gott verborgen ist, und der Wille nimmt Gott unter diesem Kleid der Güte. Wäre die Güte nicht bei Gott, mein Wille würde ihn gar nicht wollen. Wer einen König kleiden wollte am Tage, da man ihn zum König macht, und kleidete ihn in graue Kleider, der hätte ihn nicht wohl gekleidet. Davon bin ich nämlich nicht selig, daß Gott gut ist, ich bin einzig davon selig, daß Gott vernünftig ist und daß ich dies erkenne. Ein Meister spricht: Vernünftigkeit ist da, woran des Engels Sein zumal hängt. Man fragt, wo das Sein des Bildes ganz eigentlich sei: im Spiegel oder in dem, von dem es ausgeht. Eigentlich ist es in dem, von dem es ausgeht. Dieses Bild ist in mir, von mir und zu mir. Solange der Spiegel meinem Antlitz gegenübersteht, ist mein Bild darin. Fiele der Spiegel hin, so verginge mein Bild. (Auch) des Engels Sein hängt daran, daß ihm Gottes Vernünftigkeit gegenwärtig ist, daran er sich erkennt."

Die Seele „nimmt" Gott „bloß". Eckhart gebraucht „nehmen" stets, wo es um ein Erkennen geht. Gott „bloß" erkennen, ist die reine Gottesschau, paulinisch das Schauen von Angesicht zu Angesicht (1. Kor. 13,12), ohne „Hüllen" und Namen. Die Güte Gottes ist eine solche Hülle, aber auch das Sein (was der spätere Eckhart nicht mehr lehren wird). Welches Vermögen aber erkennt Gott „bloß"? Die Vernünftigkeit, erklärt Eckhart noch einmal, nicht der Wille, und nimmt Bezug auf die dritte Pariser Quaestio, wo er mit dem franziskanischen Amtskollegen Gonsalvus Hispanus über eben diese Frage disputiert hatte. Der Wille ist nämlich ausgerichtet auf die Güte, sie aber ist „Kleid" Gottes. Vernünftigkeit ist auch die Erkenntnis und Schau der Engel, nach allgemeiner scholastischer Terminologie „Intelligenzen" genannt. An ihr hängt erst ihr Sein, das die Spiegelung der Vernünftigkeit ist. Eckhart sieht in diesem Modell der Engelerkenntnis das Erkennen des menschlichen Intellekts vorgebildet.

Erst im letzten Viertel der Predigt geht Eckhart zur Auslegung der anderen Glieder des Schriftwortes über; bis jetzt galten alle Ausführungen dem „Tempel Gottes".

„‚Wie der Morgenstern mitten im Nebel‘. Ich ziele jetzt ab auf das Wörtlein ‚quasi‘, ‚wie‘; die Kinder in der Schule nennen es ein Beiwort. Gott nannte sich selber im Johannesevangelium ein ‚Wort‘, indem er sagte: ‚Im Anfang war das Wort‘ (Joh. 1,1). Er bekundete damit (auch), daß man bei diesem Wort ein Beiwort sein soll. Es verhält sich so, wie der ‚freie Stern‘, nach dem der Freitag genannt ist, die Venus, mancherlei Namen hat: Er heißt Morgenstern, wenn er vor der Sonne läuft und vor ihr aufgeht, und heißt Abendstern, wenn er ihr nachfolgt und die Sonne früher untergeht. Bald läuft er oberhalb der Sonne, bald unterhalb, aber vor allen Sternen ist er der Sonne immer gleich nahe. Er kommt ihr nicht ferner und nicht näher, und darin gleicht er dem Menschen, der dazu gelangen will, Gott zu jeder Zeit bei und gegenwärtig zu sein, so daß ihn nichts mehr von Gott entfernen kann, nicht Glück, nicht Unglück und keine Kreatur.

Unser Text sagt auch: ‚Wie der Vollmond in seinen Tagen‘. Dem Mond kommt die Herrschaft über alle feuchte Natur zu. Nie ist der Mond der Sonne so nahe, als wenn er voll ist und als wenn er sein Licht direkt von der Sonne empfängt. Davon aber, daß er der Erde näher ist als jeder andere Stern, hat er zwei Nachteile: er ist bleich und fleckig und verliert sein Licht. Nie ist er so kräftig, wie wenn er der Erde am allerfernsten ist, dann wirft er das Meer [in der Flut] am weitesten [ans Ufer]; je mehr er abnimmt, desto geringer wirft er es aus. Je erhabener die Seele [über den irdischen Dingen] steht, um so kräftiger ist sie. Wer schon nur die Kreaturen zu erkennen vermöchte, der brauchte an keine Predigt zu denken, denn jegliche Kreatur ist Gottes voll. Der Mensch, der dazu gelangen will [wovon im Vorausgehenden gesprochen wurde], der muß sein wie der Morgenstern, immerwährend Gott gegenwärtig und ihm immerwährend ‚bei‘ und gleich nahe und erhaben über alle irdische Dinge, und es muß bei dem ‚Wort‘ ein ‚Beiwort‘ sein.

Es gibt ein Wort, das hervorgebracht wurde: das ist der Engel und der Mensch und alle Kreaturen. Und es gibt ein anderes Wort, das ist gedacht und hervorgebracht, damit ich in mir Vorstellungen bilden kann. Und noch gibt es ein weiteres Wort, das ist nicht hervorgebracht und ungedacht und nie tritt es heraus, vielmehr ist es ewig in dem, der es spricht. Es ist immer im Ausgang aus dem Vater, der es spricht, und bleibt doch in ihm. Vernünftigkeit wirkt stets nach innen. Je feiner und geistiger etwas ist, um so kräftiger wirkt es nach innen, und je kräftiger und feiner die Vernünftigkeit ist, desto mehr wird das, was sie erkennt, mit ihr vereint und mit ihr eins. Daß wir allezeit bei diesem ‚Wort‘ ein ‚Beiwort‘ sein mögen, dazu helfe uns der Vater und eben dieses Wort [und der Heilige Geist]“.

Einer Erklärung bedarf nur noch der letzte Absatz. Eckhart unterscheidet drei Bedeutungen von „Wort“. Das erste, das *vürbrâht wort*, entspricht dem Akt der Schöpfung („Und Gott sprach: Es werde . . ."). Das zweite, *bedâht und vürbrâht*, ist das menschliche Wort, das im Geiste gedacht und dann „hervorgebracht", d. h. gesprochen wird. Das dritte Wort, das *unvürbrâht und unbedâht* ist, meint die zweite göttliche Person, den Sohn, der vom Vater ausgeht *(processio verbi)* und doch immer in ihm bleibt *(unitas Dei)* wie der Heilige Geist, der von Vater und Sohn ausgeht *(processio amoris)*: das Geheimnis der Dreieinigkeit.

Der Aufbau dieser Predigt, die als Schlüsselpredigt des ‚Paradisus anime intelligentis' gelten darf, ist dem heutigen Betrachter nicht ohne weiteres einsichtig. Eckhart bedient sich hier wie fast immer der scholastischen Predigtweise, die den Schrifttext exegetisiert, indem dieser in einzelne Teile aufgegliedert wird. Das ist nach der mittelalterlichen Predigtlehre die *divisio*, die Einteilung der Rede; Eckhart spricht von *litteram punctare*, „den Schrifttext mit Punkten trennen" (LW II 247,11). Sie braucht nicht der Satzstruktur zu entsprechen, wie ja auch kein Gesamtverständnis des Textwortes erstrebt wird, sondern sie stellt Leitwörter zu moralischer oder allegorischer Auslegung bzw. zur Belehrung und Erbauung bereit. Es bleibt so gleichgültig, in welcher Reihenfolgt die einzelnen Textteile erläutert werden, und keineswegs ist es erforderlich, daß alle Teile zur Behandlung kommen. Ebensowenig hatte der Prediger auf Ausgewogenheit der einzelnen Auslegungen zu achten. Er konnte ein Thema, an dem ihm viel lag, breit und differenziert darstellen, ein anderes aber nur ansprechen oder unbehandelt lassen. Das ist ein Verfahren, das in den Schriftkommentaren zu beobachten ist und ganz besonders in denjenigen Eckharts, und ich denke auch, daß es von dort her auf die Predigt übertragen worden ist.

Gerade die letzterwähnte Möglichkeit der Textbehandlung liegt in unserer Predigt vor. Eckhart beginnt mit dem letzten Glied des Textwortes, „Tempel Gottes", und zerlegt es gleich in zwei Fragen: Was ist Gott? und: Was ist der Tempel Gottes? Sie machen den I. Hauptteil aus, der Dreiviertel der ganzen Predigt in Anspruch nimmt, die Frage nach Gott fast die Hälfte. Diese erste Frage wird an einer Kette von Meisterzitaten durchgeführt: von den ‚Vierundzwanzig Philosophen' werden drei zitiert, aber nur einer von ihnen wird näher kommentiert. Es folgen „etliche Meister", „ein heidnischer Meister", „ein Meister", „grobsinnige Meister", „ein heidnischer Meister". Der Leitgedanke ist das Verhältnis Gottes zum Sein, das ganz im Sinne der Pariser Quaestionen verstanden wird. Doch wird er unterbrochen mit der Bestimmung Gottes, der „in Ewigkeit ungeteilt in sich selbst " wirkt, zu dem alles hindrängt, der aber niemandes bedarf. Der Ib-Teil vom „Tempel Gottes" führt dann zur positiven Bestimmung „Vernünftigkeit ist der Tempel Gottes" und zur entschiedenen und begründeten Ablehnung der franziskanischen These, daß der Wille edler sei als die Vernünftigkeit.

Teil II, „Wie der Morgenstern mitten im Nebel“, entfaltet sich in einem einzigen Abschnitt. Was den Prediger hier interessiert, ist ausgerechnet das Funktionswort „quasi“, ein „Beiwort“. Es stellt sich zu „Wort“, das das „Allereigentlichste ist, was man von Gott sagen kann“.

In Teil III mit dem Schrifttext „Wie der Vollmond in seinen Tagen“, wird der Mond in seinen wechselnden Gestalten der Seele in ihrer Nähe und Ferne zu Gott gleichgesetzt. Dann aber wird erneut und bis zum Predigtabschluß die Thematik von Teil II wieder aufgegriffen, das „Wort“ und das „Beiwort“.

Eckharts ‚Quasi stella matutina‘-Predigt macht einen gelehrten Eindruck. Paris, der dortige Universitätsbetrieb, die Disputationen, die Konkurrenzkämpfe zwischen den Ordenstheologen sind nah und gegenwärtig. Geht man aus von der päpstlichen Verdammungsbulle und dem Begleitschreiben, die praktischen Folgen der Verurteilung betreffend, an den Erzbischof von Köln, so bildet sich die Vorstellung (die zur opinio communis geworden ist), Eckhart hätte ausschließlich *cordibus simplicium*, den Herzen der schlichten Leute, gepredigt, wobei man nicht nur an öffentliche Ansprachen, sondern vor allem auch an Predigten vor Klosterfrauen zu denken hat. Das ist für unsere Predigt bestimmt nicht zutreffend. So wie Eckhart selbstverständlich als Gelehrter lateinische Predigten vor gelehrtem Publikum hielt – wir besitzen eine Sammlung von Entwürfen zu solchen (LW IV) –, so hat er sicher auch vor den Patres seines Konvents, nunmehr Sitz des Provinzials, deutsch, aber durchaus gelehrt gesprochen. Eine solche Predigt liegt in ‚Quasi stella matutina‘ vor. Eckhart wollte wohl in ihr den Mitbrüdern des Erfurter Klosters etwas von dem vermitteln, was sich an der angesehensten Bildungsanstalt der Christenheit tat. Dazu eignete sich die im Mittelpunkt stehende Frage nach dem Wesen Gottes vorzüglich.

Was für diese Predigt gilt, trifft auch für zahlreiche andere, wohl sogar die meisten der Sammlung zu. Das wäre nochmals eine Besonderheit des Erfurter Predigtbuches, nämlich eine Zweckbestimmung, die außerhalb der *cura monialium*, der Seelsorge für Ordensfrauen, liegt, die man als für die deutschen Predigten Eckharts konstitutiv erklärt hat.

Sechstes Kapitel

Das ‚Opus tripartitum'

1.

Das ‚Dreiteilige Werk' ist die Frucht des zweiten Pariser Magisteriums. Damit soll nicht behauptet werden, daß das ganze Opus, so wie es vorliegt, in jenen zwei Jahren entstanden ist. Sicher sind einzelne Partien aus der früheren Lehrtätigkeit verwendet worden, und sicher hat Eckhart auch nach seinem Pariser Wirken an diesem Werk gearbeitet, aber der Gesamtplan mit grundlegenden Ausführungen ist die Leistung des Pariser Magisters der Jahre 1311–1313. Mit diesem Opus magnum hat Eckhart die ruhmvolle Tradition deutscher Dominikaner an der Sorbonne, Alberts des Großen und Dietrichs von Freiberg, fortgesetzt.

Die Überlieferung von Eckharts systematischem Hauptwerk ist recht schmal, was auf eine geringe Wirkung hinweist. Das hängt zweifelsohne mit Eckharts Verurteilung zusammen und, als deren Folge, mit der Tatsache, daß er nicht in den Schriftstellerkatalog der Dominikaner aufgenommen worden ist, erklärt sich aber auch aus Anlage und Art des Werkes selbst. Es war Torso geblieben und erweckte schon von der Gestalt her den Charakter des Unsystematischen und Unfertigen. Ohnehin konnte es nicht wie die Sentenzenkommentare und Summen des 13. Jahrhunderts zum Lehrbuch werden. Es traf nur verwandte Geister, so Nikolaus von Kues, den ersten Denker, der Eckhart kongenial verstanden haben dürfte. Aus dessen Besitz stammt nun eine, die jüngste der ‚Opus tripartitum'-Handschriften (C), die der Kardinal wohl selbst in Auftrag gegeben hat, und reiche Randglossen lassen erkennen, wie er sich mit dem alten, halbvergessenen Meister auseinandergesetzt hat. Eine weitere Handschrift steht in der Trierer Stadtbibliothek (T), eine dritte, die älteste, in der Stadtbibliothek Erfurt (E), eine vierte mit der Auslegung des Johannesevangeliums in der Berliner Staatsbibliothek Preußischer Kulturbesitz (B). Dazu kommt noch eine aus Köln stammende Handschrift in der Universitätsbibliothek Basel (K), die aber nur aus – freilich zahlreichen – Exzerpten besteht.

Das ‚Opus tripartitum' ist eine neu und eigenwillig angelegte ‚Summa theologica'. Genauer: Es steht an Stelle einer theologischen Summe. Diese, zusammen mit den Sentenzenkommentaren, waren die systematischen Großformen des gesammelten Wissens und entsprachen dem enzyklopädischen Hang der Zeit. Es ist höchst bezeichnend, daß Eckhart von der

Summenform Abstand nimmt, er bricht mit einer bewährten Tradition, der sich gerade Pariser Theologen verpflichtet fühlten.

Wie Eckhart im ‚Prologus generalis‘ (LW I 148–165) planend ausführt, umfaßt das ‚Dreiteilige Werk‘ 1. das ‚Opus propositionum‘, das Thesenwerk, 2. das ‚Opus quaestionum‘, das Werk der Probleme, und 3. das ‚Opus expositionum‘, das Werk der Auslegungen. Besonders breit ist das Thesenwerk angelegt: Es sollte über tausend Thesen, aufgeteilt in 14 „Traktate“, umspannen. Das Quaestionenwerk war in der Reihenfolge der ‚Summa theologica‘ „des hervorragenden Doktors und ehrwürdigen Bruders Thomas von Aquin“ gedacht, sollte jedoch nur wenige Quaestionen aufgreifen, „wie sie sich, je nach Gelegenheit, bei Disputationen, Vorlesungen und wissenschaftlichen Gesprächen ergaben“. Das exegetische Werk gliederte Eckhart in ein Predigtcorpus und ein Werk der Bibelauslegungen. Der Verfasser weiß, daß sein Vorhaben ein „Meer von Schriften zu erfordern scheint“, möchte sich aber insofern der Kürze befleißigen, als er „nur das eine und andere und nur ganz selten anderswo Behandeltes“ aufnehmen und im ‚Opus expositionum‘ keine fortlaufenden Kommentare, sondern nur Schwerpunkte der Auslegung bieten will (n. 7).

Wird schon aus dieser Gliederung deutlich, daß Eckhart nicht – wie die Summen – auf die Totalität, sondern das Besondere, Neue und Interessante ausgeht, so bestätigt er dies explizit mit den vielzitierten Worten, „daß einiges aus den folgenden Thesen, Problemen und Auslegungen beim ersten Anblick ungeheuerlich, zweifelhaft oder falsch erscheinen wird“. Man sollte diese Aussage nicht als Provokation auffassen oder gar auf die deutschen Schriften übertragen, sondern mehr als rhetorischen Fanfarenstoß des selbstbewußten Gelehrten verstehen, der Eckhart durchaus gewesen ist. Er nimmt das Scheinurteil über sein eigenes Werk auch sofort wiederum zurück, indem er versichert, daß bei Scharfsinn und intensivem Bemühen das Gesagte sich durchaus als im Einklang mit der Heiligen Schrift, den Heiligen oder berühmten Theologen erweist (n. 7).

Die Einheit des Werks betont Eckhart, indem er erklärt, die Quaestionen und Auslegungen gehörten je zu einer These, für sich allein seien jene nur von geringem Nutzen. Er empfiehlt also ein synoptisches Lesen. Dafür gibt er selbst in ziemlicher Ausführlichkeit (n. 11–22) ein Muster: Das Sein ist Gott (These) – Ist Gott? (Quaestio) – ‚Im Anfang hat Gott Himmel und Erde geschaffen‘ (Auslegung von Gen. 1,1).

Von diesem mit bestechender Klarheit entworfenen Werk sind nur Teile erhalten. Es fehlen gänzlich das ‚Opus propositionum‘, außer einem Prolog, ebenso das ‚Opus quaestionum‘. Vom ‚Opus expositionum‘ sind an Schriftkommentaren erhalten: ein Genesis- und Exoduskommentar in je zwei Redaktionen, ein ‚Buch der Bildreden *(parabolae)* in der Genesis‘, ein Sapientiakommentar, eine Auslegung des Johannesevangeliums. Sie machen, wenn man das Prinzip laufender Ergänzungen, von dem gleich die Rede sein wird, berücksichtigt, den Eindruck eines rahmenmäßig abgeschlossenen, aber nicht eines in allen Teilen vollendeten Werks. Vom ‚Ecclesiasticus' liegen nur je zwei Ansprachen und Vorlesungen vor (s. o. S. 27) – mehr wurde kaum geplant –, von einer Hohelied-Auslegung nur ein Fragment. Eckhart selbst verweist noch auf einen Matthäuskommentar (Eccles. n. 23), der aber in der Überlieferung fehlt. Der zweite Teil des ‚Opus expositionum', das ‚Opus sermonum', scheint in den ‚Sermones' (LW IV) vorzuliegen. Doch kann der Herausgeber, J. Koch, wahrscheinlich machen, freilich ohne durchschlagende Argumente, daß dieses Predigtcorpus nicht dem angekündigten ‚Opus sermonum' entspricht (LW IV, S. XXIII ff.). Wir können die überlieferten ‚Sermones' indes zuversichtlich als Platzhalter des geplanten Predigtwerks betrachten. Es handelt sich freilich um keine ausgeführten Predigten, nur um Predigtentwürfe: das ist die Regel bei der schriftlichen Überlieferung lateinischer Sermones.

Der Verweis Eckharts auf ein Werk, den Matthäuskommentar, das wir gar nicht kennen, erlaubt uns die Annahme, daß Eckhart sein ‚Opus tripartitum' nicht nur als Torso hinterlassen hat, sondern daß die Überlieferung Lücken aufweist. Vor allem darf dies für das Thesen- und Quaestionenwerk gelten. Wenn Eckhart von letzterem erklärt, es handle sich um ‚Thesen' aus akademischen Veranstaltungen, so dürfte es sie in einiger Zahl wirklich gegeben haben, und in der Tat verweist der Meister wiederholt in den Schriftauslegungen darauf mit der Formel „worüber ich (ausführlich) im ‚Buch der Thesen' gehandelt habe". Was das Thesenwerk betrifft, so weisen die Aufteilung in 14 Traktate mit genauen Titeln ebenso wie der ‚Prologus in Opus propositionum', der in Wirklichkeit eine Einführung zur ersten These „Das Sein ist Gott" vorträgt, darauf hin, daß auch hier abgeschlossene Thesen vorgelegen haben. Zudem gibt es wiederum in den Kommentaren Verweise auf das Thesenwerk, so im Sapientiakommentar, wo präzise auf 9 oder 10 Argumente im 4. Traktat ‚De bono' zurückverwiesen wird (n. 120). Sie müssen also vorgelegen haben.

Das Verhältnis der Texte zueinander, ja z. T. die Ordnung der Texte selbst, wird dadurch schwer durchschaubar gemacht bzw. gestört, daß Eckhart seine Ausführungen ständig ergänzt hat. Das gilt nicht nur für Schriften, die in zwei verschiedenen Redaktionen vorliegen wie die Genesis- und Exoduskommentare, sondern allem Anschein nach für alle Auslegungen. Daß die zahlreichen Rückverweise, wie wir schon früher vermerkten (S. 29), in der Regel keine Hilfe bedeuten, liegt im Umstand begründet, daß primäre Rückverweise, die eine relative Chronologie ermöglichen würden, neben solchen aus überarbeiteten oder neuen Partien stehen, was praktisch ein wechselseitiges Verweissystem ergibt. So ist mit

Ausnahme der Ecclesiasticus-Vorträge (s. S. 28f.) keiner der Kommentare oder Teile davon mit Stringenz dem ersten Magisterium zuzuordnen. Sicher aber dürfte sein, daß Eckhart über die Ecclesiasticus-Erklärungen hinaus exegetische Ansätze der früheren Pariser Lehrtätigkeit, in welcher Form auch immer, in das ‚Opus tripartitum' eingebaut hat.

2.

Was für ein Ziel verfolgte Eckhart mit seinem ‚Opus tripartitum'? Im Vorwort zur Auslegung des Johannesevangeliums, die man als den wichtigsten Schriftkommentar Eckharts zu betrachten hat, steht (n. 2), es sei die *intentio auctoris*, die Absicht des Verfassers, hier wie „in allen seinen Werken", „die Lehren des heiligen christlichen Glaubens und der Schrift beider Testamente mit Hilfe der *rationes naturales*, der Vernunftgründe, der Philosophen auszulegen". Er beruft sich dabei auf Römerbrief 1,20, eine Stelle, die schon immer zur Begründung einer philosophischen Gotteslehre gedient hat: „Denn was an Gott unsichtbar ist, wird vom Geschöpf in der Welt durch das Geschaffene erkannt und erschaut, auch seine ewige Kraft und seine Gottheit", wobei Eckhart mit der Tradition „ewige Kraft" mit „Sohn" und „Gottheit" mit „Hl. Geist" gleichsetzt. Anschließend zitiert er Augustin, ‚Confessiones' VII 9,13, wo dieser von seiner Begegnung mit „Schriften der Platoniker" schreibt. Er hätte darin, „wenn auch nicht gerade wörtlich, so doch dem Sinne nach und durch viele und vielfache Vernunftgründe glaubhaft gemacht", gelesen, „daß ‚im Anfang das Wort war und das Wort bei Gott war und daß das Wort Gott war; daß er im Anfang bei Gott war, daß alles durch dies geworden ist und ohne dies nichts geworden ist'" (Joh. 1,1ff.) und weiter bis Vers 10, daß „die Welt ihn nicht erkannt hat". „Das andere aber, daß ‚er in sein Eigentum kam und die Seinen ihn nicht aufnahmen, er aber allen, die ihn aufnahmen, die Macht gab, Kinder Gottes zu werden durch den Glauben an seinen Namen'", das hätte er bei den Platonikern nicht gefunden. Diese Grenze und die Erkenntnis, daß den Platonikern der Logos in der Knechtsgestalt verborgen geblieben sei, verschweigt Eckhart, ebenso, daß Thomas von Aquin in der Auslegung dieser Augustin-Stelle das platonische Logosverständnis als *ratio idealis* bezeichnet, die nichts mit dem fleischgewordenen Wort des Christenglaubens zu tun hätte, was darauf hinweist, daß Eckhart diese Einschränkungen für die Verwendung der *rationes naturales* nicht vornehmen mochte, wie er ja auch seine *intentio* schlechthin auf die christlichen Glaubenslehren und die beiden Testamente bezieht.

Ergänzend dazu sagt Eckhart im folgenden Abschnitt (n. 3), er wolle „zeigen, wie die Wahrheiten der Prinzipien, Folgerungen und Eigentümlichkeiten in der Natur für den, ‚der Ohren hat zu hören', gerade in den

Worten der Hl. Schrift, welche mit Hilfe dieser natürlichen Wahrheiten ausgelegt werden, klar dargelegt sind".

Das heißt, auf einen Nenner gebracht, mit K. Flasch, der diese Ausführungen zum erstenmal als für Meister Eckhart grundlegend erkannt und umsichtig erhellt hat: Eckharts „Intention ist es, die Wahrheit der Schrift philosophisch zu beweisen und die so gedeutete Schrift als den Inbegriff aller philosophischen Erkenntnis auszuweisen". Zugleich heißt dies, daß Naturphilosophie und Metaphysik sich wechselseitig erhellen können.

Wie eine nähere, differenzierende Erklärung dieses methodischen Programms lesen sich Eckharts Ausführungen im Johanneskommentar zu Vers 1,14: „Und das Wort ist Fleisch geworden und wohnte unter uns" (n. 185): „Gottes Weisheit hat sich herabgelassen, dergestalt Fleisch zu werden, daß die Fleischwerdung gewissermaßen zwischen dem Ausgang der göttlichen Personen und der Hervorbringung der Geschöpfe steht und an beider Natur Anteil hat, so daß die Fleischwerdung das Abbild des ewigen Ausfließens und das Vorbild der ganzen niederen Natur ist. Demgemäß wird also die Hl. Schrift sehr angemessen so erklärt, daß mit ihr übereinstimmt, was die Philosophen über die Natur der Dinge und ihre Eigenschaften geschrieben haben, zumal aus *einer* Quelle und *einer* Wurzel der Wahrheit alles hervorgeht, was wahr ist, sei es im Sein, sei es im Erkennen, in der Schrift und in der Natur. Dazu trägt bei, was ich oben bereits bemerkt habe [n. 56–60] in der letzten Erklärung des Wortes ‚Alles ist durch ihn gemacht worden, und ohne ihn ward nichts' (Joh. 1,3). Damit stimmt in allem überein jenes Wort ‚Im Anfang schuf Gott Himmel und Erde' (Gen. 1,1). Es ist also dasselbe, das Moses, Christus und der Philosoph [Aristoteles] lehren; es unterscheidet sich nur in der Art und Weise, nämlich als das Glaubhafte [Moses], das Annehmbare oder Wahrscheinliche [Philosoph] und die Wahrheit [Christus]". „Dasselbe", könnte man auch sagen, aber in verschiedener Evidenz.

Dabei ist das Aufregende, daß Eckhart, wie schon angedeutet, die *rationes naturales* auf *alle* christlichen Wahrheiten ausgedehnt haben will, auch auf die Dreieinigkeit, die Thomas (und noch die heutige katholische Lehre) von der Vernunfterkenntnis ausschließen wollte, sowie die Inkarnation. Bestätigt wird die umfassende Anwendung der *rationes naturales* auch durch die Erklärung im ‚Prologus generalis', ohne die Thesen seien die Auslegungen „von nur geringem Nutzen", weil sie auf jenen „gründen" würden (n. 11).

Fest steht indes, daß Eckharts Kommentaren Glaube und Schrift als unerschütterliche Prinzipien zugrunde liegen. Keineswegs wird, wie man zunächst argwöhnen könnte, der Christengott zu einem Gott der Philosophen und das Christentum zu einer Geistreligion. Es wird auch nicht, kantianisch, das eine vom andern als Wissen und Glauben getrennt. Vielmehr fällt beides auf Grund eines neuen, an Dietrich von Freiberg, wie noch zu zeigen sein wird, anknüpfenden *intellectus*-Begriffs in eins. Damit ist freilich der Boden der Scholastik, die eine natürliche Gotteserkenntnis im Spiegel der Kreaturen von einer übernatürlichen im Lichte des Glaubens unterschied, verlassen.

Einer besonderen Würdigung im Hinblick auf die *intentio* bedürfen die Schriftkommentare, die ja auch den Schwerpunkt des uns erhaltenen und wohl auch ausgeführten ‚Dreiteiligen Werks‘ bilden. Den Theologiegeschichtler überrascht, daß sie Teil eines systematischen ‚Summen‘werks sind. Die Schriftkommentare, eine neue Gattung theologischer Lehre im Rahmen der Universitäten, wollen in einer Auslegung von Vers zu Vers dem Verständnis eines biblischen Buches in seiner Ganzheit dienen; sie liefern zwar Bausteine zur systematischen Theologie, haben jedoch mit dieser, die in Sentenzenkommentaren und Summen ihren literarischen Niederschlag fand, nichts zu tun. Eckhart muß in der Exegese die Mitte theologischer Arbeit gesehen haben. Das geht aus Anlage und Ausführung seiner Kommentare hervor.

Dazu äußert sich Eckhart in verschiedenen Vorreden. Beabsichtigt war eine Auslegung des Alten und Neuen Testaments „der Reihe nach vom Anfang bis zum Ende“, also sämtlicher biblischer Bücher – ein Unterfangen, das der zeitgenössische Franziskaner Nikolaus von Lyra in der Tat zustande brachte. Um aber nicht „weitschweifig“ zu werden, will er sich auf das „besonders Gute und Nützliche“ beschränken. So im ersten Vorwort zum ‚Werk der Auslegungen‘ (LW I 183). Das letztere ist ein Gebot der praktischen Durchführbarkeit; die Gesamtheit der biblischen Bücher aber, die ausgelegt werden sollen, übersteigt die dem Kommentar eigene Zweckbestimmung des Verständnisses *eines* Bibelbuchs, intendiert vielmehr einen ganzheitlichen Kommentar der Hl. Schrift und gewinnt so einen systematischen Stellenwert.

Der Leser der überlieferten Kommentare, von denen keiner als wirklich vollendet gelten darf, steht allerdings unter dem beherrschenden Eindruck der Einzelerklärung. Eckhart bietet sie immer dort, wo sie seine zentralen Lehrpunkte berühren, in reicher Fülle, aber nie (in seinem Sinne) vollständig an und überläßt die „weitere Ausführung und den Nachweis damit übereinstimmender Bibelworte“ der „Umsicht des Lesers“. Dieser kann auch den einen oder andern Gedanken herausgreifen, „wie er es für nützlich hält“ (2. Vorwort zum ‚Werk der Auslegungen‘, LW II 322).

Diese „Anweisung für den Leser“ sowie Strukturelemente der Predigt im Kommentarwerk führten zur, wie ich sehe, anerkannten These, daß die Schriftauslegungen für den Gebrauch der Prediger bestimmt waren (J. Koch). Ich erlaube mir (obgleich ein Laie), dies zu bezweifeln. Der These widersprechen nicht nur die *intentio* des Verfassers, nämlich der philosophische Zugriff, sondern auch die Rückbindung der Auslegungen an die dazugehörigen Thesen – jene sind ohne diese „von nur geringem Nutzen"! – sowie die Tatsache, daß die Auslegungen aus Vorlesungen hervorgegangen sind, die der theologischen Ausbildung dienten. Merkwürdig bleibt es sodann, daß Eckhart in keiner der zahlreichen Vorreden ein Wort über die angebliche homiletische Zweckbestimmung sagt. Er spricht, wie oben zitiert, den „Leser" *(lector)* an, im Prolog zum ,Buch der Bildreden in der Genesis' den *studiosus* (LW I 455). Wie immer man *studiosus* übersetzen mag – die Ausgabe suggeriert Kochs These: „lerneifrige (Mitbrüder)" –, so läßt dieser Begriff an die Lernenden der Universitäten denken, die ja *studia generalia* hießen. Außerdem wird der *studiosus* in diesem Zusammenhang aufgefordert, „Beweise" bei den Quaestionen und bei andern Auslegungen zu suchen, was keine Aufgabe der Prediger ist, wohl aber ,Hausarbeit' für Studierende. Es ist so mit entschiedener Sicherheit der Adressat der eckhartschen Schriftkommentare in den lernenden und lehrenden Kreisen der Universität zu suchen. Nicht bestritten sei mit dieser Feststellung, daß der Prediger Eckhart sich methodisch auch in seinen Schriftkommentaren verrät: etwa durch die Empfehlung der Typologie, d. i. der Auslegung des Alten Testaments auf Christus hin (s. LW I 453), oder in der Kombination von verschiedenen Bibelworten, die dazu dienen, den eigentlichen, d. i. geistlichen Sinn des Textes herauszustellen (s. LW II 321). Auch bleibt bemerkenswert, daß ein eigenes Predigtcorpus zum ,Opus expositionum' gehört. Es darf so das „wichtigste Ergebnis" des Beitrags von J. Koch über Eckharts Schriftauslegungen immer noch bleiben, „daß die Einheit des gesamten Schaffens Eckharts in der Predigt gipfelt" (S. 103).

3.

Die Leitthemen des Gesamtwerks lassen sich an den Titeln der 14 Traktate des Thesenwerks ablesen. Sie gelten dank der ,Schwerpunkt'-Technik im Hinblick auf „Neues" und „Seltenes" grosso modo auch für die übrigen Teile. Bei den Bibelkommentaren ist das nachzuweisen: aus ihnen lassen sich wenn nicht alle so doch viele Thesenkomplexe der 14 Traktate in ihrer Argumentation einigermaßen rekonstruieren. Die Titel seien hier im Wortlaut angeführt (n. 4, LW I 150 f.):

„Der erste Traktat handelt vom Sein und vom Seienden und seinem Gegensatz, dem Nichts.

Der zweite von der Einheit und dem Einen und seinem Gegensatz, dem Vielen.

Der dritte von der Wahrheit und dem Wahren und seinem Gegensatz, dem Falschen.

Der vierte von der Güte und dem Guten und dem Schlechten, seinem Gegensatz.

Der fünfte von der Liebe *(amor)* und der Zuwendung im Erbarmen *(caritas)* und der Sünde, ihrem Gegensatz.

Der sechste vom sittlich Guten, von der Tugend und vom Geraden und deren Gegensatz, nämlich dem sittlich Schlechten, dem Laster und dem Ungeraden.

Der siebente vom Ganzen und vom Teile, seinem Gegensatz.

Der achte vom Gemeinsamen und Ununterschiedenen und seinem Gegensatz, dem Eigentümlichen und Unterschiedenen.

Der neunte von der Natur des Oberen und des Niederen, seines Gegensatzes.

Der zehnte vom Ersten und vom Letzten.

Der elfte vom Urbild und von der Idee und ihrem Gegensatz, nämlich dem Ungeformten und der Beraubung *(privatio)*.

Der zwölfte von dem, wodurch etwas ist, und dem, was etwas ist, seinem Gegenstück.

Der dreizehnte handelt von Gott selbst, dem höchsten Sein, „das keinen Gegensatz außer dem Nichtsein hat", wie Augustin in den Schriften ‚Von der Unsterblichkeit der Seele' und ‚Von der Religion der Manichäer' sagt.

Der vierzehnte von der Substanz und dem Akzidenz".

Die Liste der Traktate des Thesenwerks ist kaum als endgültig zu verstehen oder dann doch nur den Themen, nicht der Ordnung nach. Die Reihenfolge (mit einer Ausnahme) scheint willkürlich zu sein, Gruppenbildung ist schwer zu erkennen. Versuche, sie mit Büchern der aristotelischen Metaphysik in Zusammenhang zu bringen, bleiben problematisch; daß die Titel aber als Aufriß einer Metaphysik nach der Grundunterscheidung des Aristoteles einerseits das Sein als Sein (Ontologie) und andererseits das höchste Sein (Theologie) zum Gegenstande haben, dürfte kaum bezweifelt werden.

Eindeutig und als geschlossene Gruppe geben sich nur die ersten vier Traktate zu erkennen: sie handeln vom Sein und den Transzendentalien ‚Einheit', ‚Wahrheit' und ‚Gutheit'. Es ist das Herzstück von Eckharts Metaphysik, und dem entspricht die Spitzenstellung im Thesenwerk.

Wie ein roter Faden geht es durch Eckharts Schriftkommentare hindurch: *Deus est esse*, „Gott ist das Sein". Im Thesenwerk heißt es umgekehrt *esse est Deus*, „Das Sein ist Gott". Die erste Formulierung, möchte man sagen, ist die Aussage des Theologen, die zweite diejenige des Philosophen. Es ist indes sehr zu bezweifeln, daß Eckhart es so verstanden haben wollte, spricht er doch bei allem Perspektivenwechsel, der ihm eigen ist, nie als Philosoph bzw. als Theologe. Geht man von der *intentio* des ‚Opus tripartitum' aus, geht es klärlich um die These *esse est Deus*, und es ist die Seinsfrage, die das Thesenwerk eröffnet und das ganze ‚Dreiteilige Werk' bestimmt.

Was besagt die Gleichung „Das Sein ist Gott“? Eckhart beweist diesen Satz vorläufig schon in der Vorrede zum Gesamtwerk mit fünf Argumenten logischer Natur, so mit der Denkunmöglichkeit des Gegenteils (n. 12, LW I 156). In der Vorrede zum Thesenwerk selbst findet sich so etwas wie ein Abriß der Seinslehre mit der Beziehung des Seins zu den transzendentalen Bestimmungen. Er hat für die Traktate 1–4 zu stehen. In der zweiten Vorbemerkung – die erste können wir übergehen – unterscheidet Eckhart das Sein als solches vom Sein als „dies und das“ *(hoc et hoc)*. Und dies gilt auch von den Transzendentalien, dem Einen, Wahren und Guten. „Man muß zum Beispiel über das Gute an sich *(bonum absolute)* anders urteilen als über dieses und jenes Gute und das, was diesem da oder für dieses da gut ist“ (LW I 166f.). Diese zunächst formale Unterscheidung erfährt in vier Grundsätzen (*principale* S. 172,14; 176,5) eine inhaltliche Ausformung. Der erste besagt, daß das Sein an sich und mit ihm das Eine, Wahre und Gute allein Gott zukommt. Mit der Tradition seit Johannes Damascenus (ca. 650 – ca. 750), der zitiert wird, geht dies aus dem berühmten Exodus-Vers 3,14 „Ich bin der ich bin“ *(Ego sum qui sum)* hervor, der Gottes eigentlichen, nach Johannes Damascenus „ersten“, Namen nennt. Er ist das biblische Fundament aller christlichen Seinsspekulation („Exodus-Metaphysik“). Eckhart erklärt die Stelle ausführlich im Exodus-Kommentar (n. 14–21), wo es unter anderem heißt, das „ich bin der ich bin“ zeige die „Unvermischtheit des Seins“ *(Esse purum)* und seine Fülle an, dazu seine Identität und Wesenheit und (mit Maimonides, einem wichtigen Gewährsmann von Eckharts Metaphysik, s. S. 90f.), die Notwendigkeit des Seins. Wie mit dem Sein verhält es sich mit dem Einen, dem Wahren und dem Guten. Bezüglich des Einen wird neben Augustin die neuplatonische Tradition herangezogen, vor allem der im Mittelalter vielzitierte ‚Liber de causis' (s. S. 89f.). – Der 2. Grundsatz besagt, daß „alle Dinge von Gott allein das Sein, das Eine, das Wahre und das Gute haben“. „Wie nämlich hätte etwas Sein außer vom Sein? Oder wie wäre etwas eines außer vom Einen oder durch das Eine oder die Einheit, oder wahr ohne die Wahrheit, oder gut außer durch die Gutheit? Ist doch auch alles Weiße durch das Weiße weiß“ (n. 9). Letzteres Beispiel, von Eckhart immer und immer wieder zitiert, stammt aus der Kategorienlehre des Aristoteles. – Drittens erklärt Eckhart, daß „alles Seiende und jedes Einzelne sein ganzes Sein und seine ganze Einheit, seine Wahrheit und seine ganze Gutheit nicht nur von Gott hat, sondern auch unmittelbar, ohne jede weitere Vermittlung – *âne wîse* wird es in deutschen Predigten heißen –, von Gott hat“ (n. 13). Daß das Sein das Ganze und das Ganze Eines ist, veranschaulicht Eckhart mit dem uns schon aus Predigt 33 des ‚Paradisus anime intelligentis' bekannten Satz (s. S. 64), daß die Seele dem ganzen Leib „in ihrer Ganzheit unmittelbar gegenwärtig“ ist und „ihn in ihrer Ganzheit ohne Mittel formt“ (S. 174).

Man denkt hier auch an den einprägsamen Satz aus dem Exoduskommentar: „Das Sein kann sich von sich selbst nicht trennen" (n. 74). Der 4. Grundsatz spricht aus, wie sich das Sein „als dies und das" zum Sein als solchem, dem *esse absolutum*, verhält. „Das Dies-und-das-Seiende [wie das Dies-und-das]-Eine, -Wahre, -Gute fügen oder tragen also, sofern sie dies und das sind, nichts an Seinsgehalt *(entitas)*, Einheit, Wahrheit und Gutheit bei" (n. 15). Von den vier Beweisen, die Eckhart dazu vorträgt, ist der dritte der wichtigste: „Außer dem Sein und ohne das Sein ist alles nichts, auch das Geschaffene *(facta)*. Teilte also ein anderes Wesen außer Gott das Sein mit, so teilte Gott allen Dingen nicht Sein mit noch ließe er etwas in sie strömen – oder was er mitteilte und einströmen ließe, wäre nichts" (n. 22). Dieser Satz wird für Eckharts Spiritualität wichtig: Die Nichtigkeit allen dessen, was nicht aus Gott ist, ist ein Leitsatz des Predigers. „Alle Kreaturen [als Kreaturen] sind ein schlechthinniges Nichts" (DW I 69,8); im Johanneskommentar steht: „An allem Geschaffenen spürt man den Schatten des Nichts" (n. 20).

Zu den grundlegend neuen Lehrsätzen von Eckharts Ontologie gehört die Identität von Sein – und damit von Gott – und den Transzendentalien, dem Einen, Wahren und Guten, ja deren Konvertibilität: eins kann an die Stelle des andern treten. Den Transzendentalien werden außerdem die allgemeinen Vollkommenheiten *(perfectiones generales)* gleichgestellt, also etwa die Weisheit oder die Gerechtigkeit. Das Verhältnis Gerechtigkeit/Gerechter ist das Musterbeispiel des Predigers, wenn er unsere Teilhabe am Göttlichen kundtun will. Die Kölner Zensoren haben diese Lehre inkriminiert, Eckhart verteidigte sie vehement in der ,Rechtfertigungsschrift', die Bulle ist in diesem Punkt den Kölner Inquisitoren nicht gefolgt.

Vergleichen wir die Seinslehre Eckharts, die zugleich eine Gotteslehre ist, mit den frühen Pariser Quaestionen, die den theologischen Gehalt des ,Paradisus anime intelligentis' bestimmen, so überrascht der Gegensatz. Die 1. Pariser Quaestio lehrt: „Gott ist Erkennen, und das Erkennen ist die Grundlage seines Seins" (s. S. 23); die Predigt 33 des ,Paradisus' formulierte dies so: „Fassen wir Gott in seinem Sein, so fassen wir ihn in seinem Vorhof..., aber in seinem Tempel [ist er] Vernünftigkeit" (s. S. 67), das ,Opus tripartitum' aber setzt die These *,Esse est Deus'*. Man darf diesen Gegensatz weder zum Widerspruch steigern noch hinwegdisputieren.

Die Pariser Quaestio I vertrat bewußt eine extreme Position: „Drittens zeige ich, daß ich nicht mehr [mit Thomas von Aquin] der Meinung bin, daß Gott erkennt, weil er ist, sondern weil er erkennt, deshalb ist er" (LW V 40,5 f.) – man vergleiche dazu René Descartes' berühmten Grundsatz „Ich denke, also bin ich"! Wie kürzlich nachgewiesen wurde, führt hier Eckhart die Intellekttheorie Alberts des Großen und Dietrichs von Freiberg weiter (Mojsisch). Vor allem liegt ihm am Gegensatz von göttlicher Vernunft und geschöpflichem Sein – fast immer ist mit *esse* dieses gemeint, mit Berufung auf Joh. 1,3 („alles ist durch es [das Wort] geschaffen worden"), aber auch mit dem neuplatonischen ,Liber de causis' (prop. 4), der das Sein als erstes der *geschaffenen* Dinge lehrt –, aber er kann natürlich auch das göttliche Sein nicht übersehen: „Deshalb ist in Gott nicht das Sein, sondern die Lauterkeit des Seins *(puritas essendi)*" (LW V 45,10f.). Dieses hätte dann freilich seinen Grund im Erkennen, da Sein nicht an sich selber nachzuweisen ist. Von da her wird der Schritt zur Lehre des ,Opus tripartitum' schon etwas verständlicher. Das Denken vom Intellekt her erforderte den Satz, daß „das Prinzip niemals das aus dem Prinzip Abgeleitete ist, wie der Punkt niemals die Linie ist" (LW V 45,6f.), er kann indes nicht für das Sein, als Ungeteiltes und Ganzes gedacht, gelten. Von dem sagt Eckhart: „Wie nämlich hätte etwas Sein außer vom Sein?" (s.o.). Wenn er im ,Opus tripartitum' grundsätzlich vom Sein ausgeht, liegt so eine andere Perspektive vor. Das Sein verlangt die Analogie zur Bestimmung der Verhältnismäßigkeiten, nicht die Kausalität. Damit geht es auch nicht mehr primär um den Gegensatz vom Göttlichen und Geschöpflichen (göttliche Vernunft – geschöpfliches Sein), sondern um deren Gleichheit, die ungleiche zwar, wenn auch die Aussage auf die Gleichheit abhebt. In der Ungleichheit der Gleichheit wird dann allerdings der Gegensatz von Gott und Geschöpf wieder eingeholt, und zwar radikaler als je, als Sein und Nichts.

Die Intellektualität Gottes tritt auch in den Blick mit dem Transzendentale *unum*, dem Einen, der Einheit. Da das *unum* einzig dem Intellekt zukommt („die Einheit oder das Eine scheint das Eigentümliche und die Eigentümlichkeit des Intellekts zu sein", Sermo XXIX, n. 300), ist Gott als der Eine Intellekt.

Es gibt mithin Fäden, die von den frühen Pariser Quaestionen zum ,Opus tripartitum' führen. Das ins Auge springende Gegensätzliche ist ein Wechsel der Perspektive, der die Lehre als solche nicht verändert.

Das Verhältnis zwischen Gott und dem Geschaffenen bringt die *Analogie* auf den Begriff. Sie ist ein Kerntheorem im Denken des späteren Eckhart. Die Hauptstelle steht in der 2. Vorlesung über Ecclesiasticus (n. 52/53). Ich zitiere das Wichtigste daraus: „Zu beachten sind die Unterschiede zwischen diesen drei, dem Synonymen *(univocum)*, Äquivoken und Analogen. Denn das Äquivoke läßt sich unterscheiden nach den verschiedenen durch es bezeichneten Dingen, das Synonyme nach den (Art)unterschieden desselben Dinges, das Analoge läßt sich weder nach Dingen noch nach Unterschieden an Dingen gliedern, sondern nach Seinsweisen *(per modos)* eines und desselben Dinges schlechthin (zit. nach dem Sentenzenkommentar des Thomas von Aquin). Ein Beispiel: Ein und dieselbe Gesundheit, die im Sinneswesen ist – und keine andere –, ist in der Speise und im Harn, und zwar so, daß von der Gesundheit als Gesundheit ganz und gar nichts in der Speise und im Harn ist, nicht mehr als in einem Stein. Vielmehr nennt man deshalb allein den Harn gesund, weil er jene eine Gesundheit, welche im Sinneswesen ist, anzeigt, genau wie der Kranz [über dem Tor des Gasthauses], der nichts von Wein in sich hat, den Wein. Seiendes *(ens)* aber oder Sein *(esse)* und jede Vollkommenheit, besonders die allgemeine wie Sein, Eines, Wahres, Gutes, Licht, Gerechtigkeit und dergleichen werden von Gott und den Geschöpfen analog ausgesagt. Daraus folgt, daß Gutheit, Gerechtigkeit und dergleichen [in den Geschöpfen] ihr Gutsein ganz und gar von einem Wesen außer sich haben, zu dem sie in analoger Beziehung stehen, nämlich Gott". Es folgen zwei Augustin-Zitate. „Der Beweis läßt sich kurz zusammengefaßt so führen: Die Glieder der Analogie *(analogata)* haben in sich keinen wirklich wurzelhaften Grund zu der Form, zu der sie in einem Analogieverhältnis stehen. Nun steht aber alles geschaffene Seiende *(ens creatum)* hinsichtlich des Seins, der Wahrheit und der Gutheit in einem analogen Verhältnis zu Gott: Also hat alles geschaffene Seiende Sein, Leben und Denken wirklich und wurzelhaft von Gott und in Gott, nicht in sich selbst als einem geschaffenen Seienden. Und so zehrt es immer (von Gott), insofern es hervorgebracht und geschaffen ist, hungert jedoch immer, weil es nie aus sich, sondern immer von einem andern ist" (LW II 280–282).

Zur Erklärung mögen die folgenden Hinweise dienen: Die Gesundheit im Harn, der jedoch nichts von Gesundheit in sich hat, sie nur anzeigt, ist (aristotelisches) Schulbeispiel. Dasselbe gilt von der Speise in ihrem Bezug zur Gesundheit. Der Verfasser betont sowohl die eine, ungeteilte Gesundheit als auch den Umstand, daß sie als solche weder im Harn noch in der Speise existent ist. Letzteres illustriert auch der Strohkranz über dem Tor der Gaststätte, der auf den Wein, der hier ausgeschenkt wird, hinweist: ein Beispiel, das Eckhart eingeführt haben dürfte.

Das Verhältnis von Gesundheit-Harn/Speise und Wein-Strohkranz gilt nun vom Verhältnis des göttlichen zum geschaffenen Sein. Das göttliche Sein (und mit ihm die Transzendentalien und allgemeinen Vollkommenheiten) ist als Ganzes ungeteilt im geschaffenen Sein, aber dieses zeigt jenes nur an, mit andern Worten: es hat sein Sein „ganz und gar außer sich". Der abschließende „kurze Beweis" betont, daß das *analogum principale*, das Hauptglied der Analogie, Gott, in den Analogiegliedern der geschöpflichen Welt keineswegs „Wurzel fasse": womit eine deutliche Abgrenzung vom Monismus, in welcher Gestalt auch immer, vorgenommen ist. Ja man kann mit Mojsisch im Anschluß an eine andere Stelle der 2. Ecclesiasticus-Vorlesung (n. 61) die Meinung vertreten, auch Eckharts Analogielehre diene „einzig zum Zweck der Hervorhebung der Schwachheit der Geschöpfe gegenüber der Erhabenheit Gottes, zum Zweck der Markierung ihrer Nichtigkeit, sofern sie in sich selbst genommen werden".

Eckharts Analogie ist eine Analogie der Zuordnung (*analogia attributionis*), deren Prinzipat sich ganz mitteilt, aber nur als Geborgtes in seinen Gliedern erscheint. Sie hebt sich von der Verhältnisanalogie *(analogia proportionalitatis)* des Thomas von Aquin deutlich ab. Diese läßt sich mit dem Bild von der erleuchteten Luft illustrieren, dem wir sogleich auch bei Eckhart begegnen werden. Thomas schreibt: „So aber verhält sich jedes Geschöpf zu Gott wie die Luft zur erleuchtenden Sonne. Wie nämlich die Sonne durch ihre Natur leuchtend ist, die Luft aber licht wird, indem sie am Licht der Sonne teilnimmt, ohne aber an der Natur der Sonne teilzunehmen, so ist Gott allein seiend durch seine Wesenheit *(essentia)*, weil seine Wesenheit sein Sein ist [in Gott fallen Sein und Wesenheit zusammen], jedes Geschöpf aber ist seiend durch Teilhabe, nicht so daß seine Wesenheit sein Sein wäre" (Summa theol. I, q. 104, a.1). Thomas verwendet das Bild, das auf Augustin zurückgeht, um darzutun, daß die Geschöpfe es nötig haben, von Gott im Sein erhalten zu werden. Im Licht hat das Geschöpf teil an der Sonne: „seiend ist es durch Teilhabe". Damit ist bestimmt, daß zwar das Sein formaliter, d. h. seiner Art nach (denn es gibt nur *ein* Sein), allen Analogiegliedern, vom Menschen bis zum Stein, inhärent ist, indes der Seinsmodus verschieden: in Gott eins, absolut, vollkommen, im Geschöpf als Teilhabe. Gott *ist* das Sein, das Kreatürliche *hat* Sein, ist dafür die vereinfachende Formel.

Die Verhältnisanalogie des Thomas entspricht den Implikationen der traditionellen Schöpfungslehre, die deutlich das ungeschaffene vom geschaffenen Sein unterscheidet: die Schöpfung bedeutet Seinsverleihung (*creatio est dare esse*, 1 Sent. 37,1, 1c), und die so konstituierte Teilhabe weist gerade in der Ähnlichkeit auch die Differenz auf.

Zur vertieften Erklärung der Analogielehre Eckharts, aber auch zu deren Einschränkung seien zwei weitere von ihm häufig verwendete Vergleiche herangezogen. Man wundere sich nicht über die fast ausschließliche Explikation mittels der Bildsprache! Im Bereich höchst abstrakter, ganz und gar unsinnlicher Relationen sind sie unentbehrlich – für den mittelalterlichen Menschen wie für uns.

1. Das auch von Thomas herangezogene Licht im Medium der Luft: Es gibt nur ein Licht, dasjenige der Sonne – so gibt es nur *ein* Sein. Aber dieses Licht strömt aus und teilt der Luft, dem Kreatürlichen, sein Licht mit, freilich ohne am Medium Luft zu haften. Letzteres betont Eckhart immer wieder und mit großem Nachdruck: „Er [der erleuchtete Körper] teilt sein Leuchten dem Mittel nicht derart mit, daß es mit ihm verwüchse und zur haftenden dauernden Beschaffenheit würde, so daß das Licht auch in Abwesenheit des leuchtenden Körpers bliebe und haftete und selbsttätig erleuchtete" (In Joh. n. 70). Soweit bestätigt der Vergleich nur das bereits Vorgetragene. Aber Eckhart fährt weiter mit der Feststellung, daß es sich anders mit der Hitze verhält. Diese „verwächst mit dem

Mittel, und sie haftet und bleibt auch in Abwesenheit des leuchtenden Körpers" (ebd. n. 71). Das tertium comparationis wird an dieser Stelle nicht genannt, wohl aber im Licht-Hitze-Vergleich des deutschen ‚Trostbuches': Das Licht, das nicht haftet, das „geborgt" ist, entspricht der Kreatur, dasjenige, das als Hitze „mit dem Mittel verwächst" bedeutet den Sohn, dem der Vater „alles, was gut ist, übergibt" (DW V, S. 36,14 ff.). Das Geschaffene also hat das göttliche Sein nur geliehen; weicht das Licht, so ist Finsternis: das „Nichts" des Geschaffenen. Der Sohn indes, nach der Trinitätslehre von „Natur", nicht als Person, gleich dem Vater, behält das göttliche Licht, es ist sein eigenes. Sofern aber die menschliche Seele in ihrem „Innersten" „Sohn" ist, nämlich durch die Gottesgeburt in der Seele, ist auch das göttliche Licht ihr Licht.

2. Eben dies besagt auch der Spiegelvergleich. Wie sich ein Gegenstand im Spiegel abbildet, so das göttliche Sein im Geschaffenen. Das Bild im Spiegel ist gleich seinem ‚Urbild', dem Gegenstand, und „empfängt sein ganzes Sein vom Gegenstand" (In Joh. n. 23), ein eigenes Sein kommt ihm nicht zu. So verhält sich das geschöpfliche zum göttlichen Sein. Im Seelengrund indes, wo der Sohn geboren und wiedergeboren wird, „ist Gott ohne Mittel in dem Bild, und das Bild ist ohne Mittel in Gott" (DW I, S. 268,7 f.).

Es ist nun deutlich geworden, daß der Analogiegedanke weit mehr ist als – wie dies zunächst aus der Ecclesiasticus-Stelle hervorzugehen schien – nur ein formales Schema, das Schöpfer und Geschöpf in bezug auf ihr Sein zugleich verbindet und trennt und damit monistische Deutungen abzuwehren vermag. Weiter erhellt aus den zuletzt herangezogenen Vergleichen, daß die Analogie um eine zweite Relation erweitert worden ist: Wie in der Hitze die Sonne „ist" und der Sohn von Natur wesensgleich mit dem Vater, so ist in der intelligiblen Welt – die Schöpfung schlechthin empfängt nur Sein – das Göttliche als Wahrheit und Güte, Weisheit und Gerechtigkeit existent, wenn auch ausschließlich im Vorgang der Gottesgeburt im Innersten der Seele. Es tritt so zu der Analogie Gott-Geschöpf die Univozität (Gleichnamigkeit) Gott-Seelengrund, und diese besagt Wesensgleichheit. Hier, im Ineinandergreifen von Analogie und Univozität, liegt der Nerv von Eckharts Lehre und damit auch der Nerv wissenschaftlicher Kontroverse.

Man kann annehmen, Eckhart verstehe im Analogieverhältnis Gott-(intelligibles) Geschöpf immer nur, ohne es ausdrücklich zu sagen, weil es sich von selbst verstehe, das *Intimum* der Seele. Es wäre dieses „Göttliche in der Seele" geborgt, ohne „Haftung" im menschlichen Bewußtsein, die Univozität wäre nur ein Analogatum, keine reale Gleichheit. Von da aus wird es möglich, Eckhart ohne Schwierigkeit in die Orthodoxie zurückzuführen. Dies vertritt die deutliche Mehrzahl der Eckhartforscher seit der Jahrhundertmitte. Demgegenüber erklärt neuestens Mojsisch mit Entschiedenheit das Univozitätstheorem als Mittelpunkt des Eckhartschen Denkens. Darnach ist zwar das generelle Verhältnis der geschöpflichen Welt zu Gott durch die attributive Analogie bestimmt, aber die Beziehung des Seelenfünkleins zum Göttlichen ist die der wesenhaften Gleichheit im Ereignis der Gottesgeburt. Ich meine, daß doch nur diese Sicht den Texten voll gerecht wird, was an späterer Stelle auf Grund deutschsprachiger Schriften näher erörtert werden soll (c. IX 1/2). Es sind nämlich deutsche Predigten und Traktate, die die Lehre von der Gottesgeburt ausformen und in Spiritualität überführen, während das ‚Opus tripartitum' nur die metaphysische Grundlegung bietet.

Während ich das niederschreibe, findet im Schoße des Theologischen Seminars der Universität Freiburg in der Schweiz eine Konferenz von Meister Eckhart-Spezialisten statt, die Überlegungen anstellen, wie die kirchliche Verurteilung Eckharts de iure aufzuheben sei. Da frage ich mich nun denn doch, ob die Kanonisierung des verurteilten Meisters seitens der Wissenschaft, so ehrenwert sie ist, deren eigentliches Ziel sein könne, bleibt doch, wenigstens nach meiner Überzeugung, Eckhart ein unvergleichlicher Christ, auch wenn die Papstbulle ‚In agro dominico' weiterhin als kirchlich sanktioniertes Dokument zu gelten hat. Es fehlt mir auch die Zuversicht, daß ein solcher Vorstoß der wissenschaftlichen Theologie bei der Glaubenskommission des Apostolischen Stuhls Erfolg haben könnte, seitdem von dort zu vernehmen ist, daß die Kirche keine Möglichkeit sehe, das Verdikt gegenüber Giordano Bruno zurückzunehmen, obschon es als irrig zu bezeichnen sei.

4.

Das ‚Opus tripartitum' ist der Grundriß einer christlichen Metaphysik. Ihr Reichtum und ihre Schwierigkeit ist der Perspektivenwechsel: „Jetzt spreche ich in einem andern Sinn anders darüber", wie es einmal in einer deutschen Predigt heißt (DW II 252,1 f.). So konnte sie als Metaphysik der Seele (A. Dempf), als Einheitsmetaphysik (J. Koch), als Metaphysik der Inkarnation (K. Flasch), als solche des Grundes (B. Mojsisch) angesprochen werden, und keines zu Unrecht. Der Wechsel des Blickpunkts vermittelt oft den (falschen) Eindruck, Eckhart lehre Verschiedenes oder gar Widersprüchliches. So wird die häufige Partikel *inquantum* (*als verre*, ‚insofern') zu einem hermeneutischen Schlüsselwort. Sie ist nicht nur das Scharnier der Analogielehre, sondern auch der Univozität, und sie gilt nicht nur dort, wo sie auch sprachlich präsent ist. Fast jede Aussage steht unter dem Indikator des ‚Insofern'.

Eckharts Metaphysik ist immer wieder, nachdem sie zuerst, durch Denifle, als ekletizistisch und als mißgeborene Scholastik qualifiziert wurde, als neuartig empfunden worden. Die Versuche, seit Otto Karrer (1928), seine Lehre mit dem Thomismus in Einklang zu bringen, dürfen als gescheitert gelten. Gewiß geht der junge Eckhart von Thomas aus – das bezeugen seine frühen Schriften –, gewiß zieht er in seinen Kommentaren immer wieder thomasische Argumente heran, und gewiß beruft er sich in der Abwehr häretischer Unterstellungen, in der ‚Rechtfertigungsschrift‘, gerne auf Thomas und die Väter, aber Grund und Ziel des ausgefalteten eckhartschen Denksystems, d. h. seit dem ersten Pariser Magisterium, sind in wesentlichen Punkten unvereinbar mit der thomasischen Doktrin. Das erhellen Eckharts Analogie- und noch mehr seine Univozitätslehre. Daß Eckhart als Pariser Magister im Formalen Scholastiker war und blieb, auch, oft sogar im Übermaß, in deutschen Predigten, versteht sich von selbst.

Wenn Eckhart in der Vorrede zum ‚Dreiteiligen Werk‘ das Neue und das Ungewöhnliche betont, so will das nicht heißen, daß er sich außerhalb der philosophisch-theologischen Tradition stellt, vielmehr weiß er sich wie alle mittelalterlichen Denker und Meister des Wortes dieser verpflichtet und macht sie in breiter Dokumentation namhaft.

Es ist die platonische Vorstellungs- und Begriffswelt, die Eckharts Denken vor allem und fundamental bestimmt hat. Unter Platoniker und Platonismus verstand das Mittelalter alles, was seine Wurzeln im Denken Platons hatte, vor allem aber den Neuplatonismus in seinen verschiedenen heidnischen und christlichen Ausprägungen. Von Plato selbst war (fast) nur der ‚Timaios‘ mit seinen Darlegungen über das Entstehen der Welt bekannt, und auch diese Schrift nicht vollständig, dafür verpackt mit einem Kommentar des Chalcidius aus dem frühen 4. Jahrhundert. Im Folgenden rede auch ich undifferenziert von ‚platonisch‘, ‚Platonismus‘ usw., wo nicht der besondere Zusammenhang eine genauere Bezeichnung erfordert.

Der Platonismus in all seinen Gestalten ist der schönste Traum des abendländischen Menschen von einem höheren, einem geistigen Sein. Er führt über das irdische Dasein und damit über Ungenügen, Häßlichkeit, das Schlechte, die Sünde hinaus zum Guten, Schönen, Wahren, Ewigen. Er steht aller Erfahrung der Wirklichkeit entgegen und hat so immer in der Verachtung derer gestanden, die die Welt und den Menschen in ihrem bloßen Sosein sehen. Ist dieser Traum deswegen ein Irrweg des Geistes und der Geschichte? Stellen sich Träume ohne unser Zutun nicht gerade deshalb ein, weil wir ihrer bedürfen?

Als eine Art philosophische Schwester war die neuplatonische Geisteswelt dem Christentum seit dem 3. Jahrhundert präsent, und das zu einer Zeit, als dieses noch gar keine eigentliche Theologie im Sinne eines durch Vernunft geleiteten Systems ausgebildet hatte: vielmehr erwies sich in diesem Prozeß gerade der Platonismus als Geburtshelfer. Christentum und Platonismus hatten von Anbeginn das Gemeinsame der Ausschließlichkeit: Dieser verstand sich als Überbau über alle bestehenden Religionen, jenes als einzig wahre Lehre mit *einer* allgemeinen Kirche. Inhaltlich verband beide die Vorstellung *eines* Gottes, der einer Welt jenseits unserer Sinne angehört und streng transzendent gedacht wird. Die andere, unsere sinnliche Welt ist jener intelligiblen untergeordnet, sie erhält ihr Sein und ihren Sinn nur von jener. Sich in solchem Bezug zu verstehen, ist religiöse Aufgabe des Menschen. Diese Nähe ließ die zündende Kraft neuplatonischer Denkweise in mannigfaltigen Brechungen nie vergessen, sie war nur in verschiedenen Zeiten und Schulen verschieden mächtig. Hauptexponenten einer vom Platonismus mitgeformten christlichen Theologie sind Augustin, Dionysius Areopagita, Boethius, Johannes Scotus Eriugena in der christlichen Antike und im Frühmittelalter; im erweiterten Weltbild des 12. Jahrhunderts tritt der Neuplatonismus neben den Aristotelismus, im 13. Jahrhundert durchdringt er ihn sogar, indem er auch die Universitäten erobert. Eckhart im Strome neuplatonischen Denkens markiert so keineswegs eine ungewöhnliche Position. Erst ein spezifischer Anteil an diesem Denken und persönliche Ausformungen machen Eckharts Neuplatonismus philosophie- und theologiegeschichtlich bemerkenswert.

Es war zuerst der verchristlichte Neuplatonismus des Dionysius Areopagita, der den jüngeren Eckhart nachhaltig bestimmte (s. S. 55 ff.). Das war durchaus zeitgemäß. Dionysius gehörte zu den maßgeblichen Autoritäten auch der scholastischen Theologen. In der Mitte des 13. Jahrhunderts entstand an der Pariser Universität das ,Corpus dionysiacum', ein Dionysius-Standardmanuale; Albertus Magnus und Thomas von Aquin, die zeitnahesten Autoritäten für Eckhart, schrieben Kommentare zu dionysischen Schriften. Im Hinblick auf den Paulusschüler Dionysius ist dies keineswegs verwunderlich. Diese Rezeption verrät aber auch, daß das, was wir Scholastik nennen, nicht im aristotelischen Denken aufgeht, wie überhaupt Platonismus und Aristotelismus im Mittelalter nicht als sich ausschließende Systeme empfunden und gewertet wurden. Schon Porphyrios im 3. Jahrhundert, ein Schüler und Vermittler Plotins, des genialen Begründers des Neuplatonismus, hat neuplatonische Ideen mit aristotelischer Logik untermauert und in dieser Form dem Christentum vermittelt, was ihm die Bezeichnung eines „Scholastikers" des Neuplatonismus einbrachte; bei Boethius ist eine ähnliche Verbindung zu beobachten.

Die Adaptation des Dionysius seitens Eckharts geht nun freilich über die eines Albertus Magnus oder gar eines Thomas von Aquin weit hinaus. Sie ist insofern „spezifisch", als sie auch, ja vor allem, die Einheitstheologie des Areopagiten umfaßt, die in dessen Rezeption, vom vielgescholtenen Johannes Eriugena abgesehen, uneingestandenerweise wie ein heißes Eisen gemieden wurde. Zugleich führte Eckhart dionysisches Bilddenken weiter und, bedeutsam für seine Mystik in deutscher Sprache, er setzt dessen Gottes- und Gotteserkenntnislehre in Spiritualität um.

Ebenfalls in Eckharts wissenschaftliche Frühzeit gehört die Verwendung des ‚Liber 24 philosophorum'. Es handelt sich um eine kleine Schrift mit Kernaussagen, z. T. bildhaft-dunkler Art, über Gott, ohne Systematik zusammengestellt, axiomatische Sätze, die pythagoräisches und platonisierendes Gedankengut mit christlichen Gottesvorstellungen zu vereinigen suchen. Mögen einzelne Aussagen altüberliefert sein, als ‚Liber' sind diese einprägsamen und zum Nachdenken zwingenden Gottesdefinitionen nicht vor dem Ende des 12. Jahrhunderts faßbar. Denifle, der Neuscholastiker, der Eckhart vor hundert Jahren nochmals, und schlimmer als die Kölner Inquisitoren, inkriminierte, brachte dem ‚Liber 24 philosophorum' nur Verachtung entgegen (vielleicht weil Eckhart ihn zitiert) (s. Archiv II, S. 427–429), sein Ordensbruder M. D. Chenu, fast ein Jahrhundert später, spricht von einer „bewundernswürdigen Gestalt mystischer Metaphysik". So haftet Urteil an Zeit und Person.

Durch das ganze Mittelalter hindurch war Augustin auch ein Zugang zu neuplatonischen Denkmodellen. Wie im VII. Buch der ‚Confessiones' (9,13) zu lesen ist, erhielt er einige Schriften von „Platonikern", die aus dem Griechischen ins Latein übersetzt waren. Aus späteren Partien der ‚Bekenntnisse' (VIII 2,3) erfahren wir zusätzlich, daß es sich um Plotin- und Porphyrios-Übertragungen des Marius Victorinus handelte, dem er eine liebevolle Würdigung zuteil werden läßt. Sicher kannte er auch jene Partie aus Plotins ‚Enneaden', die Ambrosius – dessen Predigt Augustins Bekehrung auslöste – in ‚De Isaac et anima' textnah wiedergibt. In diesen Schriften findet Augustin zu seinem Erstaunen eine „mit vielen und vielfältigen Vernunftgründen" ausgewiesene Lehre, die den ersten Sätzen des Johannesevangeliums entspricht. Eckhart zitiert, wie wir bereits wissen (s. S. 75), diese Stelle im bedeutsamen Zusammenhang der Darlegung seiner *intentio* als Bibelkommentator.

Was Augustin bei seiner ersten Begegnung mit neuplatonischem Schrifttum so tief beeindruckte, die Übereinstimmung des christlichen Logosgedankens mit dem neuplatonischen Nous, dem Weltgeist, hat ihn, wie aus dem ausführlichen Bericht über seine Lektüre hervorgeht, nicht daran gehindert, alle neuplatonischen Elemente auszuschalten, die mit dem christlichen Glauben unvereinbar waren, so das Axiom von der schlechthinnigen Einheit Gottes und die Emanationslehre. Hingegen hebt er den platonischen Gedanken hervor, daß die Dinge der sensitiven Welt zwar sind, weil sie von Gott ihr Sein haben, aber zugleich nicht sind, weil sie nicht das sind, was Gott ist – was an Eckharts Seinslehre denken läßt.

Der Neuplatonismus gelangte auch über arabische Vermittlung in das mittelalterliche Abendland. Das gilt vor allem für Proklos (410–485), der das plotinische Ideengut in ein geschlossenes System überführte, was die Adaptation sehr erleichterte und förderte. Wohl im 9. Jahrhundert – die Forschung vermochte zu keiner verbindlichen Chronologie zu gelangen –

entstand von einem unbekannten mohammedanischen Autor ein Auszug aus der ‚Theologischen Elementarlehre', der von Gerhard von Cremona († 1187) in Toledo, dem Zentrum des ‚Umschlags' arabischen und jüdischen Schrifttums in die abendländische Gelehrtensprache, ins Lateinische, übersetzt wurde. Im 13. Jahrhundert dringt diese Schrift, der ‚Liber de causis' (‚Das Buch über die Ursachen'), auch als ‚Liber de expositione bonitatis purae' (‚Das Buch über die Ausfaltung der reinen Güte') überliefert, in den universitären Unterricht ein und gilt fortan als Grundbuch der Metaphysik neben derjenigen des Aristoteles, dem er sogar häufig zugeschrieben wurde. Die Umsetzung ins Christliche vollzog sich um so leichter, als die Proklos-Auszüge erst mit der 12. Proposition beginnen, die vom Guten als Ursprung und Erstursache allen Seienden handelt, was heißt, daß die zu Beginn der ‚Elementatio theologica' vorgetragenen und christlicher Lehre suspekten Thesen über das Eine und Viele dem ‚Liber de causis' fehlen. So konnte ihn sogar Thomas von Aquin, dem dessen Herkunft von Proklos nicht entging, unbedenklich kommentieren (i. J. 1272).

Wie bei den Schriften des Dionysius benutzte Eckhart mit dem ‚Liber de causis' ein anerkanntes Lehrbuch metaphysischer Unterweisung, nur wiederum „spezifisch", d. h. in einem Prozeß echter Anverwandlung in Eigenes bzw. seinem Denken Konformes. Umstritten ist, ob Eckhart auch die ‚Elementatio theologica' als solche benutzt hat; es gab sie in der Übertragung des Wilhelm von Moerbeke seit 1268. Jedenfalls geht er mit seiner Lehre vom Einen über das hinaus, was ihm der ‚Liber de causis' vermitteln konnte; es war aber nicht zuletzt diese Lehre, die die Kölner Inquisitoren als häretisch inkriminierten.

Mit der gelehrten Welt Arabiens vermittelten jüdische Gelehrte in Spanien, die sich des Arabischen bedienten, neuplatonische Systemlehre, in vorderster Linie Avencebrol (Ibn Gebirol, † 1070) mit seinem ‚Fons vitae' (‚Lebensquell') und Maimonides (Moses ben Maimon, † 1204) mit dem ‚Moreh Nebuchim' (‚Führer der Unschlüssigen'), in der lateinischen Übertragung ‚Dux seu director dubitantium aut perplexorum'. Obschon verschiedentlich zitiert, ist die Wirkung des ‚Fons vitae' auf Eckhart eher als gering einzuschätzen. Ungleich größer ist der Einfluß des Maimonides (Eckhart nennt ihn Rabbi Moses), der in den Schriftkommentaren unzähligemal zitiert wird, besonders häufig im 2. Genesiskommentar, dem ‚Liber parabolarum Genesis', wo Eckhart sich schon in der Vorrede auf Maimonides und dessen methodisches Prinzip, die Bildrede *(parabola)*, beruft (LW I 448,8 ff.). Ja, es scheint der ‚Moreh Nebuchim' gewesen zu sein, der Eckhart überhaupt dazu veranlaßte, einen zweiten Genesiskommentar zu schreiben. In dieser Vorrede erwähnt er übrigens Plato selbst, der wie „alle Dichter-Theologen" seine „Lehre von Gott, Natur und sittlichem Handeln in Bildreden" einkleidete (ebd. S. 451,2 f.). Theologisch trifft sich Eckhart mit Maimonides im Gottesbegriff, den beide von allen Anthropomorphismen befreit sehen wollen, und, was damit zusammenhängt, in der negativen Theologie, die Gott von „Eigenschaften“ fernhält, indem sie sie verneint. Interessant ist, daß die päpstliche Bulle, die Eckhart verurteilte, in art. 23 einen Satz der Kölner Anklage aufgriff, der ein wörtliches Zitat des Maimonides enthält: „Gott ist auf alle Weise und in jeglicher Hinsicht nur Einer, so daß in ihm selber keinerlei Vielheit zu finden ist, weder eine begriffliche noch eine reale“. Das Zitat stammt aus dem Exoduskommentar (n. 58), und Eckhart fügte dort hinzu (was der Artikel der Bulle übernahm und als besonders „übel klingend, sehr kühn und der Häresie verdächtig“ – unter diese Rubrik gehören die Artikel 16–26 – beurteilt haben will): „Wer nämlich zwei oder einen Unterschied sieht, der sieht Gott nicht, denn Gott ist Einer, außerhalb der Zahl und über der Zahl und läßt sich mit nichts zusammenzählen ... In Gott selbst kann also kein Unterschied sein oder gedacht werden“ (DW II 65,4–6; 66,6). In diesen Aussagen sah die Kirche das Dogma der Dreieinigkeit gefährdet, das die Einheit der göttlichen Natur in drei Personen lehrt.

Hinzugefügt sei, daß Eckhart Plato selbst nicht nur an der oben zitierten Stelle erwähnt, sondern verschiedentlich, sogar in deutschen Predigten. Es ist aber nachzuweisen, daß es sich immer um Hinweise aus sekundären Quellen handelt, aus des Makrobius Kommentar zum ‚Somnium Scipionis‘ oder der thomasischen ‚Summa theologica‘.

5.

Der skizzierte platonisch-neuplatonische Traditionsstrom zusammen mit dem erweiterten und vertieften Aristotelismus macht die erweiterte philosophische Kompetenz des 12. Jahrhunderts aus und ermöglichte die vielseitigen imposanten ‚Summen‘ der Hochscholastik im 13. Jahrhundert. Eckhart steht an deren Ende, verfügt über das Werk seiner Ordensbrüder Albertus Magnus (um 1193–1280) und Thomas von Aquin (1224/25 bis 1274) wie über dasjenige der Franziskaner Alexander von Hales (1185 bis 1245) und Bonaventura (1217/18–1274), die alle in Paris gewirkt haben, bricht aber auch mit diesen Systemen, wie schon die Anlage des ‚Opus tripartitum‘ verrät. Noch bleibt viel zu klären im Verhältnis Eckharts zur Hochscholastik, in Abgrenzung und Weiterbildung. Immer deutlicher wird die Abgrenzung gegenüber Thomas von Aquin, während ihm Albertus näher rückt. Dazu tritt Dietrich von Freiberg.

Es ist bekannt, daß Albertus dem Neuplatonismus einen stärkeren Einstrom in sein an sich aristotelisch orientiertes Denksystem erlaubte als Thomas. Zu überprüfen aber ist die Ansicht, Albertus sei für Eckhart nur eine naturwissenschaftliche, keine metaphysische Autorität gewesen. Immerhin stehen von sechs Albertus-Zitaten im deutschen Predigtwerk vier in dionysisch-neuplatonischem Kontext, und in der Auslegung von Gen. 1,1 will Eckhart die Frage, inwiefern aus Gott als dem *Einen* ein Mehrfaches (Himmel und Erde) hervorgehen konnte, neben Thomas auch von Avicenna und Albertus beantworten lassen (LW I 133,10f.), was er dann freilich versäumt – wenn nicht der *quidam ex maioribus mundi* (In Gen. I, LW I 194,7f.), was ich meinen möchte, Albertus ist. Der *quidam* hat erklärt: „Von Einem, d. i. von einer Idee, wird unmittelbar nur eines hervorgebracht" (ebd.). Das ist eine zentrale und dogmatisch heiße Frage, deren Beantwortung ich freilich bei Albertus nicht finden kann. Eckhart selbst bietet drei Lösungen an. Die „beste" ist die, daß aus Gott dem Einen das *eine* Universum hervorgeht, daß aber Gott „zugleich äußerst mannigfaltig ist hinsichtlich der Ideen" (ebd. S. 195,10ff.).

Sicher ist, daß Dietrich von Freiberg (ca. 1240/45 – nach 1310) Eckhart näher steht als Albertus Magnus. Er ist sein ein bis zwei Jahrzehnte älterer Zeitgenosse und ging ihm in der Pariser Gelehrtenlaufbahn voran. Mit einem Stipendiat des Ordens studierte er ab 1273 Theologie in Paris und hat dort wohl noch vor 1280 die Sentenzen gelesen. Sein Magisterium fiel ins akademische Jahr 1296/97, also sechs Jahre bevor Eckhart sein erstes angetreten hat. Dietrich war aber auch Eckharts Vorgänger im Amt des Provinzials: 1293–1296 leitete er die noch ungeteilte Teutonia.

Die Forschung hat, nach jahrzehntelanger Stagnation, in erstaunlich kurzer Zeit, 1977–1985, eine kritische Gesamtausgabe in vier Bänden mit 39 Schriften herausgebracht und ist daran, dieses erstaunliche Werk interpretatorisch zu erschließen. Nachdem früher vor allem Dietrichs Kosmologie, Astronomie und Optik Interesse erweckt haben – unter anderem entwickelte er eine Theorie des Regenbogens –, ist jetzt der Erkenntnistheoretiker und Metaphysiker Dietrich in der Vordergrund gerückt.

Im Wissenschaftsbegriff, dem Dietrich verpflichtet ist, erweist er sich als Schüler des Siger von Brabant (1235–1281/84), Haupt der Artistenschule in Paris und bedeutendster Vertreter des durch den arabischen Gelehrten Averroes geprägten Aristotelismus. Sigers Lehren, vor allem diejenige von der Ewigkeit der Welt, das ist der Materie und der Bewegung, einer einzigen, allen Menschen zukommenden *anima intellectiva* sowie der Willensunfreiheit, wurden nach heftigen Auseinandersetzungen, an denen sich Thomas von Aquin in vorderster Linie beteiligte, 1270 und 1277 verurteilt. Wissenschaftstheoretisch vertritt Siger die Lehre von der doppelten, der geoffenbarten und der philosophischen, Wahrheit. Dietrich übernimmt sie in der Form, daß der menschliche Intellekt aufgrund der vernunftgemäßen Struktur der Welt sehr wohl in der Lage ist, Wahrheiten zu erkennen, die uns geoffenbart worden sind. Philosophie beansprucht also eine weitgehende Autonomie. Man erinnere sich an die *intentio* des Exegeten Eckhart, die von der Zuversicht bestimmt ist, mit „Vernunftsgründen" auch Glaubenswahrheiten wie diejenige der Trinität denkend durchdringen zu können.

Dietrichs autonome Subjektivität, wie sie sich in seinem Wissenschaftsverständnis abzeichnet, beruht auf seiner Lehre vom Intellekt. Dieser ist zwar geschaffen, aber nicht nach Art der Dinge, sondern nach der Weise des Intellekts, d. i. aufgrund seiner eigenen Tätigkeit. Er ist konstituierendes Prinzip wie der göttliche Intellekt, dessen ‚Bild' er ist. Das heißt aber auch, daß das Sein eine Bestimmung des Denkens ist, Sein und Wesen fallen, nicht nur in Gott, was allgemeiner scholastischer Lehre entspricht, sondern im Intelligiblen schlechthin zusammen. Weiterhin muß dieser Intellekt – im Anschluß an Aristoteles nennt ihn Dietrich den *intellectus agens*, den tätigen Intellekt – Substanz sein, Substanz, die im Wesen Gottes selbst ihren Grund hat, nicht nur einer göttlichen Idee entspricht.

Daß Eckhart dieser Intellectus-Lehre verpflichtet ist, zeichnet sich allmählich ab. Er zitiert Dietrich gelegentlich wörtlich, so in der 1. Pariser Quaestio wie im Johanneskommentar. Daß er ihn dabei nicht nennt, gehört zu den gelehrten Spielregeln der Zeit: noch lebende Gewährsmänner werden nicht genannt – obschon sie es nach unsern Fairneßbegriffen am nötigsten hätten! –, da sie noch nicht als ‚Autorität' in Anspruch genommen werden dürfen.

Daß Dietrichs *intellectus agens* als seinsbegründende Kraft in der Seele dem göttlichen Seelenfunken gleichgesetzt werden kann, liegt auf der Hand, und in der Tat wurde er so verstanden. Das geht aus verschiedenen deutschsprachigen Zeugnissen hervor, die Dietrich als mystischen Prediger rühmen, obschon uns solche Predigten nicht erhalten sind. Im selben Gedicht, *‚Ich wil vch sagen mere'*, in dem eine Nonne berichtet, wie Meister Eckhart vom göttlichen Nichts gepredigt hätte (s. S. 12 f.), wird auch Dietrich gepriesen: „Der hohe Meister Dietrich /wird uns froh machen, / er sprach in lauterer Weise über ‚in principio' [über den Anfang des Johannesevangeliums]. / Den Flug des Adlers / will er uns kundmachen, / die Seele will er versenken / in den Grund ohne Grund". Auch in den ‚Sprüchen der zwölf Meister' erscheint Dietrich neben Eckhart: „Meister Dietrich spricht vom [individuellen] Bewußtsein *(sinnekait)*. / Er versteht das Bild der Seele in seiner Selbheit [Subsistenz, eigenen Wirklichkeit]. / Da erkennt es Gott in seinem wahren Sein *(isticheit)*". Bedeutender ist, daß Dietrich in einem deutschsprachigen Traktat aus der ersten Hälfte des 14. Jahrhunderts, ‚Eine schöne Lehre von der Seligkeit' (oder ‚Von der wirkenden und möglichen Vernunft', der Titel, den Preger in seiner Ausgabe verwendet hat) mit entschiedener Prägnanz rezipiert worden ist. „Nun kommt Meister Dietrich und widerspricht dieser Aussage [des Thomas von Aquin, daß nämlich das Bild der Seele in den Kräften liege] und erklärt, daß das nicht zuträfe. Nun merkt auf! Er spricht, daß das Bild nicht in den Kräften liege . . ., daß etwas in der Seele sei, das so edel ist, daß sein Wesen gleich sei mit seinem vernünftigen Wirken . . ., daß dies selig von Natur sei. Das ist wahr, daß jegliches vernünftiges Wesen von Natur selig sein muß. Deshalb heißt er [Dietrich] dies eine wirkende Vernunft“. Hier wird nicht nur mit entschiedener Emphase die antithomistische Position Dietrichs herausgestellt, sondern der *intellectus agens* genau als Vermögen bestimmt, dessen Wirken zugleich sein Wesen ist: *eius intellectualis operatio est essentia eius* („dessen Erkenntnistätigkeit ist dessen Wesen“), wie es in Dietrichs Traktat ‚De visione beata‘ heißt.

Mit dieser Position ist die Lehre Eckharts nicht identisch, was auch dem Verfasser des deutschen Seligkeitstraktats bewußt ist. Aber es liegt hier ein metaphysisches Systemelement vor, das in seiner Spiritualisierung zur Mystik führt.

Siebentes Kapitel

Meister Eckhart und die Beginenspiritualität

1.

Wenige Tage nach der Verbrennung einer größeren Gruppe von Templern am 27. Mai 1310 bei der Mühle Saint Anthoine war den Parisern ein neues Scheiterhaufen-Schauspiel beschert. Am 1. Juni – nicht, wie öfter, auch von meiner Feder, zu lesen, am 31. Mai – wurde die Begine Marguerite Porete, die Verfasserin eines häretischen Buches, auf der Place de Grève den Flammen übergeben.

Ein Chronist, der Fortsetzer der lateinischen Chronik des Guillaume de Nangis, schreibt darüber u. a.: „Obschon hinlänglich ermahnt, weigerte sie sich, vor ihrem Bischof zu erscheinen [und auszusagen], und blieb ein Jahr und mehr [in den Prozeßakten „eineinhalb Jahre"] halsstarrigen Gemüts in ihrem verhärteten Irrglauben, bis sie endlich auf der öffentlichen Place de Grève vor dem Klerus und allem Volk, das eigens [zu diesem Vorgang] herbeigerufen worden war, gemäß dem Ratschlag von Experten vorgeführt *(exposita)* und der weltlichen Obrigkeit überantwortet wurde. Ein Pariser Stadtvorsteher übernahm sie sofort in seine Gewalt und ließ sie anderntags auf dem Scheiterhaufen verbrennen. Bei ihrem Hinschied verriet sie indes viele Zeichen der Reue sowie edler und frommer Gesinnung, wodurch, wie Augenzeugen berichteten, die Herzen vieler in Mitleid zerflossen und sogar zu Tränen gerührt wurden". Auch über die Vorgeschichte ist dieser Chronist bestens orientiert, indem er von einem Buch spricht, das von allen Theologen, die es sorgfältig geprüft hätten, als häretisch befunden worden sei; er zitiert sogar einen Artikel aus dem Gutachten, der für uns um so wertvoller ist, als er sonst nicht überliefert wurde. Andere, volkssprachige Chronisten sprechen irrtümlicherweise von einer Übertragung der Heiligen Schrift, die als häretisch zu beurteilen sei. Einer meint treuherzig, Gott in seinem großen Erbarmen hätte die Verfasserin [vor Verstockung] beschützt, so daß sie im wahren katholischen Glauben gestorben sei.

Vom Weg der Marguerite Porete aus Hainaut bei Valencienne zum Scheiterhaufen der Place de Grève sind folgende Stationen bekannt: Der Bischof von Cambrai, Gui II de Colmien, verurteilte während seiner Regierungszeit (1296–1306) Marguerite und ließ ihr Buch, den ‚Miroir des simples âmes', öffentlich in Valenciennes verbrennen. Wer aber dieses Buch und dessen Lehren weiter verbreiten würde, sollte der kirchlichen

Acht anheimfallen. Trotz dieses Verbots fuhr Marguerite, der ein ausgesprochen missionarischer Eifer eignete, fort, ihre Schrift und deren Lehre unter die Leute zu bringen. Sie konnte sich dabei durch positive Gutachten von drei namhaften Theologen, die in einem Widmungsbrief der lateinischen Fassung des ‚Miroir' zitiert werden, ermutigt fühlen. 1307 kam es zu neuen Anklagen, zuerst durch den Provinzialinquisitor Hochlothringens, dann durch den Dominikaner Wilhelm von Paris, *inquisitor hereticae pravitatis in regno Franciae auctoritate sedis apostolice deputatum*, einen Großinquisitor im Vollsinne des Wortes, der in eben der Zeit der Passion der Marguerite den berühmt-berüchtigten Prozeß gegen die Templer führte. Im Kerker, mutmaßlich seit dem Spätjahr 1308, verweigerte sie Aussage und Widerruf, an dem der Inquisition viel gelegen war. Zum Prozeßverfahren wurden nicht weniger als 21, zur Hauptsache Pariser Theologen herangezogen: zu ihnen gehörten Autoritäten ersten Ranges wie der Franziskaner Nikolaus von Lyra. Die Kommission befand einmütig, „daß dieses Buch, häretisch und irrig sowie Häresie und Irrtum erzeugend, zu vernichten sei". Im Gutachten werden zwei von 15 inkriminierten Sätzen, der erste und der letzte, angeführt, wobei der erste gleich die anstößigste Aussage ins Wort bringt: „Die vernichtete Seele *(anima adnichilata)* verabschiedet die Tugenden und steht nicht mehr in deren Dienst, weil sie ihrer nicht mehr bedarf, vielmehr stehen die Tugenden zu ihrer Disposition" (‚Miroir' c. 8). Die Empfehlung der Theologen wurde am 11. April 1310 ausgesprochen, am 31. Mai folgte die Verurteilung durch Wilhelm von Paris.

Gleichzeitig mit Marguerite, im Spätjahr 1308, wurde ein gewisser Guiard de Cressonessart von der Inquisition ergriffen und eingekerkert. Er nannte sich nach der Offenbarung des Johannes (3,7 ff.) „Engel von Philadelphia" und erklärte sich von Christus ausgesandt, um den wahren Gläubigen des Herrn in ihren Bedrängnissen beizustehen. Er wurde der „Hilfe und Begünstigung" der Marguerite angeklagt; worin sie bestand, geht aus den Prozeßakten nicht hervor. Nachdem den beiden Gefangenen am 3. April 1310 ein erstes Urteil zuging, verbunden mit der Drohung, daß sie als verstockte Häretiker den weltlichen Behörden übergeben würden (was den Flammentod bedeutete), sofern sie nicht widerriefen und zum katholischen Glauben zurückkehrten, blieb zwar Marguerite standhaft, nicht aber Guiard, der geständig wurde und widerrief. So wurde er am 9. April zu ewiger Kerkerhaft begnadigt. Marguerite, die sich ihrem Gott, dem *Loingpres*, dem ‚Fernnahen', liebend verbunden wußte, erwies, obschon sie ein schwaches, junges Weib war, die stärkeren seelischen und geistigen Kräfte als der „Engel von Philadelphia", der doch nach seinem Selbstverständnis von Amtes wegen zu ihrem Helfer ausersehen war.

Ich schildere diese Ereignisse nicht nur, um ein Stück Umwelt, in der Eckhart in Paris lebte, die Häresien, die in den mannigfaltigsten Formen immer breitere Schichten ergriffen und Kirche und Staat beunruhigten, die Verfahrensweisen der Inquisition, die Schauspiele der Ketzerverbrennungen, Paris zu Beginn des 14. Jahrhunderts, das mit Krieg, Schisma, Pest, Hungersnöten ohnegleichen zu einem Säkulum unablässiger Katastrophen geworden ist, aufscheinen zu lassen, sondern weil Eckharts Leben in eigentümlicher und folgenschwerer Weise mit Marguerite und ihrem Buch verknüpft ist.

Die ‚Miroir'-Forschung hat wiederholt auf die zeitliche und geistige Nähe Eckharts zur Pariser Begine hingewiesen, sie ist auch schlechterdings, selbst für oberflächliche Leser, nicht zu übersehen. Auf dem Ruusbroec-Kongreß in Löwen 1981 wurde dann, vom Eckhart-Übersetzer Edmund Colledge und von J. C. Marler der Nachweis versucht, daß Eckhart den ‚Miroir', unmittelbar oder mittelbar, gekannt haben muß. Zu dieser Auffassung war ich etwa gleichzeitig gekommen, wenn auch nicht im – wie mir scheint: nicht stringenten – Nachweis eines Zitats, sondern mit einer These, die ihrerseits mehr umschließt als nur eine literarische Beziehung.

Marguerite, *begina* und *pseudomulier* genannt (letzterer Begriff zeigt einen quasi-monastischen Stand an), lebte in der religiösen Lebensform der *beguinage* zwischen klösterlichem Ordo und frommem Laienleben. Das Beginentum hatte sich seit der Wende vom 12. zum 13. Jahrhundert, und das heißt gleichzeitig mit den Bettelorden der Franziskaner und Dominikaner, herangebildet und bestimmte mit ihnen weitgehend das Frömmigkeitsleben des 13. und (mit Einschränkungen) des 14. Jahrhunderts. Beginen bildeten religiöse Frauengemeinschaften in kleinen Gruppen, regelhaft zwischen drei und zwölf Personen, selten in größerer Zahl. Sie unterwarfen sich keiner approbierten Klosterregel und legten so auch kein bindendes Gelübde ab, versprachen indessen Keuschheit und Gehorsam im Stande der Armut, verpflichteten sich auch zu bestimmten Gebetszeiten und regelmäßigem Kirchgang. Mit fraulichen Tätigkeiten wie Spinnen, Weben, Kerzenmachen bestritten sie, sicher zumeist kümmerlich genug, ihren Lebensunterhalt. Als Betreuerinnen von Kranken übten sie eine wichtige soziale Funktion aus. Zum Teil, vielleicht in Nachahmung der Franziskaner, zogen sie mit dem Bettelsack herum. Dies brachte sie, die aufs Ganze hin gesehen als harmlos und gutmütig gelten durften, in Mißkredit der kirchlichen und weltlichen Behörden.

Das Beginentum verbreitete sich von den Niederlanden aus, wo es sich zuerst und am reichsten entfaltete – noch heute sind zahlreiche Beginenhöfe in niederländischen und belgischen Städten zu sehen, der bekannteste in Brügge – über Frankreich, Deutschland und Italien. Jede Stadt und jedes Städtchen hatten ihre Beginenhäuser, die sich in der Regel nur durch ein weißes Kreuz auf dem Haustor von anderen menschlichen Wohnungen unterschieden; ihre Bewohner, ausgezeichnet durch schlichte, bald weiße, braune, graue oder schwarze Tracht und eigentümlich ausladende Hauben, gehörten zum mittelalterlichen Straßenbild. In Köln gab es 169, in Straßburg 85 Beginenhäuser, Chronisten schätzen die Zahl der Beginen bis auf eine Million. Soziale und wirtschaftliche Verhältnisse mögen diese Flut mitbestimmt haben: der große Überschuß an Frauen, Aufnahmesperren der alten Frauenorden, der Benediktinerinnen und Zisterzienserinnen, Mangeljahre und allgemeine Unsicherheit. Jedoch genügen diese Erklärungen nicht: der religiöse Aufbruch, wie er sich in den neuen Orden und heterodoxen Strömungen kundtut, erweist sich auch im Beginentum als das wichtigste Movens. Nachweisbar gehörte eine große Zahl der Beginen dem Adel oder dem städtischen Patriziat an (wie die berühmteste Begine in Deutschland, Mechthild von Magdeburg), und für diese Vornehmen waren weder die Klosterpforten verschlossen (die alternde Begine Mechthild trat denn auch in das Zisterzienserinnenkloster Helfta ein) noch die Heirat ein allzu schweres Ding.

Daß die im mittelmeerischen Süden entstandenen Bettelorden, Franziskaner und Dominikaner, auf eine gleichgerichtete, nämlich der evangelischen Armut verpflichteten Frauenbewegung des Beginentums im europäischen Nordwesten stießen, ist für die Geschichte der Kirche und noch mehr der Spiritualität ein epochales Ereignis. Diese neuen Orden waren im Gegensatz zu den alten mobil, sie missionierten, predigten Buße und die Nachfolge Christi, sie lebten nicht mehr hinter (wirtschaftlich) gesicherten Klostermauern. Den Beginen eignete gleichfalls eine gewisse Mobilität, die indes unerwünscht und in niemandes Interesse war: sie sollten, da es nach der Auffassung der Zeit keine wahre *religio* ohne *ordo* geben konnte, in monastische Formen übergeführt werden. Genau dies wurde zu einer zentralen organisatorischen Aufgabe der Bettelorden. Sie gründeten Frauenorden, zuerst den „Zweiten Orden" der Franziskaner, den Klarissenorden, mit strengsten Klausurbestimmungen, sodann den Orden der Dominikanerinnen, dem vor allem in Deutschland ein überwältigender Erfolg beschieden war, und den der regulierten Franziskanerinnen oder Tertiarinnen, dem „Dritten Orden" zugehörig, der im Verlaufe des 13. Jahrhunderts zum Teil in klösterliche Formen mit besonderer Regel übergeführt wurde. In der Tat gelang es den Bettelorden bis zu einem gewissen Grade, „offene" Beginenhäuser in geschlossene Klostergemeinschaften zu überführen. Die meisten älteren Klarissen-, Franziskanerinnen- und Dominikanerinnenkonvente gehen auf Beginensiedlungen zurück. Ein gutes Beispiel ist das Kloster Engeltal bei Nürnberg, dessen Klosterchronik mit dem schönen Titel ‚Von der Gnaden Überlast' aus der Feder der Christina Ebner anschaulich die Bildung der Beginengemeinschaft, ihr Wachstum und die Überführung in den zweiten Orden des Dominikus schildert. Ein anderes Beispiel ist das Klarissen-, früher Terziarinnenklösterlein Wittichen im südlichen Schwarzwald, das eine Bauerntochter, die selige Liutgart von Wittichen, in unermüdlichem Einsatz mit Schwerarbeit und Bettelfahrten, aus einer Beginensiedlung hervorgehen ließ.

Das kirchliche Problem der offenen Beginenhäuser war die Seelsorge. Gewiß unterstanden sie dem städtischen oder ländlichen Klerus, und deren Kirchen und Altäre waren auch für sie bestimmt. Allein religiöse Gemeinschaften bedürfen besonderer Betreuung, der Seelenführung, der Kontrolle; sie sind schwärmerischen Formen der Religiosität, aber auch häretischen Einflüssen besonders ausgesetzt. Jakob von Vitry, ein großer Förderer der franziskanischen Bewegung, der dieses Problem frühzeitig erkannt hat, bewirkte i. J. 1216 eigens von Papst Honorius III. die Erlaubnis der Beginenseelsorge. Es war dies das Modell für die spätere *cura monialium* (Betreuung der Klosterfrauen).

In der zweiten Hälfte des 13. Jahrhunderts mehren sich die Hinweise auf heterodoxe Tendenzen innerhalb der Beginenkommunitäten. Charakteristisch ist ein Bericht des Franziskaners Simon von Tournai über die kirchlichen Zustände in Nordfrankreich und Belgien zuhanden des II. Konzils von Lyon i. J. 1274. Er erwähnt unter anderem, daß unter den Beginen zunehmend die Sucht nach theologischen *subtilitates* und *novitates* zu beobachten wäre. Außerdem würden sie, obschon unerfahren in der Auslegung der Heiligen Schrift, diese in französischer Sprache lesen und erklären, und dies *in conventiculis, in ergastulis, in plateis*, „in ihren Konventikeln, in verborgenen Winkeln und auf öffentlichen Plätzen". Ist das die Umwelt der Marguerite Porete? Ähnlich äußert sich zur selben Zeit der bekannte Theologe Heinrich von Gent: „Diese Frauen trachten darnach zu wissen, was ihnen nicht zukommt" (‚Summa quaestionum ordinariarum' q. 12,1). So gerieten sie ins Blickfeld der Inquisition. Schon Hadewijch, in der Mitte des 13. Jahrhunderts, weiß von einer Begine zu berichten, „die Meister Robert ihrer wahrhaften Minne wegen tötete" (Visionen, ‚Liste der Vollendeten'). Meister Robert war Generalinquisitor der Niederlande von 1230 bis 1236. Ersetzen wir seinen Namen mit Meister Wilhelm, so trifft der Satz genau auf Marguerite zu.

In der Tat ist es eine Liebeslehre, die alle großen Beginen verkünden, wenn sie ihre Gesichte, ihre geistlichen Erfahrungen, ihre Liebesglut, mit eigener Hand oder im Diktat, dem Pergament anvertrauten. Es sind dies in den Niederlanden vor und um 1250 die soeben erwähnte Hadewijch mit spirituellen Sendbriefen, Visionen und geistlichen Gedichten, in Niederdeutschland im dritten Viertel des 13. Jahrhunderts Mechthild von Magdeburg mit dem ‚Fließenden Licht der Gottheit', in Frankreich um 1300 Marguerite Porete, von der wir ausgegangen sind, mit dem ‚Miroir des simples âmes'. Diese Werke sind nicht nur die unvergleichlichen Höhepunkte der Beginenmystik, sondern der volkssprachlichen Frauenmystik schlechthin.

Während Hadewijchs Werke, abgesehen von wenigen kleinen Textstückchen, die den Weg nach dem südlichen Deutschland fanden, nicht über die Niederlande und Mechthilds Buch nicht über Deutschland hinaus gelangten – es sei denn, was aber sehr unwahrscheinlich ist, das ‚Fließende Licht' in seiner lateinischen Fassung –, war Marguerites ‚Miroir', obschon er verbrannt und geächtet worden war, ein beispielloser Erfolg beschieden. Er ist in vier Sprachen, Altfranzösisch im Original, Altitalienisch, Mittelenglisch und Latein, und in 6 Fassungen – außer der altfranzösischen und mittelenglischen in zwei altitalienischen und zwei lateinischen (die eine beruht auf dem französischen Original, die andere auf dem mittelenglischen Text) – überliefert. Ich kenne keine andere volkssprachliche Schrift des Mittelalters mit solcher ‚Internationalität'. Auch die Wirkungsgeschichte ist ohnegleichen, besonders in Italien. Der hl. Bernhardin eiferte in der Toscana gegen ihn; das Generalkapitel der benediktinischen St.-Justina-Kongregation in Padua befaßte sich mit ihm wie die theologische Fakultät von Padua; die Jesuaten in Venedig gerieten in den Ruf, das ‚Speculum simplicium animarum' massenhaft zu lesen und zu verbreiten: eine päpstliche Untersuchungskommission, die keine Geringeren als der hl. Johannes von Capestrano und der hl. Lorenz Iustiniani leiteten, soll davon 36 Exemplare konfisziert haben; selbst vor dem Basler Konzil i. J. 1439 kam Marguerites Buch (ihr Name erscheint indes nie) zur Sprache. Es war so im Horizont der späteren Wirkung keinesfalls ein regionales und alltägliches Ereignis, als Marguerite mit ihrem Buch am 1. Juni 1310 verbrannt wurde.

Wenn man Hadewijchs ‚Visionen' und ‚Briefe' und Mechthilds Buch vom ‚Fließenden Licht der Gottheit' als „Bekenntnisse der minnenden Seele" ansprechen kann, so ist Marguerites ‚Miroir' – schon der Begriff „Spiegel" zeigt es an – ein Lehrbuch der Liebesmystik, die nun freilich die persönliche Gotteserfahrung zur Voraussetzung hat. Sie will nicht nur aussprechen, bekennen, sie will ihre Erfahrungen und Eingebungen anderen Menschen vermitteln, sie bewegen und überzeugen „in Konventikeln, in verborgenen Winkeln und auf öffentlichen Plätzen". Im ‚Miroir' geschieht dies in der Form, daß dem religiösen Subjekt, der *Ame*, diskutierende Sprecherrollen zugeordnet sind: *Amour*, die mit *Ame* eins wird, *Raison*, die wichtigste Gegenstimme, *Foy, Esperance, Charité, Sainte Eglise la grande*, die offizielle Kirche, *Sainte Eglise la petite*, die Kirche der *simples ames*.

An Stelle einer Gesamtcharakteristik lege ich zwei Kapitel vor, das 7. und 9.

Wie edel diese Seele ist und wie sie auf nichts achtet. Das siebente Kapitel.

Diese Seele, spricht *Amour*, achtet nicht auf Schmach und nicht auf Ehre, auf Armut nicht noch Reichtum, nicht auf Wohlbehagen noch Mißlichkeiten, nicht auf Liebe noch Haß, nicht auf Hölle noch Paradies.

Bei Gott, Amour, spricht *Raison*, was heißt das, was ihr da sprecht?

Was das heißt? spricht *Amour*. Gewiß, das versteht nur derjenige, und kein anderer, dem Gott das Verständnis gegeben hat; denn die Schrift vermittelt es nicht, nicht versteht es menschlicher Sinn, noch vermag es menschliche Anstrengung zu erschließen und zu begreifen. Vielmehr ist diese Gabe gegeben vom Überhohen, in den dieser Mensch entrückt wurde durch Einpflanzung der Erkenntnis, und er verweilt nur noch in diesem Verständnis. Und eine solche Seele, die zu Nichts geworden ist, hat alsdann alles, und wenn sie nichts hat, will sie alles und will nichts, sie weiß alles und weiß nichts.

Und wie kann das sein, Sire Amour, sagt *Raison*, daß diese Seele wollen kann, wie es [dieses Buch] (soeben) ausgesprochen hat, während es früher hieß, sie hätte keinen Willen?

Raison, spricht *Amour*, das ist keineswegs ihr Wille, der will, sondern es ist nunmehr der Wille Gottes, der es in ihr will. Denn diese Seele lebt einzig im Amour, der sie wollen macht ohne Verlangen. Nun lebt Amour in ihr, der ihren Willen genommen hat, und deshalb vollbringt Amour seinen Willen mit ihr, und alsdann wirkt Amour in ihr ohne sie, weil es ihm behagt, in ihr zu verweilen.

Diese Seele, spricht *Amour*, weiß nichts mehr von Gott zu sagen, denn sie ist abgeschieden [eigentlich „vernichtet"] von allem fremden Begehren und von inneren Empfindungen und allen Impulsen des Geistes, und was diese Seele tut in Ausübung guter spiritueller Praxis oder durch Gebot der Heiligen Kirche, geschieht ohne Verlangen, denn ihr Wille ist tot, der ihr Verlangen bewirkte.

In welcher Weise diese Seelen keinerlei Willen haben. Kapitel IX.

Amour. Wer diese freien, treuherzigen und friedfertigen Seelen fragen würde, ob sie im Fegefeuer sein wollten, (dem) würden sie (mit) Nein antworten; (auf die Frage), ob sie in diesem Leben ihres Heils versichert sein wollten, würden sie Nein sagen, oder ob sie im Paradies sein wollten, würden sie Nein sagen. Aber weswegen sollten sie es auch wollen? Sie haben keinerlei Willen, und wenn sie etwas wünschen sollten, so würden sie sich von der Minne entfernen; denn diese, die ihren Willen besitzt, weiß, was für sie gut ist, und das genügt ihnen, ohne daß sie Gewißheit darüber haben, und ohne daß sie (dessen) sicher sind. Diese Seelen leben von Erkenntnis, Minne und Lobpreis; dies ist das gewöhnliche Verhalten dieser Seelen, ohne sich aus eigenem Antrieb zu rühren, denn Erkenntnis, Minne und Lobpreis wohnen in ihnen. Solche Seelen können sich nicht gut oder schlecht befinden, noch haben sie irgendeine Kenntnis von sich selbst, noch können sie beurteilen, ob sie verkehrt oder verdorben sind.

Oder nehmen wir, um es kürzer zu machen, eine Seele (als Beispiel) für alle, sagt *Amour*: diese Seele wünscht weder, noch verachtet sie Armut oder Drangsal, Messe oder Predigt, Fasten oder Gebet, und sie gibt der Natur ohne Gewissensbisse alles, wessen sie bedarf; aber diese Natur ist so wohl geordnet durch die Umformung in die Einheit der Minne, mit der der Wille dieser Seele verbunden ist, daß die Natur nichts fordert, was verboten ist. Diese Seele sorgt sich um nichts, was sie braucht, es sei denn zur Zeit, wo sie es nötig hat. Und diese Sorge kann niemanden zugrunde richten, wenn er unschuldig ist.

Ah, um Gottes willen, sagt *Raison*, was bedeutet das?

Dazu sage ich Euch, Raison, sagt *Amour*, wie ich es Euch bereits vorher gesagt habe, und ich sage es Euch noch einmal, daß alle Meister der Natur und alle Meister der Schrift und alle diejenigen, die in Liebe zum Gehorsam gegenüber den Tugenden verbleiben, es nicht hören und es (auch) nicht hören werden, dort wo es etwas zu hören gibt; seid dessen sicher, Vernunft, sagt *Amour*, es hört keiner außer demjenigen, der vollkommene Minne begehrt. Aber wenn man zufälligerweise solche Seelen fände, so würden sie darüber die Wahrheit sagen, wenn's ihnen gefällig ist; aber glaube nicht, daß einer sie vernehmen könnte außer demjenigen, der vollkommene Minne und Gottesliebe begehrt.

Diese Gabe, sagt *Amour*, wird jedesmal in einem (einzigen) Augenblick verliehen; und wer sie besitzen wird, behalte sie, denn dies ist die vollkommenste Gabe, die Gott einem Geschöpf (je) verliehen hat. Diese Seele ist Schülerin der Gottheit und sitzt im Tal der Demut, in der Ebene der Wahrheit und ruht sich auf dem Berg der Minne aus.

Die Aussagen der vorstehenden Kapitel sind für Marguerite zentral, ja man kann sie als Brennpunkte des ‚Miroir' bezeichnen. Die Nähe zu Meister Eckhart ist frappant, sie sind, kommt man von ihm her, wie eine frauliche Responsion zu seiner kraftvollen Stimme. Wenn dieser in den ‚Reden der Unterweisung' vom „Ausgehn aus dem Seinen" spricht, dem *ledigen* Gemüt, vom Lassen des Ichs, der Entäußerung von allem, was kreatürlich ist, um „Gott in der höchsten Weise zu ergreifen", so Marguerite von der „Seele, die zu Nichts geworden ist und alsdann alles hat". Es ist diese *Ame anientie* der eigentliche Gegenstand ihres Buches, wie es schon der vollständige Titel ankündet: *Le mirouer des simples ames anienties*'. Die Seele ist „vernichtet" durch Demut (529,5), durch Verlust der Eigenliebe (598,7 f.), in allen inneren und äußeren Empfindungen (554,16 f.), vor allem aber in ihrem Willen. Zum Beginn des 9. Kapitels stelle man etwa Eckhart Q 6 (I 103,1 ff.): „Den gerechten Menschen ist es so ernst mit dieser Gerechtigkeit, daß sie, wenn Gott nicht gerecht wäre, eine Bohne auf Gott achteten, und sie stehen so fest in der Gerechtigkeit und sind so vollständig aus sich herausgetreten, daß sie nicht achten auf die Pein der Hölle noch die Freude des Himmelreichs noch auf irgendeine Sache" (ähnlich Sermo Nr. 34.2, LW IV, n. 343).

Im 12. Kapitel erklärt die Verfasserin ihren Hörern ausdrücklich und in direkter Anrede („Jetzt hört und versteht es gut, Hörer dieses Buches"), daß der eigentliche Sinn ihrer Schrift darin bestünde, daß „die vernichtete Seele keinen Willen mehr hat, noch ihn haben kann noch ihn haben will". Die Vernichtung des Willens entspricht dem *ledic* sein bei Eckhart, und es ist der „geistig arme" Mensch, der *ledic* steht, der „nicht will, nicht weiß, nicht hat", wie es die Armutpredigt (Q 52, s. 9. Kap. 5.) thematisiert. Diese bietet besonders viele Parallelen zum ‚Miroir': „Diese Seele weiß nur von einer Sache, das ist, daß sie nicht weiß, und sie will nur eines, das ist, daß sie nicht will" (c. 42, S. 555,5f.). „Das ist ein armer Mensch, der nicht weiß" (II 494,4); „das ist ein armer Mensch, der nicht will und nicht begehrt" (II 492,2). Dazu die für Colledge entscheidende Parallele: „Denn so lange ist einer Sklave seiner selbst, als er (nur) den Willen hat, daß Gott seinen [göttlichen] Willen vollziehe zu seiner eigenen Ehre; ... solchen entzieht Gott sein Königreich" (c. 48, S. 559,13ff.). „So lange als ihr den Willen habt, den Willen Gottes zu erfüllen, ... so lange seid ihr nicht richtig arm, denn nur das ist ein armer Mensch, der nicht will und nicht begehrt" (II 491,9ff.).

Die Entäußerung von allem Eigenen bedeutet positiv die Einheit mit Gott. Das kann durchaus orthodox, nämlich im Bereich des sittlichen Lebens, verstanden werden. Marguerite aber schreibt: „Die vernichtete Seele lebt von der Substanz Gottes" (606,29) und: „Ich bin Gott durch göttliche Natur" (541,13) und bezeichnet damit die Wesenseinheit mit Gott. Sie galt als manichäische Ketzerei, wie wir u. a. aus einem Gutachten Alberts des Großen über Häresien der Anhänger des „Freien Geistes" (‚Compilatio de novo spiritu', ca. 1260/1262) erfahren: „Zu sagen, daß die Seele aus der Substanz Gottes genommen ist, ist Ketzerei der Manichäer" (Art. 7). Eckhart wird die Wesenseinheit mit Hilfe seines Analogiebegriffes zu entschärfen versuchen.

Für Wilhelm von Paris und seine theologischen Gutachter galt wohl als gefährlichste Lehre des ‚Miroir', daß die „vernichtete Seele" zugleich die „freie Seele" *(ame enfranchie)* ist, die Seele nämlich, die sich außerhalb der christlichen Tugenden und der kirchlichen Heilsmittel stellt. Gleich der erste, bereits zitierte Satz spricht dieses Ärgernis aus: „Die vernichtete Seele verabschiedet die Tugenden und steht nicht mehr in deren Dienst, weil sie ihrer nicht mehr bedarf, vielmehr stehen die Tugenden zu ihrer Disposition." Und der letzte: „Diese Seele bedarf keiner Tröstungen und keiner Gaben Gottes, noch braucht und muß sie sich darum kümmern, weil sie gänzlich von Gott umhüllt ist, und so ihre Ausrichtung auf Gott hin überstiegen ist." Solche Aussagen gehen wie ein roter Faden durch den ‚Miroir' hindurch. Eckhart sagt vom „Gerechten" (den wir mit der „vernichteten Seele" Marguerites gleichsetzen dürfen), daß er „in einer freien Freiheit und in lauterer Entblößung" steht, „denn er hat sich keiner Dinge mehr zu unterwinden noch hat er viel oder wenig zu empfangen; was Gott zu eigen ist, das ist auch sein eigen" (DW I 246,5 ff.); „er steht frei und ledig in allen seinen Werken" (DW I 9,3 f.). Eckhart betont auch wiederholt mit Marguerite die Nutzlosigkeit oder Minderwertigkeit des äußeren Werks. „Du [Gott] liebst die Seelen, nicht das äußere Werk, denn das äußere Werk ist knechtisch, nicht frei", heißt es z. B. im Sapientiakommentar (LW III 561,1): Der Satz wurde im Eckhart-Prozeß verurteilt (Bulle, art. 19)!

2.

Auf Grund des bisher Vorgetragenen formuliere ich eine doppelte These: 1. Eckhart hat den ‚Miroir' der Marguerite Porete, in welcher Form auch immer, gekannt. 2. Er hat entscheidende Aussagen dieses Buches – die seinen eigenen Vorstellungen entsprachen oder entgegenkamen – aufgegriffen und ihnen, seiner Meinung nach, eine präzisere, theologisch vertretbare Formulierung gegeben.

Zur ersten These das Folgende: Was die inhaltlichen Entsprechungen nahelegen, machen auch biographische Fakten wahrscheinlich. Bereits während seines ersten Pariser Magisteriums dürfte Eckhart von Marguerite und deren Buch gehört haben, nämlich durch Godefroid de Fontaine († 1306 oder 1309). Dieser war Pariser Kanoniker, im Schuljahr 1285/1286 Magister actu regens der Theologischen Fakultät und spielte in der Geschichte der Pariser Universität eine nicht unbedeutende Rolle. Er hatte viele Schüler, hinterließ eine größere Anzahl von theologischen Abhandlungen und vermachte der Sorbonne seine wertvolle Bibliothek. Godefroid gehört zu den drei Theologen, die den ‚Miroir' der Marguerite, wie aus ihrem bereits genannten, der lateinischen Fassung beigegebenen Begleitschreiben hervorgeht, positiv beurteilt haben. Er schrieb unter anderem: „Dieses Buch ist geschrieben von einem so starken und glühenden Geist, desgleichen wenige oder keine gefunden werden": ein Urteil, das noch heute seine Gültigkeit nicht verloren hat. Es ist verlockend, Godefroid als Persönlichkeit zu denken, die Eckhart den ‚Miroir' zuerst vermittelte, und zwar als ein Werk von unvergleichlicher Religiosität, nicht als häretisch gebrandmarktes Buch. Biographisch steht dieser Annahme nichts entgegen. Godefroid begab sich zwar 1300 nach Rom, kehrte aber noch vor Eckharts Amtsantritt (1302) nach Paris zurück.

Während seines zweiten Magisteriums, 1311–1313, war Eckhart Hausgenosse von Marguerites Inquisitor, Wilhelms von Paris, nämlich im Dominikanerkonvent Saint Jacques (s. 2. Kap., S. 21 f.). Eine der wichtigsten Beratungen, Marguerite und den „Engel von Philadelphia" betreffend, die Sitzung vom 3. April 1310 (s. o.), hat laut Protokoll in Saint Jacques stattgefunden. Es spräche gegen alle Wahrscheinlichkeit, daß

Eckhart ein Jahr nach Marguerites Verurteilung nichts von ihrem Prozeß, ihrer Verurteilung und ihrem Flammentod erfahren haben sollte. Keine namenlose Begine, die sich in ihren häretischen Vorstellungen auf andere berief und kaum wußte, was sie eigentlich aussagte (das war die Regel!), wurde verurteilt und verbrannt, sondern die Verfasserin eines ketzerischen Buches, das Furore machte und dessen Weiterwirken – mit Recht, wie sich erweisen sollte – zu befürchten war. Eckhart dürfte zwar kaum ein Exemplar des ‚Miroir' zur Verfügung gestanden haben, wohl aber außer mündlichen Berichten die verurteilten 15 Sätze, wenn nicht gar die vollständigen Prozeßakten.

Er mußte auch wissen, daß der Fall der Marguerite Porete in den Beratungen des Konzils von Vienne, das während seiner Amtszeit 1311/1312 tagte, seine Fortsetzung fand. Dort wurden nämlich acht ‚Errores Beguardorum et Beguinarum de statu perfectionis', ‚Irrtümer der Begarden und Beginen über den Stand der Vollkommenheit', das Leitthema des ‚Miroir', formuliert, und einige dieser Sätze entsprechen recht genau den uns bekannten Artikeln: „Sechstens, daß es dem unvollkommenen Menschen zukommt, Tugendwerke zu vollbringen, die vollkommene Seele aber entläßt die Tugenden", was mit dem ersten der verurteilten ‚Miroir'-Sätze übereinstimmt; „Achtens, . . . daß sie behaupten, es wäre (ein Zeichen der) Unvollkommenheit, wenn sie von der Reinheit und Höhe ihrer Gottesschau so weit herunterstiegen, um des Sakraments der Eucharistie oder des Leidens des menschgewordenen Christi zu gedenken", eine Entsprechung zum 15. Artikel des Gutachtens; „Zweitens, weder Fasten noch Beten gezieme dem Menschen, der den entsprechenden Grad der Vollkommenheit erreicht hat, denn dessen Sinnlichkeit ist so vollkommen dem Geist und der Vernunft unterworfen, daß dieser Mensch dem freien Leib gewähren kann, was ihm beliebt", zu vergleichen mit dem Artikel, den unser ersterwähnter lateinischer Chronist festgehalten hat: „daß die vernichtete Seele in der Liebe ihres Schöpfers ohne Tadel und Stachel des Gewissens ihrer Natur gewähren kann und soll, was sie begehrt und wünscht" (dazu vergleiche man das oben mitgeteilte 9. Kapitel, Abs. 2).

Die acht Irrtümer wurden nicht nur Beginen, sondern auch und vor allem Begarden unterstellt. Wie schon der Name andeutet, galten die Begarden als parallele, jedoch gefährlichere Gruppierung zu den Beginen. Richtig ist, daß die *beguinage* das Modell für die Begarden wurde. Sie tauchten erst auf, als die Beginen schon über ein halbes Jahrhundert lang bezeugt waren, um die Mitte des 13. Jahrhunderts und vor allem in den südlichen Niederlanden, also im heutigen Belgien. Genau wie die Beginen bildeten sie kleine religiöse Konventikel zu gemeinsamen frommen Werken und in gemeinsamer Arbeit, vor allem der Weberei, einem der ältesten Hausgewerbe, an dem – seither oder schon immer? – der Geruch von Frömmigkeit, Mystik, Häresie, Eschatologie und Armut haftet. Die Begarden waren in der Regel ebenso harmlos wie die Beginen, brave, fromme, fleißige Leute. Das zeigt schon der Umstand an, daß sie sich in großer Zahl in den regulierten Stand der franziskanischen Terziarier überführen ließen. Aber natürlich gesellten sich auch hier wie immer, wo sich friedliche oder fromme Leute zusammenfinden, unruhige und häretisch angehauchte Elemente dazu, Eiferer und religiöse Vaganten. Die *Trutanni*, was „Schwindler, Betrüger" bedeutet, wurden ihnen zugeschlagen, aber auch die sozial schwer zu fassenden, weil nicht organisierten „Brüder vom freien Geiste". Im Gegensatz zum Beginentum treten die Begarden literarisch nicht in Erscheinung; was wir von ihrem Frömmigkeitsleben und -verständnis wissen, steht in den Protokollen der Inquisitoren. Inwiefern unter den acht ‚Errores' spezifisch begardisches Material vorliegt, entzieht sich meiner Kenntnis. Am ehesten möchte ich es vom 7. Artikel annehmen, der besagt, daß zwar der Kuß eines Weibes eine Todsünde sei, weil die Natur ihn keineswegs fordere, nicht aber der Beischlaf, weil die Natur ihn verlange. Diese sehr alte Lehre ketzerischer Sekten ist jedenfalls beginischen Anschauungen, sofern sie sich in Schriften äußern, völlig fremd. Der ganze ‚Miroir' verrät nicht die leiseste Spur spiritualisierter oder ethisierter Sexualität.

Die Begarden mußten hier wenigstens im Vorbeigehen eingeführt werden, weil nicht von der Hand zu weisen, wenn auch nicht eigentlich aktenkundig zu machen ist, daß der Häresie angeklagte Begarden sich auf Eckhart berufen haben, was erst die Aufmerksamkeit der Inquisition auf den berühmten Magister gelenkt hätte. Das ist sicher nur eine Teilwahrheit, wie aus späteren Ausführungen hervorgehen wird. Es gab übrigens Forscher genug, die Eckhart ungeniert als Begarden bezeichneten, natürlich mit der Geringschätzung, die man allgemein mit diesem Namen verband. Johann Lorentz von Mosheim nennt gleich zu Beginn der Eckhart-Forschung in seiner posthum erschienenen ‚Kirchen- und Ketzerhistorie' (1800) Meister Eckhart *Beghardorum amicum et patronum*.

Die acht ‚Errores' wurden i. J. 1317 unter dem Titel ‚Ad nostrum' in die päpstlichen ‚Clementinen', das V. Buch des ‚Corpus iuris canonici', aufgenommen und damit rechtsverbindlich und – aktualisiert. Die Spezialforschung ist sich darin einig, daß die Aufnahme der ‚Errores' in das Kirchenrecht eine entscheidende Wendung in der Beurteilung und Behandlung der Beginen zur Folge hatte: Waren bis jetzt immer nur einzelne Beginen inquisitorischen Zugriffen ausgesetzt, so ist es jetzt *beguinage* als solche, die in den Verdacht der kirchlichen Unbotmäßigkeit und der Verbreitung häretischer Lehren gerät. Es beginnt das eigentliche Zeitalter der Beginenverfolgungen, die in Südfrankreich, wo die Beginen unter dem Einfluß des Franziskaners Petrus Johannes Olivi radikalere Armutsformen als anderswo vertraten und lebten, besonders grausame Züge annahm – unter direkter Beteiligung des Papstes, der auch Eckhart verurteilen wird. Beginenverfolgungen sind aber auch unrühmliche Kapitel vieler deutscher Stadtgeschichten. Eckhart selbst wird bald Zeuge und Betroffener einer solchen sein.

Die zweite These, die bewußte Aufnahme von zentralen Aussagen des ‚Miroir', beruht auf der Voraussetzung, daß Eckhart, vielleicht zuerst aufgrund des Urteils seines älteren Pariser Kollegen Godefroid de Fontaine den außerordentlichen spirituellen Wert von Marguerites Buch erkannte, sich aber auch überzeugen lassen mußte, daß viele ihrer Sätze der kirchenrechtlichen Prüfung nicht standhielten. Aber waren sie seinen eigenen nicht durchaus ähnlich? Diese Feststellung mußte Betroffenheit auslösen, und nun mag man sich darüber wundern, daß Eckhart, statt sie aufzugreifen, sich nicht vor ihnen gehütet hat, um nicht selbst ins Zwielicht der Häresie zu geraten. Dazu ist zu bemerken, daß Eckhart die vorsichtige Klugheit der Menschen, die heute Geschichte machen, nicht kannte, ihm ging es einzig um den spirituellen Höhenflug einer Vollkommenheitslehre. Offensichtlich war er nicht nur von der subjektiven Rechtgläubigkeit und der *anima candida* der Marguerite überzeugt, sondern auch von der Wahrheit ihrer (verurteilten) Aussagen. Sie waren nur ins dogmatisch Unreine gesprochen – wie konnte es anders sein bei einer ungelehrten Frau! –, sie waren, wie es in der gegen Eckhart gerichteten päpstlichen Bulle ‚In agro dominico' heißen wird, „übel klingend und sehr kühn". Es ging nun darum, derartige Vorstellungen und Erfahrungen über Vollkommenheit, Gottesgemeinschaft und geistliche Armut theologisch abzusichern, um ihre spirituelle Kraft rein hervortreten zu lassen, sie nicht ins religiöse Abseits gleiten zu lassen. Letzteres durfte geradezu als *nobile officium* eines Seelsorgers gelten. Und wem kam eine solche Verpflichtung zu wenn nicht dem Pariser Magister mit höchster theologischer Kompetenz und dem in hohen Ämtern erfolgreichen Spiritualen?

Das Verhältnis der göttlichen und der geschöpflichen Welt, in das jede Vollkommenheitslehre und zumal die mystische, die die Einung mit Gott erstrebt, eingespannt ist, bestimmte in der hoch- und spätmittelalterlichen Theologie die Analogie. Sie diente als „ungleiche Gleichheit" dazu, Gott und die Kreatur in Beziehung zu setzen und zugleich zu trennen. Gott und das Geschaffene sind auf der höchsten Vergleichsebene durch das Sein, das beiden zukommt, verbunden, jedoch getrennt dadurch, daß Gott das Sein *ist*, während die kreatürliche Welt daran nur teilhat. Jenes ist eins, absolut, vollkommen, dieses Partizipation in verschiedenen Graden je nach der Hierarchie in der Schöpfung. So Thomas von Aquin. Eckhart vertritt, wie wir aus dem letzten Kapitel wissen, eine andere Analogielehre, die „Analogie des Spiegelbilds". Sie gebraucht er zur philosophisch-theologischen Grundlegung einer Spiritualität der Einheit von Mensch und Gott. „Wer den Unterschied von Gerechtigkeit und Gerechten versteht, der hat alles verstanden, was ich predige" (Q 6, DW I 105).

Stellt man die frühen ‚Reden der Unterweisung' und die ‚Paradisus anime intelligentis'-Predigten von Eckharts Provinzialat der Masse des deutschen Predigtwerks, die mit großer Sicherheit (auf Grund der Doktrin wie der Überlieferung) der Zeit nach dem zweiten Magisterium angehört, gegenüber, so kann kein Zweifel bestehen, daß Eckharts Predigtweise einen neuen Stand gewonnen hat – freilich ohne jeglichen Bruch mit seinen früheren Positionen. Es bleibt die radikale Befreiung des Menschen von allem Eigenen, der Verzicht auf das Haben, das Stehen im Sein, wie es die ‚Reden' als befreiende Botschaft lehrten, aber was hier noch ethisch orientiert war, bekommt nun einen mystischen Grund in der „Abgeschiedenheit", die nicht nur das „Lassen" vom Kreatürlichen, sondern auch von religiösen Erkenntnisbildern mit einschließt. Auch die „Vernünftigkeit" der ‚Paradisus'-Predigten, die „der Tempel Gottes" ist, bleibt in Eckharts Lehre und Verkündigung erhalten, wird aber spezifiziert als das *intimum animae*, das Innerste der Seele, ihr „Fünklein", als „Ort" der Gottesgeburt. Eckharts Lehre ist so eine einzige und einheitliche geblieben: nur übersteigt sie sich mit und nach dem zweiten Pariser Magisterium in der Weise einer neuen hierarchischen Stufe.

Das schließt nicht aus, daß in Eckharts Spätzeit einzelne theologische und spirituelle Positionen des Priors und Provinzials fehlen oder zurücktreten und daß, umgekehrt, neue hinzutreten. Es liegt auf der Hand, daß solche Unterschiede in der theologischen Begriffssprache des Latein, also im ‚Opus tripartitum', deutlicher zu fassen sind als in den deutschen Predigten und Traktaten: zwar nicht weil der Volkssprache die begriffliche Schärfe fehlte, sondern weil hier Theologie in der Brechung der Spiritualität erscheint und die charismatische Eigensprache des deutschen Predigers, die schon in den ‚Reden' unverkennbar ist, eine Einheit schafft, die Unterschiede der Lehre übersehen läßt. Ich werde die „neue" Predigt im 9. Kapitel vorstellen.

3.

Nach Abschluß der Pariser Lehrtätigkeit im Sommer 1313 wurde Eckhart nicht, wie es die Regel war, zu neuen Aufgaben in seiner Heimatprovinz, der Saxonia, bestimmt, sondern nach Straßburg, dem Vorort der Teutonia, berufen. Das geschah durch den Ordensgeneral Berengar von Landora, dem allein Pariser Magister unterstellt waren. Man glaubte früher, Eckhart sei die Leitung des Straßburger Provinzialstudiums anvertraut worden, wofür indes kein Zeugnis vorliegt, und eine solche Ernennung lag auch nicht in der Kompetenz des Ordensgenerals. Wie aus Urkunden zwar nicht direkt hervorgeht, aber mit Sicherheit zu erschließen ist, wurde Eckhart zum Generalvikar Berengars ernannt, und er behielt dieses Amt auch unter Berengars Nachfolger Herveus Natalis (1318–1323). Er übernahm somit eine Tätigkeit, die er bereits zwischen 1294 und 1302 in der Thüringer ‚Nation' und 1307–1311 in der böhmischen Provinz wahrgenommen hatte, nur jetzt im Auftrag der Ordensspitze. Da es in jeder Provinz Vikare gab, konnte der Generalvikar des Ordensleiters nur für Sonderaufgaben eingesetzt werden. Wie aus zwei Urkunden mit Sicherheit zu erschließen ist, wurde Meister Eckhart die (teilweise?) Betreuung und (Ober-)Aufsicht der süddeutschen Frauenklöster des Ordens mit Amtssitz in Straßburg übertragen.

Die *cura monialium,* wie der Terminus technicus der Nonnenseelsorge lautet, wurde zum brennenden und vordringlichen Problem des Ordens, als der Ordenszweig der Dominikanerinnen, nicht zuletzt mit der Überführung von Beginenhäusern in den Orden, gewaltig anschwoll. Nicht ohne anfänglichen Widerstand des Ordens wurde diesem i. J. 1267 durch Papst Clemens IV. die *cura* auferlegt, die dann der Provinzial der Teutonia, Hermann von Minden, 1286 und 1290 in ausführliche Instruktionen umsetzte. Die *cura monialium* war eine Aufgabe, an die der Orden ursprünglich nie gedacht hatte, und sie wurde zu einer Hauptaufgabe. Das gilt zumal für die süddeutsche Ordensprovinz. Um 1300 gab es hier 65 Frauenklöster, annähernd so viel wie in allen andern 17 Ordensprovinzen zusammen, nämlich 76. Diese Zahlen erhellen, warum Eckhart nicht in seiner Heimatprovinz, der Saxonia, die 9 Frauenklöster aufwies, eingesetzt wurde. In der Teutonia, und besonders im alemannischen Südwesten, war die Betreuung der Nonnen am dringlichsten, und da die Verordnungen Hermanns von Minden für die zentrale Predigtaufgabe ausdrücklich *fratres docti* – doch wohl „gelehrte", nicht nur „tüchtige, erfahrene" Brüder – vorschrieben, begegnete in diesem Raum gelehrte dominikanische Spiritualität der Erlebniswelt der Nonnen in einer Dichte und Intensität wie sonst nirgendwo.

Die religiöse Welt der Schwestern, die der geistlichen Fürsorge Eckharts unterstellt waren, kennen wir bestens aus den in der Teutonia entstandenen ‚Schwesternbüchern'. Es sind dies Sammlungen von Lebensbildern frommer und begnadeter Schwestern eines Klosters, oft verbunden mit dessen Gründungsgeschichte, also Hausbücher zum Ruhme des Konvents und als „Exemplar" für die gegenwärtige Schwesternschaft und die zukünftigen Generationen gedacht. Es handelt sich um die ‚Vita sororum' von Unterlinden (Colmar) aus der Feder der Katharina von Gebersweiler in lateinischer Sprache; die ‚Chronik' von Adelhausen (Freiburg i. Br.) der Anna von Münzingen, ursprünglich ebenfalls lateinisch abgefaßt, indes nur in einer deutschen Bearbeitung überliefert; ‚Das Leben der Schwestern zu Töß', beschrieben von Elsbeth Stagel, der geistlichen Tochter des Heinrich Seuse; weiterhin die anonymen, wie das Tößer Hausbuch deutsch geschriebenen Schwesternbücher von Ötenbach (Zürich), Katharinental (bei Dießenhofen am Oberrhein), Weiler (bei Esslingen), Kirchberg (bei Heigerloch), Kirchberg (bei Sulz). Sie wurden zwar alle, mit Ausnahme der 1318 geschriebenen Adelhausener ‚Chronik', *nach* dem Wirken Eckharts in der Teutonia verfaßt, ja sie spiegeln in einigen Lebensläufen bereits Person und Charisma des Meisters (s. Kap. 1) und verraten sogar Einflüsse der späteren dominikanischen Mystik – trotzdem sind sie, wenn man die literarische Überformung der Verfasserinnen abhebt, in den Viten der ersten Schwesterngeneration als getreue Zeugnisse der Spiritualität der deutschen Dominikanerinnen um 1300 zu betrachten.

Was bestimmte diese Spiritualität? Wir klammern das Ordensspezifische, durch Regel und Konstitutionen Bedingte aus, und nennen nur das darüber hinaus Gemeingültige.

Armut gilt als hohe Tugend, ist ein Mittel zur Vollkommenheit und wird von vielen Schwestern radikal gelebt.

Durchgängig ist die Praxis der Askese. Sie geht in ihren (fast) immer extremen Formen auf die Zerstörung des Leibes aus. Elsbeth Stagel faßt im Tößener Schwesternbuch die asketischen Praktiken der Konventsschwestern folgendermaßen zusammen: „Sie übten auch äußerst schwere Disziplinen [der Terminus technicus für asketische Übungen] auch außerhalb der dafür vorgesehenen Zeiten, so daß etwa nach der Mette gut ihrer zwölf Disziplinen übten, wobei sie sich so heftig schlugen, daß es zum Grausen vor dem Kapitelhaus war. Etliche schlugen sich mit eisernen Ketten, etliche mit einer Peitsche, etliche mit Wacholderzweigen ... Sie waren auch sehr geduldig bei großem Mangel, den sie hatten an Speise und Trank, denn man gab ihnen nur zweimal in der Woche Wein. Sie waren auch sehr bescheiden in ihren Gewändern und in allem, und zumal die Hochgestellten in der Welt befleißigten sich, die verachtetsten Arbeiten zu verrichten." Vielfach gilt die Askese als religiöse Leistung schlechthin; sie hatte den Eigenwillen zu töten und die göttliche Gnade vorzubereiten.

Jedenfalls ist sie vielfach die Voraussetzung für die Begnadungen durch Visionen und Ekstasen, die zumeist im Zusammenhang mit dem Eucharistieempfang und der Compassio Christi, der Vergegenwärtigung des Leidens Christi, erfolgen. Am eindrucksvollsten stellt sie sich dar in der Leidensmystik der Mechthild von Stans (Töß), die zur *conformitas* mit Christus im Leiden gelangt. Zu ihr wie zu ihrer Mitschwester Elsbeth Bechlin steigt Christus vom Cruzifix hernieder. Die häufigste visionäre Begnadung ist indes der vertrauliche Umgang mit dem Jesuskind.

Die *unio mystica* ist fast immer mit visionären Zuständen verbunden. Die häufigste Erscheinungsform des Göttlichen ist das Licht. Sophie von Klingnau (Töß) schaut die Vereinigung ihrer fleckenrein gewordenen Seele mit dem himmlischen Licht, Ita von Hutwil (Ötenbach) diejenige von zwei Lichtgestalten. Wila (Weiler) trifft während der stillen Messe ein Licht, das von der sakramentalen Gestalt ausgeht, „und in diesem Licht vereinigte sich Gott gänzlich mit ihr". Die gleiche Gnade wird Mechthild von Hundersingen (Weiler) in ihrer Zelle zuteil. Die Unio erfolgt aber auch im *raptus* (mhd. *zuk*, Entrückung), der Leib und Seele trennt und diese der Dreifaltigkeit zuführt (Adelhausen, S. 156).

Eines ergibt sich aus der religiösen Vorstellungs- und Erlebniswelt der frühen Dominikanerinnen im Spiegel der Schwesternbücher mit aller Eindeutigkeit: Meister Eckhart – der hier für die *fratres docti* überhaupt stehen mag – fand in den Klöstern, die seiner „Pflege" und Kontrolle unterstanden, nicht nur evangelische Armut und Christus-Nachfolge als Grundlage klösterlichen Lebens vor, sondern eine besondere Empfänglichkeit für ein mystisches Vollkommenheitsleben mit Mitteln der Askese und der Vision. In den Voraussetzungen und im Ziel entsprach dies den eigenen religiösen Vorstellungen, in den *wîsen* indes, wie Eckhart alle Formen religiöser Vermittlung nennt, keineswegs. Das heißt auch: Der Prediger findet in diesen Kreisen zwar eine breite Verständnisgrundlage, aber stellt mit seinen spirituellen Ansprüchen zugleich deren religiöse Wert- und Erlebniswelt in Frage. Schon aus den Positionen der ‚Reden der Unterweisung' läßt sich das ablesen, noch deutlicher aus der Spiritualität des ‚Trostbuches' und der späten Predigten. Die frommen Klosterfrauen mögen indes kaum Eckharts Gegenposition des Freiwerdens von allem Eigenen empfunden haben. Sie standen, wie uns die im ersten Kapitel mitgeteilten Zeugnisse verraten, unter dem Eindruck einer überragenden, mit höchster theologischer Kompetenz ausgestatteten Persönlichkeit und des Charismas eines unvergleichlichen Predigers. Ausnahmen mag es freilich gegeben haben, und mit Sicherheit wurden Mißverständnisse ausgelöst, die die Hausspiritualen mit Argwohn erfüllten. Dies scheint mir aus der Selbstapologie im ‚Buch der göttlichen Tröstung' hervorzugehen (s. u. S. 125 ff.).

Man wird heute die Begegnung der Predigermönche mit der Welt der dominikanischen Klosterfrauen nicht mehr mit Denifle schlechterdings zum Ausgangspunkt der dominikanischen Mystik machen wollen, aber gewiß ist sie der sozialgeschichtliche Ort der spezifischen Ordensmystik. Bemerkenswert ist sodann vor allem, daß die *Predigt* zum eigentlichen Medium mystischer Lehre wird. Das ist klärlich ein Sonderfall in der Geschichte des mystischen Schrifttums. Bis jetzt und auch später außerhalb der deutschsprachigen Mystik waren der Traktat, der Dialog, der Sendbrief die eigentlichen Formen mystischer Aussage. Bernhards von Clairvaux Ansprachen über das Hohe Lied sind die große Ausnahme. Nun wird man sagen dürfen, daß die Situation und die Richtlinien der *cura monialium* die Predigt erforderten, die zusätzlich zu den Hauptaufgaben der Bettelorden gehörte. Insofern ist die *cura monialium* für die neue Predigtweise konstitutiv. Was aber die mystische Spiritualität dieser Predigten betrifft, so trat sie nur ins Leben, weil Vertreter einer mystischspekulativen Theologie Klosterfrauen zu predigen hatten, die bereits in einer Aura mystischer Vorstellungen lebten. Sicher dürfte sein, daß scholastisch-thomistisch orientierte Theologen, auch wenn sie spirituell hochgestimmten Klosterfrauen predigten, sich keineswegs der Sprache und Bildwelt der Mystik bedienten. Solche Prediger gab es auch, ja sie dürften in der Überzahl gewesen sein. Aber Geschichte machten die verhältnismäßig wenigen mystischen Prediger: Deren Predigtsammlungen – an der Spitze Johannes Taulers Predigtcorpus, das zu einem Sammelbecken wurde und später im Buchdruck verbreitet wurde – fanden weite Verbreitung und Nachahmung. Das 14. Jahrhundert ist in der Geschichte der deutschen Predigt unübersehbar das Jahrhundert der mystischen Predigt.

4.

Am 13. August 1317 machte der Bischof von Straßburg, Johann I. von Zürich (1306–1328), Klerus und Volk seiner Diözese mit einem *processus* bekannt, den er gegen *Begehardi* und *Swestriones*, die sich selber als „Brüder und Schwestern von der Sekte des freien Geistes und der freiwilligen Armut" bezeichneten, anstrengte. Aus dem ausführlichen Dokument, das er auch dem Bischof von Worms vermittelte, den er um Amtshilfe bat, geht hervor, daß er radikale Kreise, noch nicht die Beginen schlechthin, im Auge hatte.

Eine zweite Phase von Maßnahmen gegen die Beginen erfolgte auf Grund der am 25. Oktober 1317 veröffentlichten Clementinen des kanonischen Rechts, den „Errores Beguardorum et Beguinarum de statu perfectionis' (Bulle ‚Ad nostrum', Clem. V, Lit. III, c. 3) (s. o.), zusammen mit dem Dekretale ‚Cum de quibusdam mulieris', einer allgemeinen Stellungnahme zur Beginenfrage (ebd. c. 1). Abschließend zu ‚Ad nostrum' wird erklärt: „Wir verurteilen also nach dem Beschluß des Hl. Konzils [von Vienne] jene Sekte und ihre eben genannten Irrtümer voll und ganz und verbieten ausdrücklich und für immer, daß jemand solche Irrlehren des weiteren festhalte, verteidige oder approbiere. Wer dagegen handelt, soll die kanonischen Strafen erleiden." Offensichtlich trifft diese Verurteilung, die auf den doch primär die Begarden betreffenden *errores* beruht, die radikalen Gruppen der Brüder und Schwestern des Freien Geistes, also diejenigen, gegen die der Straßburger Bischof soeben vorgegangen war. Es konnte dem Dekretale aber auch entnommen werden, daß die Lebensform der Beginen als solche, nämlich ein geistliches Leben in geistlichem Gewande ohne approbierte Regel, verurteilt wurde, und in der Tat kam es unter Berufung auf das päpstliche Dekretale zu generellen Beginenverboten. Zwar bestimmte die eilends nachgereichte päpstliche Bulle ‚Racio recta' vom 13. August 1318, daß zwischen „guten" und „schlechten" Beginen zu unterscheiden sei, aber dies in der politischen Praxis zu respektieren schien ebenso schwer wie in unseren Tagen die Trennung von „guten" und „schlechten" Anhängern der Friedensbewegung, und jedenfalls war es, damals wie heute, am einfachsten, sich auf diese feinen Unterschiede gar nicht erst einzulassen. Als häretisch gefährdet konnte man die sich wohlverhaltenden Beginen allemal betrachten. So verbot Johann I. entgegen dem Sinn der kurialen Verlautbarung den Beginenstand in seiner Diözese und forderte die Betroffenen auf, ihre geistliche Tracht abzulegen und ihre religiösen Pflichten in den Stadtkirchen zu erfüllen. Gleichzeitig verlangte der Bischof von den Mendikanten, den Stand der Beginen nicht weiter zu „begünstigen", d. h. von deren geistlicher Betreuung abzusehen.

Damit wird aber deutlich, daß es in dieser Aktion nicht nur um die Beginen, sondern um die Bettelorden ging, die mit dem Beginenverbot an Einfluß verlieren sollten. Tatsächlich sind in den Jahren, von denen hier die Rede ist, schwerste Spannungen zwischen dem Stadtklerus – dem sich die alten Orden anschlossen –, dessen Interesse Bischof Johann in höchst parteiischer Weise vertrat, und den Bettelorden aktenkundig. Das bischöfliche Verbot mußte wenig später dahingehend modifiziert werden, daß den Bettelmönchen weiterhin die individuelle Seelsorge frommer Frauen, d. h. ehemaliger Beginen, deren Status rechtens aufgehoben blieb, gestattet war.

Es geht aus diesen Auseinandersetzungen hervor, daß die Dominikaner (mit den Franziskanern) nicht nur die *cura monialium* ihrer weiblichen Mitglieder des zweiten und dritten Ordens ausübten, sondern in gleicher Weise die Beginenhäuser betreuten. Das war insofern folgerichtig, als es ja kuriale wie Ordenspolitik war, offene Beginengemeinschaften in geschlossene, d. h. regulierte Ordenshäuser zu überführen. Damit verlor der Stadtklerus weiter an Einfluß (und Einnahmen), und in einer Stadt wie Straßburg, einer Hochburg der Beguinage mit 85 Beginenhäusern, waren dies beträchtliche Verluste. Das generelle Beginenverbot bot sich nun als willkommenes Mittel für den Stadtklerus an, wieder Boden gutzumachen. Im genannten bischöflichen Schreiben wurden die Mendikanten herausfordernd *fautores*, „Begünstiger" der Beginen genannt, und das kam im Hinblick auf den verbotenen Stand der „Begünstigten" einer Warnung oder gar einer Drohung gleich.

Zusätzlich erhellen die Straßburger Auseinandersetzungen der Jahre 1317–1319, daß die Drittordensgemeinschaften nicht immer deutlich von Beginenhäusern zu unterscheiden waren oder doch in der Praxis unterschieden wurden, was vielfach und auch in Straßburg dazu führte, daß mit dem Verbot der Beginen auch jene betroffen wurden. Freilich blieb dieser Übergriff Episode, da der heftige Protest der Bettelorden den Papst zu der Bulle ‚Etsi apostolice sedis' vom 23. Februar 1319 veranlaßte, die den geistlichen Status der Drittorden bestätigte.

In diesem Straßburg heftiger geistlicher Machtkämpfe um die Beginen lebte Meister Eckhart. Es kann, auch wenn unmittelbare Zeugnisse fehlen, kein Zweifel darüber bestehen, daß der Generalvikar und Sonderbeauftragte in der Teutonia unmittelbar und von Amtes wegen mit ihnen befaßt war. Im Einklang mit seinem Orden und mit seiner Berufung als Prediger eines wahren geistlichen Lebens in Gott stand er auf der Seite der Betroffenen und Verfolgten, und sicher war er darüber hinaus ihr Tröster und Beschützer.

Achtes Kapitel

Der ‚Liber benedictus'

1.

Wer nach Königsfelden im schweizerischen Kanton Aargau kommt, bewundert im Langhaus und namentlich im Chor der ehemaligen Klosterkirche die großartigen Glasfenster, darunter den unvergleichlichen Franziskus- und Klarazyklus. Die Kirche, zugleich Mausoleum der Habsburger, entstand, zusammen mit einem Franziskaner- und Klarissenkonvent (dieser wurde 1869 abgerissen, jener z. T. zur Heil- und Pflegeanstalt umgebaut), unweit der Stätte an der Reuß, wo König Albrecht I. von Habsburg am 1. Mai 1308 von seinem Neffen Herzog Johann von Schwaben ermordet wurde, auf dem Plateau südwestlich des Zusammenflusses von Aare und Reuß. Es ist dies der Boden des römischen Lagers Vindonissa, dessen Überreste bei den Bauarbeiten zum Vorschein kamen und dessen Wasserleitung den Klosterbrunnen speiste. Stifterinnen dieses habsburgischen Doppelklosters sind die Königinwitwe Elisabeth († 1313) und deren Tochter Agnes (1281–1364), Gemahlin des 1301 verstorbenen Königs Andreas III. von Ungarn. Diese, an Weisheit „die zweite Esther", wie Karl IV. meinte, eine „wunderbar listige, geschwinde Frau, gherzt wie ein Mann", wie der schweizerische Historiker Ägidius Tschudi schrieb, förderte und leitete fast ein halbes Jahrhundert lang die königliche Stiftung, ohne den Schleier zu nehmen, als halbgeistliche Frau mit besonderer Wohnung außerhalb des Klarissenkonvents, in dem sie aber aufgrund eines päpstlichen Privilegs nach Belieben ein- und ausgehen konnte.

Für diese Frau schrieb Meister Eckhart seinen ‚Liber benedictus'. Dieser Titel ist den Prozeßakten entnommen und bezieht sich auf das Textwort (2. Kor. 1,3) des ‚Buchs der göttlichen Tröstung' (BgT), wie der handschriftlich überlieferte Titel des Traktats lautet. Zum ‚Liber benedictus' gehört aber auch die Predigt ‚Vom edlen Menschen', auf die im ‚Buch der göttlichen Tröstung' ausdrücklich verwiesen wird (DW V, 45,1 f.).

Von der Predigt wird angenommen, sie sei vor der Königin gehalten worden. Ich halte dies für höchst unwahrscheinlich. Weder möchte ich an eine persönliche Begegnung denken noch an eine Predigt vor den Klarissen und Franziskanern in der (kaum fertigen) Klosterkirche in Königsfelden (sie wurde 1320 eingeweiht). Die Predigt ist als Lesepredigt anzusprechen – „wo ich ‚vom edlen Menschen' schreibe", heißt es an der soeben erwähnten Stelle – und wird der Königinwitwe mit dem Trostbuch durch einen Boten überreicht worden sein. Auch bei dieser Annahme bleibt es eigentümlich, daß Agnes, die Leiterin eines Klarissenklosters und schon immer, wie ihr ganzes Geschlecht, mit den Franziskanern eng verbunden, sich von einem Predigermönch ein Trostbuch schreiben läßt. Der Dominikaner stand aber wohl überhaupt nicht zur Diskussion, vielmehr der berühmte Theologe. Eckhart war nach seinem zweiten Pariser Magisterium der herausragende Gelehrte in Deutschland. Zudem war er als Vikar des Ordensgenerals in der Teutonia tätig, ja, wie bezeugt, im engsten Umkreis von Königsfelden. Agnes wird vom Ruhme Eckharts gehört haben, vielleicht durch ihre Stieftochter Elisabeth, die 1309, auf eigenen Wunsch, wie es in ihrer Vita des Tößener Schwesternbuches heißt (Vetter 100,20 ff.), ins Dominikanerinnenkloster Töß eingetreten ist. Gegenseitige Besuche sind bezeugt, was zur Vermutung führte, daß Eckhart die Predigt ‚Vom edlen Menschen' in Töß gehalten hätte. Die Anregung oder Aufforderung, der Königin eine Schrift zu dedizieren, kann über den Bischof von Konstanz oder Straßburg erfolgt sein; mit letzterem war Agnes bestens befreundet.

Traktat und Predigt bestätigen eine solche Vorgeschichte des ‚Liber benedictus'. Es ist in ihnen mit keinem Hinweis auf die Adressatin – auch nicht mit versteckten Anspielungen, die man glaubte aufdecken zu können – oder deren besondere Lebenssituation die Rede: bis auf den Trost, der indes generell dem *redelîchen* (einsichtigen) Menschen gilt (15,8). Trost, gewiß, hatte Agnes nötig wie jeder Mensch, aber die Trostgründe, die Eckhart vorträgt, beziehen sich nicht auf besonders harte Schicksalsschläge und Trauerfälle, sondern auf das Leid schlechthin. Es ist so eine völlig überflüssige Frage (die wir übrigens, weil es sich um ein Psychologicum handelt, gar nicht beantworten können), welches Leid, der Verlust des Gatten, der gewaltsame Tod des Vaters, der Tod der Mutter, die „leidgeprüfte" Königin, wie sie stereotyp in der Eckhart-Literatur genannt wird, am meisten getroffen hat. Sicher ist, daß Agnes, als sie in Königsfelden ihre Lebensaufgabe in der fürstlichen und religiösen Repräsentation ihres Hauses an einem Ort, der wenige Kilometer von der Stammburg Habsburg entfernt liegt, gefunden hatte, bereits jene Frau war, die „weise" wie die biblische Esther, „wunderbar listig" (klug), „geschwind" (beweglich, rasch in Entschlüssen) und „beherzt wie ein Mann" in die Historiographie eingegangen ist. Dennoch scheint sie nicht nur die Frömmigkeit der Adelswelt gelebt zu haben, die in der Noblesse des Stiftertums und frommer Werke zugleich das eigene Geschlecht und die eigene Person feierte. Jedenfalls war ihr Königsfelder Sitz keine ‚Residenz', sondern nach der ‚Königsfelder Chronik' *ein klein demütig hus, einer klosnerin wonung me zeschetzen denn einer künigin hof.* Die Geschichtsschreibung unserer Tage hegt auch keinen Zweifel mehr, daß Agnes nichts zu tun hat mit der namentlich durch Herzog Leopold, Agnes' jüngeren Bruder, grausam durchgeführten Blutrache, die auch völlig Unschuldige getroffen haben muß. Die Königin, die im Blut „wie im Maientau watete", scheint eine Unterstellung der rabiat antihabsburgischen schweizerischen Historiographie zu sein, die dann auch die Königsfelder Stiftung als Sühneakt für Untaten hinstellte. Dieses Bild blieb, durch den großen schweizerischen Geschichtsschreiber Johannes von Müller (1752–1809) eindrucksvoll vermittelt, bis ins späte 19. Jahrhundert erhalten: Man lese C. F. Meyers Gedicht ,Frau Agnes und ihre Nonnen'. Es ist dann mit der Agnes-Biographie des Hermann von Liebenau (1868) durch ein betuliches Heiligenbild mit Habsburgerverehrung ersetzt worden, das nun freilich der geschichtlichen Wirklichkeit auch nicht entsprechen dürfte. Indes berührt es Eckhart und seinen ,Liber benedictus' keineswegs, wer Agnes in Wirklichkeit gewesen ist.

Mit den bisherigen Ausführungen habe ich den Zeitpunkt der Entstehung des ,Liber benedictus' stillschweigend in Eckharts Straßburger Jahre gelegt. Es gilt indes die Chronologie des Trostbuches mit der Predigt ,Vom edlen Menschen' bis auf den heutigen Tag als ungesichert. Indem man vor allem auf die Chronologie der Leiden der Empfängerin abhob, gelangte man zu einer Entstehungszeit von 1308 bis 1313/1314. Hätte man auch mit Gründen der im ,Liber benedictus' vorgetragenen Doktrin argumentiert, so wäre nur der späte Termin, aber kaum mit dem Tode der Königin Elisabeth (1313), sondern sehr viel wahrscheinlicher mit dem Beginn von Agnes' halbgeistlichem Leben nach der Überführung der Gebeine ihrer Mutter nach Königsfelden (1318) in Frage gekommen. (Darauf komme ich an späterer Stelle noch einmal zurück.) Für den, der gelernt hat, die Schriften Eckharts im biographischen Kontext zu lesen, gibt es nämlich keinen Zweifel darüber, daß die im Trostbuch vertretene Theologie das zweite Magisterium Eckharts voraussetzt. Es werden hier Lehrpunkte des ,Opus tripartitum' wie die Analogie und die Univozität sehr präzis auf deutsch expliziert. Die folgende Analyse wird dies bestätigen.

Auch feinsinnige Beobachtungen über die häufige Verwendung des Begriffs ,Vater' im ersten Teil des Trostbuchs, als Widerhall des Unglücks des Vaterverlustes verstanden, kann den frühen Zeitansatz nicht rechtfertigen, ist das wiederholte „Vater" doch bedingt durch das Textwort „Gelobet sei Gott und der Vater unseres Herrn Jesus Christus, Vater der Barmherzigkeit und Gott allen Trostes" (1. Kor. 1,3f.). Es ist Gott der *Vater*, den sich der Christ als Tröster vorstellt, und so bedarf es keiner Erklärung, daß er in einem Buche, das Trost spenden will, lebhaft mit seinem Namen herbeigerufen wird.

2.

Die mittelalterliche christliche Trostliteratur, die in Briefen, Dialogen, seltener in Traktaten ihre Form gefunden hat, ist durch eine tiefgreifende Ambivalenz gekennzeichnet, die schon in der paulinischen Theologie angelegt ist. Da ist einerseits die Ermahnung des Apostels in 1. Thess. 4,13 bis 18: „Wir wollen euch aber nicht in Unkenntnis lassen, ihr Brüder, über die Entschlafenen, damit ihr nicht trauert wie die übrigen, die keine Hoffnung haben"; denn, so heißt es weiter, der auferstandene Christus hat den Tod überwunden und wird die Gläubigen am Tage des Jüngsten Gerichtes mit ihm zusammenführen. Das ist der christliche Trost im Gegensatz zu denen, „die keine Hoffnung haben". Hinzu kommt, daß dem irdischen Leben als solchem kein Wert beizumessen ist; der Tod, der ihm ein Ende setzt, kann so seine Schwere verlieren. Andererseits ist das Mitleid als Liebesgebot eine Christenpflicht. „Weinet mit den Weinenden", mahnt Paulus die Römergemeinde (12,15). Da ist also der Tod, der den „Stachel" verloren hat (1. Kor. 15,55), und da ist das Werk der Barmherzigkeit gegenüber dem Leidbeschwerten. Das frühe Christentum, zumal in der Abhebung von heidnisch–lauter oder rhetorisch–stilisierter Totenklage, pflegte vor allem die Trostparänese im Blick auf den Auferstehungsglauben; in den Jahrhunderten des Mittelalters mit der wachsenden Volksseelsorge kam der Klerus nicht umhin, einerseits die Schrecken des Todes als Warnung und Mahnung unbußfertiger Menschen zu predigen, aber auch, was in unserm Zusammenhang allein entscheidend ist, den von Leid und Verlust Getroffenen durch Trost aufzurichten: dies ist die *ordinatio consolandi* als Werk der Nächstenliebe. So hatte es schon der Apostel Jakobus formuliert: „Ein reiner und unbefleckter Dienst vor Gott ist dieser, Waisen und Witwen in ihrer Trübsal zu besuchen" (1,27).

Trösten ist eine Aufgabe der Seelsorge. Für das ganze Mittelalter war maßgebend Gregors des Großen ,Pastoralregel', die erklärt, daß die „Ermahnung", die auch den Trost umschließt, für jeden verschieden sein soll; er berücksichtigt dabei nicht weniger als drei Dutzend Kontrastpaare (l. III, c.1): „Anders sind zu mahnen Männer und anders Frauen; anders die Jungen und anders die Alten, anders die Armen und anders die Reichen, anders die Fröhlichen, anders die Trauernden, anders Untergebene, anders Vorgesetzte, anders die Diener, anders die Herren; anders Weise, anders Einfältige . . .". Darüber hinaus ist auch moderne Seelsorge kaum gelangt.

Vom Grundanliegen her läßt sich Eckharts Trostbuch nicht zwanglos in die mittelalterliche *consolatio*-Literatur einordnen, aber es steht keineswegs, wie man immer wieder glaubte betonen zu müssen, außerhalb dieser Tradition. Verschoben sind die Gewichtungen. Mit dem Verzicht, den persönlichen Anlaß des Trostes auch nur anzusprechen, fehlt ein subjektbezogenes pastorales Element – was moderne Theologen glaubten rügen zu müssen (Sudbrack) –, keineswegs aber Trost und Ermahnung schlechthin. Selbst das „Weinen mit den Weinenden“ fehlt nicht: Es heißt vom Menschen, der einen Freund im Leid hat, es wäre billig, „daß er bei ihm wäre und ihn tröste mit seiner Gegenwärtigkeit und mit Trost“ (49,15 ff.), und aus dieser zwischenmenschlichen Situation heraus werden anschließend sieben besondere Trostgründe formuliert. Gewiß fehlen im Trostbuch auch die Bewertung und Überwindung der Trauer im Auferstehungsglauben, aber keineswegs die christologische Leidtheologie, wie sie sich im 12. und 13. Jahrhundert herausgebildet hat. Und sicher ist für Eckhart das Leid zwar letztlich in der mystischen Einheit mit dem Göttlichen aufgehoben, aber auch wiederum ganz konkret gegenwärtig im Leiden des Sohnseins. Es scheint heute nötig, diese Elemente zu betonen, um Eckhart nicht um seiner Einzigartigkeit willen außerhalb der geistigen Welt anzusiedeln, in der er lebte.

3.

Eckhart hat sein Trostbuch in drei Teile gegliedert. Der erste spricht von Wahrheiten, denen „zu entnehmen ist, was den Menschen wahrhaft und vollständig trösten kann und wird in allem seinem Leid“ (8,11 ff.); der zweite bietet „ungefähr dreißig“ Trostgründe, der dritte „Vorbilder in Werken und Worten“ weiser Männer im Leid. Das Schwergewicht liegt auf dem 1. Teil: er formuliert Eckharts neue, d. h. dem ‚Opus tripartitum‘ entsprechende Einheitsmetaphysik als Grundlage wahren Trostes für das leidbeschwerte Herz. Er sei hier teils im Wortlaut, teils referierend und erläuternd vorgetragen.

Eckhart setzt ein wie in einer theologischen Abhandlung: „Zum ersten muß man wissen“, und verdeutlicht damit, daß er keine landläufige Pastoralhilfe zur Hand hat. „Zum ersten muß man wissen, daß der Weise und die Weisheit, der Wahre und die Wahrheit, der Gerechte und die Gerechtigkeit, der Gute und die Güte [im Sinne von ‚Gutheit‘ als Transzendentale] aufeinander Bezug nehmen, und dies in folgender Weise: Die Güte ist weder geschaffen noch gewirkt noch geboren, aber sie ist gebärend und gebiert den Guten; und der Gute, insofern er gut ist, ist ungewirkt und ungeschaffen und doch geborenes Kind und Sohn der Güte. Die Güte gebiert sich und alles, was sie ist, in den Guten; Wesen, Wissen, Lieben und Wirken gießt sie allzumal in den Guten, und der Gute empfängt sein ganzes Sein, Wissen, Lieben und Wirken aus dem Herzen und Innersten der Güte und von ihr allein“ (9,4–12). Was Eckhart hier formuliert, ist die Analogie zwischen dem Göttlichen und Geschöpflichen am Beispiel der Güte als einem Transzendentale, das mit Gott identisch ist (s. o. S. 82 ff.). Als Erstursache ist Gott nicht „hervorgebracht“ (um die Dreiheit „geschaffen“, „gewirkt“ (mhd. *gemacht*), „geboren“ zusammenzufassen), aber „gebärend“, sich verströmend, und zwar in allem, was er ist. Diese ganze göttliche Wesenheit empfängt der Gute, freilich nur „insofern er gut ist“ – Eckharts „hermeneutisches Schlüsselwort“! –, und als solcher ist er nicht geschöpflich, indes „geborenes Kind und Sohn der Güte“. Mit letzterem ist die Differenz ausgesprochen: die Gotteskindschaft und die Gottessohnschaft.

„Der Gute und die Güte sind nichts als *eine* Güte, völlig eins in allem, abgesehen vom Gebären und Geboren-Werden. Doch ist das Gebären der Güte und das Geboren-Werden in dem Guten völlig *ein* Sein, *ein* Leben. Alles, was zum Guten gehört, empfängt er von der Güte und in der Güte. Dort ist und lebt und wohnt er“ (9,12–16).

Mit dem Ineins des Gebärens und des Geboren-Werdens ist der Übergang zur Univozität vollzogen. Worauf sie gründet, machen die anschließenden Schriftworte klar (Joh. 14,10; 5,17; 17,10): sie sprechen nämlich die Gleichheit des Vaters mit dem Sohn aus. Die trinitarische Vater-Sohn-Beziehung ist Modell der Gleichheit von Güte – der Gute (insofern er gut ist). Das bestätigt wenig später die Aussage, daß das, was vom Guten und der Güte gesagt worden ist, auch Gültigkeit hat für den Wahren und die Wahrheit, den Gerechten und die Gerechtigkeit, für den Weisen und die Weisheit, für Gottes Sohn und Gott den Vater (10,11–14).

Die Gleichheit, die in der Vater-Sohn-Beziehung ausgesprochen wird, ist eine (im Sinne der Trinitätslehre) prozessuale: sie ereignet sich und wird vom Evangelisten Johannes bestätigt, der spricht, daß „allen denen Macht und Vermögen gegeben ist, Gottes Söhne zu werden, die nicht vom Blute noch vom Willen des Fleisches noch vom Willen des Mannes, sondern von Gott und aus Gott allein geboren sind“ (Joh. 112 f.). An späterer Stelle, im 2. Teil des Traktats, wo Eckhart ausführlich über das innere und äußere Werk spricht (s. u. S. 123), wird diese Verheißung näher beschrieben, als Gottesgeburt: „Das innere Werk nimmt und schöpft sein ganzes Sein nirgends als von und in Gottes Herzen; es nimmt den Sohn und wird als Sohn geboren in des himmlischen Vaters Schoß“ (41,1–3).

Das geheimnisvolle Johannes-Wort 1,12 f. erfährt anschließend eine längere Auslegung: „Unter dem ‚Blut‘“ versteht er alles, was im Menschen nicht dem Willen des Menschen untertan ist. Unter dem ‚Willen des Fleisches‘ versteht er alles, was im Menschen zwar seinem Willen untertan ist, aber doch mit Widerstreben und Widerstreit, und was dem Begehren des Fleisches zuneigt und was der Seele und dem Leibe gemeinsam ist und sich nicht eigentlich allein in der Seele findet; und demzufolge werden diese Seelenkräfte (gemeint sind die niedrigen Seelenkräfte) müde, schwach und alt. Unter dem ‚Willen des Mannes‘ versteht Sankt Johannes die höchsten Kräfte der Seele, deren Natur und Wirken unvermischt ist mit dem Fleisch und die in der Seele Lauterkeit stehen, von Zeit und Raum und von allem abgeschieden, was noch irgendeinen Bezug oder Hinneigung hat zu Zeit und Raum, (vielmehr) mit nichts (Kreatürlichem) mehr etwas gemein haben, in denen der Mensch nach Gott gebildet, in denen er von Gottes Geschlecht und Gottes Sippe ist. Und doch, da sie nicht Gott selbst sind und in der Seele und mit der Seele geschaffen sind, so müssen sie ihrer selbst entbildet und in Gott allein überbildet und in Gott und aus Gott geboren werden, auf daß Gott allein (ihr) Vater sei, denn so auch sind sie Söhne Gottes und Gottes eingeborener Sohn. Denn alles dessen bin ich Sohn, was mich nach ihm und ihm gleich bildet und gebiert. Ein solcher Mensch, Gottes Sohn, gut als Sohn der Güte, gerecht als Sohn der Gerechtigkeit, soweit er einzig ihr [der Güte und der Gerechtigkeit] Sohn ist, ist eingeboren-gebärend, und der geborene Sohn hat dasselbe eine Sein, das die Gerechtigkeit hat und ist und tritt in alle Eigenschaften der Gerechtigkeit und der Wahrheit“ (10,21–11,19).

Unter den Seelenkräften, die „nach Gottes Geschlecht und Gottes Sippe“ sind, versteht Eckhart nach Augustin Gedächtnis, Vernunft und Wille (Liebe), die die göttliche Trinität abbilden. Eckhart betont ihre Geschaffenheit, was zugleich bedeutet, daß sie nicht „von Natur“ „Gott selbst“ sind; vielmehr müssen sie sich ihrer selbst entbilden und in Gott „überbildet“ und in ihm und aus ihm geboren werden: erst dann ist die Einheit der Sohnschaft gegeben, die noch einmal mit der Univozitätsformel beschrieben wird. Das „Entbilden“, das Freiwerden von allem Geschaffenen, die Voraussetzung für die „Überbildung“ in Gott, zeigt die Aktivität des Menschen an, setzt ein asketisches Programm voraus, das dann im 2. Teil wieder aufgegriffen wird. In diesem Punkt knüpft das ‚Buch der göttlichen Tröstung‘ an die ‚Reden der Unterweisung‘ an, deren Tenor das Freiwerden von allem Kreatürlichen ist. Das „Überbilden“ wird man im Sinne Eckharts als Akt der Gnade beurteilen dürfen.

Die ganze bis zu dieser Stelle vorgetragene „Wahrheit“, d. h. alle deren Kernsätze, hat der 1. Kölner Zensor, aufgegliedert in 4 Abschnitte, inkriminiert – ohne Begründung: es sollten nur Materialien für das Inquisitionsverfahren bereitgestellt werden. Es wird aber deutlich, daß dem Prüfer der Analogiebegriff suspekt war, mit anderen Worten: Ihm schien die Grenze zwischen Gott und Mensch nicht eindeutig gezogen. In der Tat betont Eckhart die Einheit – sie hat ja das Ziel unserer Existenz zu sein –, nicht das Trennende. In der ‚Rechtfertigungsschrift‘ – auf die wir immer wieder vorverweisen müssen – erläutert Eckhart ausführlich seinen Analogiebegriff, das *inquantum*, der Gute und die Gutheit, aber auch die Univozität, nämlich die Einheit des Gebärens und Geborenwerdens (indem die Frau gebiert, wird das Kind geboren): „Tun und Empfangen sind zwar gleicherweise zwei erste Prinzipien, aber nur *eine* Bewegung; denn Bewegen und Bewegtwerden entsteht und vergeht gleichzeitig“ (Théry,

S. 187). Von diesen allgemeinen Bemerkungen her bestätigt Eckhart, z. T. mit Emphase, die Wahrheit der inkriminierten Sätze.

Eckhart wollte die von ihm zu Beginn des Trostbuches vorgetragene „Wahrheit“ ausdrücklich als *consolatio* verstanden wissen. Er fährt so fort: „Aus all dieser Lehre, die im heiligen Evangelium geschrieben steht und im natürlichen Licht der vernunftbegabten Seele mit Sicherheit erkannt wird (diese Formulierung entspricht genau der *intentio* des Schriftkommentators, s. S. 75), findet der Mensch wahren Trost für alles Leid“ (11,20–22). Dazu findet sich in der ‚Rechtfertigungsschrift‘ eine eindrucksvolle Präzisierung: „Dies aber und alles Ähnliche in dem Buch ‚Benedictus Deus‘ dient zum sittlichen Leben, zur Hintansetzung und Verachtung des Zeitlichen und Materiellen und zur Liebe Gottes, des höchsten Gutes“ (Théry, S. 188). Worin besteht aber dieser „wahre Trost“? Eckhart fährt fort:

„Sankt Augustin spricht: Für Gott ist nichts fern und nichts langwährend. Willst du, daß dir nichts fern und langwährend sei, so füge dich zu Gott, denn da sind tausend Jahre wie der heutige Tag. In dieser Weise sage (auch) ich: In Gott ist weder Traurigkeit noch Leid noch Ungemach. Willst du frei sein von allem Ungemach und aller Traurigkeit, so halte dich und kehre dich unbedingt allein zu Gott. Sicherlich, alles Leid kommt nur daher, daß du dich nicht allein in Gott und zu Gott kehrst. Stündest du ausschließlich in der Gerechtigkeit gebildet und geboren, fürwahr so könnte dich ebensowenig etwas in Leid bringen wie die Gerechtigkeit Gott selber“ (11,23–12,7). „Darum soll der Mensch sich sehr befleißigen, daß er sich seiner selbst und aller Kreaturen entbilde und keinen Vater kenne als Gott allein: so kann ihn nichts in Leid versetzen noch betrüben, weder Gott noch Kreatur, weder Geschaffenes noch Ungeschaffenes, und sein ganzes Sein, Leben, Erkennen, Wissen und Lieben ist aus Gott und in Gott und (ist) Gott (selbst)“ (12,21–13,4). Bezeichnend ist hier, wie schon im nicht zitierten Anschluß an die vorangehende Stelle, die Rückbindung der Ermahnung an den metaphysischen Grund. Das gilt auch für den Schlußabschnitt des ersten Teils.

Eckhart greift zunächst einen in der Trostliteratur bekannten Gedanken auf: „Nun sage ich weiter, daß alles Leid aus der Liebe zu dem kommt, was mir der Schaden genommen hat. Ist mir nun denn ein Schaden an äußeren Dingen leid, so ist dies ein wahres Zeichen dafür, daß ich äußere Dinge liebe und in Wahrheit also Leid und Untrost liebe. Was Wunder also, daß ich dann in Leid gerate, wenn ich Leid und Untrost liebe und suche? Mein Herz und meine Liebe eignen das Gutsein der Kreatur zu, das (doch) Gottes Eigentum ist. Ich kehre mich der Kreatur zu, von der naturgemäß Untrost kommt, und kehre mich von Gott ab, von dem aller Trost ausfließt. Was Wunder dann, daß ich in Leid gerate und traurig bin? Wahrlich, es ist Gott und der ganzen Welt schlechterdings unmöglich, daß der Mensch wahren Trost finde, der Trost bei den Kreaturen sucht. Wer aber einzig Gott in der Kreatur liebte und die Kreatur einzig in Gott, der fände wahren, rechten und angemessenen Trost allerorten“ (14,9–15,4).

Der Satz „Mein Herz und meine Liebe eignen [wenn ich äußere Dinge liebe] das Gutsein der Kreatur zu, das doch Gottes Eigentum ist“, fällt nicht besonders auf, er steht indes auf der ersten Liste des Kölner Zensors (Théry, S. 161). Warum? Dem Rechercheur dürfte aufgefallen sein, daß diese Aussage der früheren entspricht, der Gute und die Güte seien eine einzige Güte (s. o. S. 121), was das gute sittliche Handeln auszuschließen scheint, und Eckhart bestätigt in der ‚Rechtfertigungsschrift‘ diesen Zusammenhang: „wenn es [in der Anklageschrift] heißt, ‚Mein Herz und meine Liebe‘ usw., so ist dies wahr. Das nach außen gerichtete Werk, das aus sich, sofern es ohne Liebe getan wird, keinerlei sittliche Güte oder Verdienst besitzt, empfängt, aus der Liebe bewirkt, ein Sein aus dem Nichtsein und ist nun die ganze Welt wert, und Gott ist der einzige Lohn“ (Théry, S. 189).

Ausführlich wird das äußere und innere Werk im 2. Teil des Trostbuches thematisiert (38,3–41,7). „Auch soll man wissen, daß zweifellos schon natürliche Tugend so edel und so kräftig ist, daß ihr kein äußeres Werk zu schwer ist und groß genug, sich daran und darin zu erweisen und sich darein einzubilden. Und darum gibt es ein inneres Werk, das weder Zeit noch Raum umschließen noch umfassen kann, und in dem selbst ist etwas, das göttlich und Gott gleich ist, den (gleichfalls) weder Raum noch Zeit umschließt – er ist allenthalben und allezeit gegenwärtig –, und es ist auch darin Gott gleich, daß ihn keine Kreatur vollkommen in sich aufzunehmen noch Gottes Güte in sich einzuformen vermag. Und deshalb muß es etwas Innerlicheres und Höheres und Ungeschaffenes geben, ohne Maß und ohne Weise, in das sich der himmlische Vater völlig einzuprägen und einzugießen und in dem er sich zu manifestieren vermag: das sind der Sohn und der Heilige Geist. Auch kann jemand das innere Werk der Tugend so wenig hindern, wie man Gott hindern kann. Das Werk glänzt und leuchtet Tag und Nacht. Es lobt und singt Gottes Lob und einen neuen Gesang“ (38,3–16). Auch dieser Abschnitt findet sich in der ersten Kölner Liste der häretisch verdächtigen Aussagen Eckharts. Das „Innerlichere, Höhere und Ungeschaffene“, das „ohne Maß und ohne Weise“ ist, „in das sich der himmlische Vater völlig einzuprägen und einzugießen und in dem er sich zu manifestieren vermag“, und zwar im Sohn und im Heiligen Geist, ist eine Gleichsetzung der beiden ersten trinitarischen „Ausgänge“ *(processiones)* mit dem obersten Seelenvermögen, die als unorthodox zu gelten hat. Eckhart verteidigt sich mit dem Hinweis auf Luk. 17,21 („Gottes Reich ist in euch“). „Dies abzuleugnen oder zu bekämpfen verrät die größte Unwissenheit“ (Théry, S. 190). Er will damit die ethische Aussage der Stelle betonen, und in der Tat hat besonders die alte und östliche Kirche immer wieder das eigentliche Tugendwerk des Menschen als Gestaltgewinnung Gottes im Herzen des Menschen angesprochen. Die Zensoren nahmen indes die Aussage als eine ontologische. An dieser Stelle erweist sich der früher herausgestellte Perspektivenwechsel Eckharts als ernsthaftes Problem. Wer sagt dem Leser oder Hörer, was ethische und was ontologische Aussage ist?

Nach einigen ergänzenden Ausführungen kommt das bereits zitierte eindrucksvolle Bild vom Stein, der niederfällt und auf der Erde aufliegt und der am Fallen gehindert werden kann [äußeres Werk], und die Neigung des Steins zum Fallen, die „angeboren" ist und ihm niemand nehmen kann [inneres Werk]. „Genau so", fährt Eckhart fort, „sage ich von der Tugend, sie habe ein inneres Werk: ein Streben und Neigen zu allem Guten und ein Fliehen und Widerstreben weg von allem dem, was böse und übel ist, der Güte und Gott ungleich" (39,8–10). Es ist damit die altchristliche Synteresis-Lehre angesprochen, die auch in Eckharts Vorstellung vom Seelenfünklein eingegangen ist (s. u. S. 147).

Trost heißt Leidbewältigung. Sie ereignet sich im „Einbilden" in jene Güte, die Gottes ist. „Einen guten Menschen, insofern er gut und allein von der Güte geboren und ein Abbild der Güte ist, dem ist alles, was geschaffen ist und ‚dies und das' unleidlich, eine Bitternis und ein Schaden. Und dies verlieren heißt daher Leid und Ungemach und Schaden loswerden und verlieren. Wahrlich, Leid verlieren ist wahrer Trost. Darum soll der Mensch keinen Schaden beklagen. Er soll vielmehr beklagen, daß ihm Trost unbekannt ist, daß ihn Trost nicht zu trösten vermag, so wie der süße Wein dem Kranken nicht schmeckt. Er soll beklagen, wie ich oben geschrieben habe, daß er der Kreaturen nicht gänzlich entbildet und nicht mit seinem ganzen Sein der Güte eingebildet ist" (26,16–27,7).

Es gibt aber auch die Leidbewältigung in der Bejahung des Leids. Eckhart macht hier deutlich, daß ihm christologisches Denken keineswegs, wie immer wieder betont wurde, unbekannt ist. „Noch gibt es einen anderen Trost. Sankt Paulus spricht, daß Gott alle züchtigt, die er zu Söhnen annimmt und empfängt (vgl. Hebr. 12,6). Wenn man Sohn sein will, gehört es dazu, daß man leidet. Weil Gottes Sohn in der Gottheit und in der Ewigkeit nicht leiden konnte, darum sandte ihn der himmlische Vater in die Zeit, auf daß er Mensch würde und leiden könnte. Willst du denn Gottes Sohn sein und willst doch nicht leiden, so hast du gar unrecht. Im Buch der Weisheit steht geschrieben (vgl. 3,5 f.), daß Gott prüft und erprobt, wer gerecht sei, so wie man Gold prüft und erprobt und brennt in einem Schmelzofen" (48,3–10). „Gottes Sohn von Natur wollte aus Gnade Mensch werden, auf daß er um deinetwillen leiden könnte, und du willst Gottes Sohn werden und nicht Mensch, damit du nicht leiden mögest und zu leiden brauchst um Gottes noch um deiner selbst willen! Wollte der Mensch sich auch bewußt werden und bedenken, wie große Freude wahrlich Gott selbst nach seiner Weise und alle Engel und alle, die Gott kennen und lieben, an der Geduld des Menschen haben, wenn er um Gottes willen Leid und Schaden erduldet, wahrlich, durch das allein schon müßte er sich von Rechts wegen trösten" (49,6–12). „Gott leidet mit dem Menschen, ja er leidet auf seine Weise eher und ungleich mehr, als der da leidet, der um seinetwegen leidet. Nun sage ich: Will denn Gott selbst leiden, so soll ich billigerweise (auch) leiden, denn, steht es recht mit mir, so will ich, was Gott will. Ich bitte alle Tage, und Gott heißt es mich bitten: ‚Herr, dein Wille geschehe!‘ Und doch, wenn Gott das Leiden will, so will ich über das Leiden klagen – das ist gar unrecht! Auch sage ich gewißlich, daß Gott so gern mit uns und für uns leidet, wenn wir allein um Gottes willen leiden, daß er leidet ohne Leiden. Leiden ist ihm so erquicklich, daß Leiden für ihn nicht Leiden ist. Und darum, wäre es recht um uns bestellt, so wäre auch für uns Leiden nicht Leiden, es wäre Wonne und Trost" (51,6–15).

Mit dieser Leidensspiritualität steht Eckhart in einer Tradition, die durch alle christlichen Jahrhunderte hindurch in Predigt und asketischer Praxis lebendig gewesen ist, indes seit Bernhard von Clairvaux zum dominanten Inhalt christlicher Lebenshaltung, zumal monastischer Frömmigkeit, wurde. Eckhart zitiert in diesem Zusammenhang einen Kernsatz des Heiligen: „Herr bist du mit uns im Leiden, so gib mir allezeit Leiden, damit du bei mir bist, daß ich dich allezeit habe" (51,2f.).

4.

Am Schluß des Trostbuches wendet sich Eckhart ‚in eigener Sache‘ an den Leser. Es ist außer der lateinischen ‚Rechtfertigungsschrift‘, die ihm das Inquisitionsverfahren aufnötigte, und der öffentlichen Erklärung in der Kölner Dominikanerkirche die einzige zusammenhängende Autorrechtfertigung. Mancher „grobsinnige Mensch", so sagt Eckhart, „wird vieles, was ich hier und anderswo geschrieben habe, als unwahr erklären". Dem will er mit einem Wort aus den ‚Bekenntnissen‘ Augustins entgegentreten, der im Zusammenhang einer schwierigen theologischen Aussage erklärt: „Was kann ich dafür, wenn jemand das nicht versteht?" (60,5–11). Auch Nikolaus Cusanus beruft sich in der ‚Apologia doctae ignorantiae‘ auf dieses Wort. Eckhart fährt fort: „Mir genügt's, daß in mir und in Gott wahr sei, was ich spreche und schreibe. Wer einen Stab sieht, der ins Wasser getaucht ist, den dünkt der Stab krumm, obschon er ganz gerade ist, und das kommt daher, daß das Wasser gröber ist als die Luft; gleichwohl ist der Stab sowohl an sich als auch in den Augen desjenigen, der ihn nur in der Lauterkeit der Luft sieht, gerade und nicht krumm. – Sankt Augustin sagt: ‚Wer ohne vielfältige Begriffe, vielfältige Gegenständlichkeit und Bildvorstellungen innerlich erkennt, was kein äußeres Sehen vermittelt hat, der weiß, daß dies wahr ist. Wer aber davon nichts weiß, der lacht und spottet meiner, ich aber bedaure ihn. Aber gerade solche Leute wollen ewige Dinge und göttliche Werke schauen und empfinden und im Lichte der Ewigkeit stehen, und dabei flattert ihr Herz noch im Gestern und Morgen' [in dieser Form nicht nachgewiesenes Zitat]. – Ein heidnischer Meister, Seneca, spricht: ‚Man soll von großen und hohen Dingen mit großen und hohen Sinnen sprechen und mit erhabener Seele' *[magno animo de rebus magnis iudicandum est]*. Auch wird man sagen, daß man solche Lehren nicht für Ungelehrte sprechen und schreiben solle. Dazu erkläre ich: Soll man nicht ungelehrte Leute lehren, so wird niemals wer mit Lehre bedacht, und so kann niemand lehren oder schreiben. Denn darum lehrt man die Ungelehrten, daß sie aus Ungelehrten zu Belehrten werden. Gäbe es nichts Neues, so würde nichts Altes. ‚Die gesund sind', sagt unser Herr, ‚bedürfen der Arznei nicht' (Luk. 5,31). Dazu ist der Arzt da, daß er die Kranken gesund mache. Ist aber jemand, der diese Worte nicht richtig versteht, was kann der Mensch dafür, der dieses Wort, das recht ist, recht äußert? Sankt Johannes verkündet das heilige Evangelium allen Gläubigen und auch allen Ungläubigen, auf daß sie gläubig werden, und doch beginnt er das Evangelium mit dem Höchsten, was ein Mensch über Gott hier auszusagen vermag, und oft sind denn auch seine sowie unseres Herrn Worte unrecht aufgefaßt worden" (60,13–61,9).

Diesem Text, viel, aber immer nur punktuell herangezogen, ist vieles zu entnehmen. Zunächst dies, daß Eckhart von vornherein über die Königin Agnes hinaus an eine laikale Leserschaft gedacht hat; jene war nicht mehr als Veranlasserin und Erstempfängerin der Schrift. Das Erregende aber ist dies, daß sich Eckhart glaubt verteidigen zu müssen: wegen der Schwierigkeit der theologisch-spirituellen Aussage vor ungelehrten Leuten, wegen der möglichen Mißverständnisse, der höheren Belehrung der Ungelehrten überhaupt. Eckhart kleidet den Großteil seiner Apologie in Zitate, aber nur das erste ist in dieser Form nachzuweisen, in den übrigen prägt er selbst so sehr die Worte, daß sie uneingeschränkt als Eigenaussagen zu gelten haben. Charakteristisch ist, wie Eckhart ein bescheidenes Seneca-Wort zu einer emphatischen Aussage steigert. – Wer sind die Ankläger? Mit „grobsinnigen Menschen" bezeichnet Eckhart deren Urteilslosigkeit und Unzuständigkeit; diese Leute, die über ihn lachen und spotten, erheben indes den Anspruch, ewige Dinge und göttliche Werke zu schauen und im Lichte der Ewigkeit zu stehen, rechnen sich mit anderen Worten zu den Erleuchteten und Begnadeten. Ich möchte nicht annehmen, daß Eckhart nur einen fiktiven Widerpart eingesetzt hat, um mystische Spekulation in der Volkssprache und im Hinblick auf den ‚Liber benedictus' von vornherein zu legitimieren. Er spricht ja auch von

Aussagen, die er anderswo getan hat. Er hat also Kritik erfahren, und sicher betrifft sie nicht sein gelehrtes Werk, in dem theologische Subtilitäten ja gerade ihren Ort haben, sondern die Predigt in der Volkssprache, die in der Straßburger Zeit zu seinen Hauptaufgaben gehörte. Sie beruht wie der ,Liber benedictus' auf der neu- und weiterentwickelten Gotteslehre des ,Opus tripartitum'. Daß sie Klosterfrauen vorgetragen wurde, darüber haben wir Zeugnisse, ebenso daß sie oft nicht verstanden wurde. Sie dürfte auch gelegentlich Verwirrung ausgelöst haben, besonders dort, wo wie in Töß, Katharinental und Ötenbach eine hochgespannte asketische Spiritualität herrschte, die die Vollkommenheit zum Ziele hatte. Die Nonnen fanden in Meister Eckharts Predigt einen ähnlichen Zug zum Höchsten und Unbedingten, indes aufgrund völlig anderer Voraussetzungen. Mißverständnisse, Betroffenheit, Infragestellen religiöser Praktiken sind leicht denkbar, ja fast unvermeidlich und mögen Anlaß zu der Kritik gewesen sein, auf die sich Eckhart im Trostbuch bezieht. Am ehesten dürfte sie von den regulären Seelsorgern ausgegangen sein, die die asketischen Praktiken, die Visionen und Begnadungen der frommen Schwestern zu fördern sich berufen sahen. Man darf nicht vergessen, daß Eckhart als Vikar des Ordensgenerals eine Sonderrolle spielte, und es ist nicht schwer sich auszudenken, daß sie als solche delikat war und Konflikte zwischen den örtlichen und überregionalen Instanzen auslösen konnte. Die Entschiedenheit und die Leidenschaft, mit der Eckhart sich äußert, zeigen solche Konflikte an. Es ist so sicher kein Zufall, daß das Trostbuch zum Ausgangspunkt des Inquisitionsverfahrens gegen Eckhart geworden ist. Denken ließe sich, daß es, als Eckhart nach Köln versetzt wurde, einer der Beteiligten und Betroffenen dem Erzbischof zuspielte.

Eckharts Apologie ist aber auch ein Credo, das über den aktuellen Anlaß hinausweist. Sie bezeugt einen Prediger, der von der Wahrheit unserer Einheit mit Gott durchdrungen ist und es als seine Lebensaufgabe empfindet, sie zu verkünden. Dabei hat die Vermittlung, das Wort des Predigers, nur *einen* Bezug, denjenigen zur „Wahrheit", nicht auch zur Beschaffenheit des Hörers oder Lesers. Eckhart nimmt so das Mißverständnis, freilich nicht ohne Betroffenheit, in Kauf, ohne von der „Objektivität" des mit der Wahrheit gleichgesetzten Predigtwortes abzuweichen. Vielmehr macht er das Verständnis des Hörers von dessen Identität mit der verkündeten Wahrheit abhängig, wie es die Armutspredigt (Q 52) formulieren wird: „Denn solange der Mensch dieser Wahrheit nicht gleich ist, solange wird er dieses Predigtwort nicht verstehen. Denn es ist eine unverhüllte Wahrheit, die da unmittelbar gekommen ist aus dem Herzen Gottes" (DW II, 501,1 ff.). Das ist groß gedacht und nach metaphysischen Prinzipien sogar richtig, aber doch vielleicht als „historischer Irrtum" des Meisters und Predigers anzusprechen. Er sprach von großen und hohen Dingen „mit großen und hohen Sinnen und mit erhabener

Seele", viele der Ungelehrten aber verstanden ihn nicht, und die angeblich Gelehrten, die den geraden Stab im Wasser als krumm erkennen, „lachten und spotteten" seiner.

5.

Die Predigt ‚Vom edlen Menschen' hat das Textwort vom „edlen Menschen", der „auszog in ein fernes Land, sich ein Reich zu gewinnen, und wiederkam" (Luk. 19,12). Man hat festgestellt, zum erstenmal in der Quintschen Ausgabe (V, S. 107), daß dies die Evangelienlesung vom 2. September ist, dem Festtag des hl. Stephan von Ungarn, dem Begründer des Arpadengeschlechts, das mit dem Gatten der Agnes erlosch. Also doch eine leise Anspielung auf die Adressatin? Mitnichten, denn es ist in jedem Heiligen-Nachschlagewerk zu lesen, daß der 2. September der Jahrestag der siegreichen Türkenschlacht bei Budapest im Jahre 1686 ist, auf den der Festtag des heiligen Königs der Ungarn verlegt worden ist. Vorher und in Ungarn noch heute war und ist der Festtag Stephans der 20. August.

Man kann alle nach scholastischem Formprinzip angelegten Predigten – und Eckharts Predigten gehören fast ausnahmslos dazu – entsprechend der Auslegung des Schriftwortes oder nach dem eigens formulierten Thema gliedern. Nach der Textwort-*divisio* erhalten wir für die Predigt 5 Teile, die (1.) von „einem edlen Menschen" sprechen, der (2.) „in ein fernes Land auszog", sich dort (3.) „ein Reich gewann" und (5.) „zurückkehrte". Als besonderes Glied ist (4.) „*ein* Mensch" eingeschoben. Der Gang der Predigt ist jedoch keineswegs durch diese *divisio* bestimmt, die ein blindes Schema bleibt, sondern durch das Thema, das der Prediger dem Textwort unverzüglich folgen läßt: „Unser Herr lehrte uns in diesen Worten, (1.) wie edel der Mensch geschaffen ist in seiner Natur, und (2.) wie göttlich das ist, wozu er aus Gnade zu gelangen vermag, und überdies (3.) wie der Mensch dahin kommen soll" (109,2–5). In der Durchführung vertauscht der Prediger den 2. mit dem 3. Punkt. Es ist so die Rede (1.) vom Adel des von Gott geschaffenen Menschen, (2.) wie der Mensch zu Gott gelangt und (3.) „wie göttlich das ist", was er aus Gnade erlangt.

Man beachte zunächst: Das Trostbuch setzt auf höchster, abstraktester Ebene ein und steigt, allerdings nicht ohne ständige Rückbindung zum metaphysischen Grund, in die praktische Spiritualität hernieder bis hin zum Exempel. Die Predigt ‚Vom edlen Menschen' geht umgekehrt vor: von der erfahrbaren Frömmigkeitswelt im Bild des Menschen als Gottes Geschöpf über Wege des Aufstiegs zur Einheit mit dem Göttlichen. Es ist dieses Vorgehen nicht die Art Eckharts; in aller Regel geht er von dem aus, was unsere letzte und eigentliche Bestimmung ist, das Leben in Gott, und schenkt nur gelegentlich und kontrastiv den Formen praktischer

Frömmigkeit Beachtung. Man nannte dies eine „Theologie von oben“. Eckhart hat sie gerade, am Schluß des Trostbuches, verteidigt, und nun, unmittelbar anschließend, geht er trotzdem einen anderen, den üblichen Weg! Das muß einen Grund haben. Ich sehe ihn im Bezug – und es ist der einzige, der zu tragen vermag und nicht am Äußeren haftet – auf die Adressatin, die Königin Agnes. Wenn schon Eckhart keine Trostgründe anbietet, nach denen einer verlangen mag, den Unglück und Verlust getroffen hat, sich also auch nicht auf dieses Unglück und diesen Verlust bezieht, vielmehr irdisches und irdisch bedingtes Leid als solches im Leben mit Gott aufgehoben weiß, so steht dahinter ein monastisches Leben (das freilich nicht nur im Kloster gelebt werden kann). Agnes an der Schwelle zu einem geistlichen Leben, i.J. 1318, als die Gebeine der Mutter Elisabeth nach Königsfelden überführt wurden, Agnes in einer vita media, die bald zu einer besonderen Form der Frömmigkeit werden wird (nämlich in der Devotio moderna, einer christlichen Lebensform zwischen Orden und Welt), bedurfte einer Wegweisung, die von der Art des Menschen, seinem göttlichen Adel, ausgeht und von diesem seine Bestimmung, das Leben durch Gott und in Gott, ableitet. Die Predigt ‚Vom edlen Menschen‘ bietet diese Wegweisung an. Sie gilt der Königin und allen Menschen, die „in ein fremdes Land“ ausziehen, um dort ein „Reich“ zu gewinnen.

Eckhart scheut sich nicht, vom Gemeinplatz auszugehen, daß der Mensch zweierlei Naturen hat, Leib und Geist. Dem entspricht der äußere und der innere Mensch. Der äußere Mensch ist der „alte“, „irdische“, „feindselige“, „knechtische“, der innere der „neue“, der „junge“, „himmlische“, „freundschaftliche“, „edle“ Mensch. Jener ist unwert (*von untiuricheit*, ein nur hier belegtes Wort), diesen berührt nicht ‚dies und das‘. Er ist „Adam“, mit ihm „Mann der Seele“, ihr aktives Element, d. i. Vernünftigkeit. Er ist der Acker, in den Gott sein Bild und sein Gleichnis „eingesät“ hat, nämlich Gottes Sohn und Gottes Wort. Dieser „gute Samen“ kann zugedeckt und unsichtbar sein, aber nicht getilgt und ausgelöscht werden. Eckhart verwendet für diese Vorstellung an etwas späterer Stelle (113,5 ff.) das Gleichnis von der zugeschütteten Quelle und von der Sonne, die immer scheint, auch wenn Wolken und Nebel sie verhüllen. So ist es mit jenem guten Samen: „Er glüht und glänzt, leuchtet und brennt und neigt sich ohne Unterlaß zu Gott hin“ (111,20 f.). Dies, der „Adel des inneren Menschen“, ist unser unverlierbares Erbe.

Den Weg des inneren Menschen zu Gott stellt der Prediger nach Augustin in sechs Stufen dar (111,22–112,24). Sie bestehen 1. im Nacheifern guter, heiligmäßiger Menschen; 2. in der Abkehr vom Irdischen und der Hinwendung zu Gott; 3. im Ablegen von Sorge und Furcht und in der Verbundenheit mit Gott in der Liebe; 4. im Wachsen der Gottesliebe, verbunden mit der Bereitschaft, Anfechtungen und Leiden auf sich zu nehmen; 5. im sich selbst befriedeten Leben im Reichtum und Überfluß der höchsten Weisheit; 6. im Entbildet- und Überbildetsein von Gottes Ewigkeit und im „Hinüberwandeln" *(übergewandelt sin)* in ein Bild Gottes. So ist der Mensch Gottes Kind geworden. Darüber hinaus ist das Endziel des inneren Menschen das ewige Leben.

Dieser Stufenweg ist höchst ungewöhnlich im Rahmen der Eckhartschen Predigt und Spiritualität. Er macht sonst keinen Gebrauch vom Itinerarium des Menschen zu Gott, nicht einmal vom dionysischen dreifachen Weg der Reinigung, Erleuchtung und Einung, der in der lateinischen und volkssprachlichen Mystik des 12. und 13. Jahrhunderts eine überragende Rolle spielte. Er bleibt auch im Rahmen der ‚Vom edlen Menschen'-Predigt so etwas wie ein Fremdkörper, nämlich vom dritten Teil der Predigt aus gesehen, der das *Eine* thematisiert, von dem aus alle „Mittel", wozu auch ein Stufenweg gehört, gegenstandslos werden.

Erst in diesem dritten Teil, wo Eckhart von dem handelt, was der Mensch von Gnaden erlangt hat, „wie göttlich das ist", kommt er ganz zu sich selbst. „Alle Art Vermittlung ist Gott fremd. ‚Ich bin', spricht Gott, ‚der Erste und der Letzte' (Apok. 22,13). Unterschiedenheit gibt es weder in der Natur Gottes noch in den Personen entsprechend der Einheit der Natur. Die göttliche Natur ist Eins, und jede Person ist auch Eins und ist dasselbe Eins, das die Natur ist. Der Unterschied zwischen Sein und Wesenheit wird als Eins gefaßt und ist Eins. (Erst) da wo es nicht (mehr) in sich selbst ruht [d. h. außerhalb des göttlichen Seins], da empfängt und besitzt es und ergibt Unterschied" (114,21–115,5).

Das Textstück bis „das die Natur ist", natürlich außer dem Bibelzitat, hat der erste Kölner Zensor inkriminiert, und die Kommission in Avignon ist ihm gefolgt: die beanstandete Aussage erscheint in der Bulle unter der Gruppe der „übelklingenden" Aussagen als art. 24. („Jeder Unterschied ist Gott fremd, sowohl in der Natur wie in den Personen. Der Beweis: Die Natur selbst ist eins und eben dieses selbe Eine, und jede Person ist eine und eben dieses selbe Eine, das die Natur ist"). Dieselbe Lehre wird schon in art. 23 beanstandet, der dem Exoduskommentar (n. 58 und 60; LW II, 65,2–4; 66,6) entnommen ist („In Gott selbst kann also kein Unterschied sein oder gesagt werden"; s. o. S. 91). In der ‚Rechtfertigungsschrift' (Théry, S. 191) erklärt Eckhart, die Verneinung jeglichen Unterschieds in Gott leugnen, hieße Gott selbst und seine Einheit leugnen, und bestätigt dies mit Deut. 6,4 und zwei Bernhardzitaten. Er geht dabei doch wohl am eigentlichen Problem vorbei, daß nämlich in Eckharts Formulierung die Realdistinktion der Personen unberücksichtigt bleibt. Das ist jedenfalls die Beanstandung im Gutachten von Avignon (s. u. S. 177), wo es dazu heißt: „Diesen Artikel betrachten wir, so wie er lautet, als häretisch, denn er verneint alle Unterschiede in Gott, diejenigen der Personen, der göttlichen Eigenschaften und der Ideen."

Eckhart fährt fort: „Darum: Im Einen findet man Gott, und Eins muß der werden, der Gott finden soll. ‚Ein Mensch‘, spricht unser Herr, ‚zog aus‘. Im Unterschied findet man weder das Eine noch das Sein noch Gott noch Rast noch Seligkeit noch Genügen. Sei Eins, auf daß du Gott finden kannst! Und wahrlich, wärest du recht Eins, so bliebest du auch Eins im Unterschiedlichen, und das Unterschiedliche würde dir Eins und vermöchte dich in keiner Weise zu hindern. Das Eine bleibt gleichmäßig Eins in tausendmaltausend Steinen wie in vier Steinen, und Tausendmaltausend ist ebenso gewiß eine einfache Zahl, wie die Vier eine Zahl ist.

Ein heidnischer Meister [Macrobius, ‚In somnium Scipionis‘] sagt, daß das Eine aus dem obersten Gott geboren sei. Seine Eigenart ist es, mit dem Einen eins zu sein. Wer es unterhalb Gott sucht, der betrügt sich selbst. Und zum vierten, sagt der gleiche Meister, hat dieses Eine mit nichts eigentlichere Freundschaft als mit Jungfrauen oder Mägden, wie denn Sankt Paulus spricht: ‚Ich habe euch keusche Jungfrauen angetraut und dem Einen verlobt‘ (2 Kor. 11,2). Und durchaus so sollte der Mensch sein, denn unser Herr spricht: ‚*Ein* Mensch zog aus‘.

‚Mensch‘ in der eigentlichen Bedeutung des Wortes im Lateinischen bezeichnet einerseits denjenigen, der sich mit allem, was er ist und was ihm zugehört, unter Gott beugt und fügt und aufwärts zu Gott blickt, nicht auf das Seine, das er hinter, unter, neben sich weiß. Dies ist volle und eigentliche Demut, diesen Namen hat er von der Erde *(homo – humus/ humilis)*. Davon will ich nun nicht weiter sprechen. Wenn man ‚Mensch‘ sagt, so bedeutet (andererseits) dieses Wort auch etwas, was über die Natur, über die Zeit und über alles, was der Zeit zugekehrt ist und nach der Zeit schmeckt, erhaben ist, und dasselbe sage ich auch vom Raum und der Körperlichkeit. Und endlich hat dieser ‚Mensch‘ in gewisser Weise mit nichts etwas gemeinsam, was heißt, daß er weder nach diesem noch nach jenem gebildet oder angeglichen ist und von Nichts nichts weiß, so daß man in ihm nirgends vom Nichts etwas findet oder gewahr wird und daß ihm das Nichts so völlig benommen ist, daß man da allein reines Leben, Sein, Wahrheit und Güte findet. Wer so geartet ist, der ist ein ‚edler Mensch‘, fürwahr, nicht weniger und nicht mehr“ (115,5–116,7).

Eckhart beschreibt hier den vergöttlichten Menschen, und das ist der Eins gewordene Mensch. „Im Einen findet man Gott, und Eins muß der werden, der Gott finden soll“: es ist dies die entscheidende Aussage der ganzen Predigt, wie es schon im Trostbuch hieß: „Das Eins macht selig“ (41,21). Wenn Gott der Eine ist, wie vorher dargetan wurde, so ist der Mensch, der sein „Reich“ gewinnt, in dieses Eine eingeschlossen, dem „Nichts“, das mit Zeit, Raum und Körperlichkeit umschrieben ist, entrückt.

„Noch gibt es eine andere Erklärung und Belehrung für das, was unser

Herr einen edlen Menschen nennt. Man muß auch wissen, daß diejenigen, die Gott unverhüllt erkennen, mit ihm zugleich die Kreaturen erkennen, denn die Erkenntnis ist ein Licht der Seele, und alle Menschen streben von Natur nach Erkenntnis, ist doch sogar böser Dinge Erkenntnis gut. Nun sagen die Meister: Wenn man die Kreatur in ihrer Beschaffenheit erkennt, so heißt die eine ‚Abenderkenntnis', und in ihr sieht man die Kreaturen in Bildern mannigfaltiger Unterschiedenheit; wenn man aber die Kreaturen in Gott erkennt, so heißt und ist das eine ‚Morgenerkenntnis', und in ihr schaut man alle die Kreaturen ohne alle Unterschiede und alle Bilder entbildet und aller Gleichheit entkleidet (*entglîchet*) in dem Einen, das Gott selbst ist. Auch dies ist der edle Mensch, von dem unser Herr sagt: ‚Ein edler Mensch zog aus', darum edel, weil er Eins ist und Gott und Kreatur im Einen erkennt" (116,8–19).

Die hier vorgetragene Abend- und Morgenerkenntnis, die auf Augustins ‚De genesi ad litteram' zurückgeht und auch von Thomas aufgegriffen wurde (Summa theol. I, q. 58, a.6), ist nach diesen Autoren die Erkenntnis der Engel. Eckhart bezieht sie auf den „edlen Menschen" und bekundet damit, daß dieser den Engeln im Erkennen gleichgeworden ist. Das lehrte bereits die 2. Pariser Quaestio und die ‚Paradisus anime intelligentis'-Predigt Nr. 33.

Der Aspekt der Erkenntnis bestimmt auch eine dritte Sinngebung des edlen Menschen. „Wenn der Mensch, die Seele, der Geist Gott schaut, so weiß und erkennt er sich auch als Erkennenden, das heißt: er erkennt, daß er Gott schaut und erkennt. Nun hat es einige Leute bedünkt, und es scheint auch durchaus glaubhaft, daß Blume und Kern der Seligkeit in jener Erkenntnis liegen, bei der der Geist erkennt, *daß* er Gott erkennt; denn wenn ich alle Wonne hätte und wüßte nicht darum, was hülfe mir das, und was für eine Wonne wäre mir das? Doch sage ich mit Bestimmtheit, daß dem nicht also ist. Ist es gleich wahr, daß die Seele ohne dies(e Bewußtheit) wohl nicht selig wäre, so liegt doch die Seligkeit nicht darin. Denn das erste, worin die Seligkeit besteht, ist dies, daß die Seele Gott unverhüllt schaut. Darin empfängt sie ihr ganzes Sein und ihr Leben und schöpft alles, was sie ist, aus dem Grunde Gottes und weiß nichts von Wissen noch von Liebe noch von irgendetwas überhaupt. Sie wird ganz still und ausschließlich im Sein Gottes, sie weiß dort nichts als Sein und Gott. Wenn sie aber weiß und erkennt, daß sie Gott schaut, erkennt und liebt, so ist das nach der Ordnung der Natur ein Austreten *(ûzslac)* und eine Rückwendung *(widerslac)* aus dem ‚Ersten' (der Schau als solcher) und in dieses Erste zurück. Denn niemand erkennt sich als weiß als der, der tatsächlich weiß ist. Darum, wer sich als weiß erkennt, der baut und gestaltet nach dem Weiß-Sein, und er nimmt sein Erkennen nicht unmittelbar und unwissend direkt von der Farbe, sondern er nimmt das Erkennen der Farbe und das Wissen um sie von dem, was da gerade weiß ist, und schöpft das Erkennen nicht ausschließlich von der Farbe an sich. Vielmehr schöpft er das Erkennen und Wissen von Gefärbtem oder von Weißem und erkennt sich als weiß. Weißes ist etwas viel Geringeres und viel Äußerlicheres als das Weiß-Sein. Etwas ganz anderes ist die Wand und das Fundament, darauf die Wand gebaut ist.

Die Meister sagen, eine andere Kraft sei es, mit Hilfe deren das Auge sieht, und eine andere, durch die es erkennt, daß es sieht. Das erste, daß es *sieht*, das nimmt es ausschließlich von der Farbe, nicht von dem, was gefärbt ist. Deshalb ist es völlig einerlei, ob das, was gefärbt ist, ein Stein sei oder ein Holzstück, ein Mensch oder ein Engel: einzig darin, daß es Farbe habe, liegt das Wesentliche.

So, sage ich, nimmt und schöpft der edle Mensch sein ganzes Sein, Leben und seine Seligkeit allein von Gott und in Gott, nicht vom Gott-Erkennen, -Schauen oder -Lieben oder dergleichen. Darum sagt unser Herr beherzigenswert treffend, ewiges Leben bestehe darin, Gott allein als den einen, wahren Gott zu erkennen (Joh. 17,3), nicht (aber) zu erkennen, daß man Gott erkennt“ (116,21–117,23).

Man ist versucht, diese Ausführungen in scholastischer Argumentationsweise, die für Agnes, auch wenn sie theologisch nicht ganz ungebildet sein mochte, Hekuba war, als professorales Demonstrationsstück zu bewerten. So spricht, liebe und gnädige Frau Agnes, der Magister der spekulativen Theologie. Wollten Sie nicht derartige Subtilitäten hören? Eine solche unterschwellige Frage hieße zugleich, daß sich Eckhart mit leiser Selbstironie von seinem vielleicht aufgenötigten Auftrag distanzieren wollte. Das ist natürlich unbeweisbar und trotzdem keine müßige Überlegung, wenn es darum geht, die ausgesprochene Schulmanier dieses Teils der Predigt, die ja als Ganzes in ihrer aufsteigenden Linie eher konventionellen Mustern folgt, zu erklären. Daß die Sonderunterweisung für eine hochgestellte Person Eckhart eher peinlich gewesen ist, erweist sich ja zur Genüge in der Tatsache, daß im ‚Liber benedictus‘ der Bezug auf die Adressatin als Person völlig fehlt.

Zum Verständnis des Textstückes das Folgende: Eckhart knüpft an eine theologische Streitfrage an, die seit dem ausgehenden 13. Jahrhundert und erneut während Eckharts zweitem Magisterium akut war (auch Dietrich von Freiberg, meine ich, hatte an ihr teil, nämlich im Traktat ‚De visione beatifica‘): Ob die Seligkeit des Menschen in der Schau Gottes als solcher bestehe oder in der Erkenntnis der Gottesschau? Nach zwei Rückverweisen im Johannes-Kommentar hat Eckhart selbst diese Frage „ausführlich“ und „vollständig“ im (nicht erhaltenen) Thesenwerk des ‚Opus tripartitum‘ behandelt. Auch hier, in der für Agnes bestimmten Predigt, geht er „schulmeisterlich“, möchte man sagen, vor, das heißt genau in der Form einer Quaestio. Nach der Thesenformulierung: „Wer Gott schaut, der weiß sich auch als Schauender“ folgt die Gegenthese *(objectio)*, vertreten durch „einige Leute" (lies: „Theologen"): Die eigentliche *(bluome und kern)* Seligkeit liegt in der Erkenntnis der Gottesschau. Dem will Eckhart widersprechen (das *Sed contra*, freilich ohne das übliche vorläufige Argument): „Dem ist mit Bestimmtheit nicht also." Es folgt das *Respondeo dicendum*, die „magistrale" Antwort mit folgenden Argumenten: 1. Das „Erste" (und somit das Eigentliche), worauf die Seligkeit gründet, ist die reine Gottesschau *(got schouwen blôz)*, in der die Seele „nichts weiß als Sein und Gott". Die Erkenntnis, die hinzutritt, vollzieht sich erst im *exitus (ûzslac)* und *reflexus (widerslac)* der Schau, das heißt im Heraustreten aus der Schau (die immer begrenzt ist, denn es handelt sich nicht um die Seligkeit der Seelen *in patria*, im ewigen Leben, sondern *in via*, im irdischen Dasein) und im Bewußtwerden der Schau. Es folgen Richtigstellungen der Gegenthese: 1. Mit der Hilfe des aristotelischen Schulbeispiels vom Weißen und dem Weiß-Sein, das wir bereits aus dem ‚Opus tripartitum' kennen (s. S. 80); es ist ein formales Muster von Eckharts Analogieformel, mit der das ‚Trostbuch' einsetzt, und erläutert die Gottesschau mit dem Weiß-Sein, die Erkenntnis dieser mit dem Weißen. Dasselbe besagt 2. und für uns eingängiger das Beispiel von der Sehkraft, die auf der Farbe schlechthin gründet, und dem konkreten Sehen, das Farbe am jeweiligen Gegenstand wahrnimmt. Das alles bestätigt Eckharts These, die abschließend noch einmal formuliert wird: „So sage ich, nimmt und schöpft der edle Mensch sein ganzes Sein, Leben und seine Seligkeit allein von Gott, bei Gott und in Gott, nicht von Gott-Erkennen, -Schauen oder -Lieben oder dergleichen."

Eckhart beschließt die Predigt wirkungsvoll mit einem Bild: „Und alles hier Vorgetragene hat der Prophet Ezechiel vorausgesprochen, als er sagte, daß ‚ein mächtiger Adler mit großen Flügeln, mit langen Gliedern voll mancherlei Federn zu dem lauteren Berge kam und entnahm das Mark oder den Kern des höchsten Baumes, riß ab die Krone seines Laubes und brachte es herunter' (Ez. 17,3 f.). Was unser Herr einen edlen Menschen heißt, das nennt der Prophet einen großen Adler. Wer ist denn nun edler, als der einerseits vom Höchsten und Besten, was die Kreatur besitzt, geboren ist und zum anderen aus dem innersten Grunde göttlicher Natur und dessen Einöde? ‚Ich', spricht unser Herr im Propheten Hosea, ‚will die edle Seele führen in eine Einöde, und ich will dort sprechen in ihr Herz' (Hos. 2,14). Eines mit Einem, Eines von Einem, Eines in Einem und in Einem Eines ewiglich. Amen" (118,24–119,7).

Die Ordnung dieses Kapitels verlangte es, daß ich die geschichtlich-persönlichen Bedingtheiten des ‚Liber benedictus' an verschiedenen Stellen in den Blick fassen mußte. So seien sie, da sie sich von den bisher in der Forschung vertretenen Gesichtspunkten entschieden abheben, nochmals zusammengefaßt.

1. Die beiden Teile des ‚Liber benedictus‘, das ‚Buch der göttlichen Tröstung‘ und die Predigt ‚Vom edlen Menschen‘, unterscheiden sich nicht durch Schriftlichkeit und (primäre) Mündlichkeit, sondern es handelt sich um eine zweigeteilte Schrift in verschiedener Formgebung: einen Traktat und eine Lesepredigt. Möglich, ja wahrscheinlich, daß Eckhart Agnes nie gesehen hat, sicher hat er nicht vor ihr, weder öffentlich noch in privatem Raum, gepredigt.

2. Es gibt im ‚Liber benedictus‘ keine, auch nicht versteckte Bezüge auf Unglück und Verlust, die die Königin Agnes betroffen haben. Sie soll aber auch nicht als „Leidgeprüfte“ getröstet werden. Eckharts Trost ist der Trost für denjenigen, der die Welt hinter sich lassen will.

3. Der Anlaß zum ‚Liber benedictus‘ dürfte so mit der größten Wahrscheinlichkeit (über Wahrscheinlichkeiten hinaus gelangt man auf Grund der Quellenlage nicht) der Eintritt Agnes' ins (halb)geistliche Leben gewesen sein. Das war 1318 nach der Überführung der Gebeine der Königin Elisabeth nach Königsfelden.

4. Eine Datierung *vor* Eckharts zweitem Pariser Magisterium ist auszuschließen im Hinblick auf die Doktrin des ‚Liber benedictus‘. Dieser setzt das ‚Opus tripartitum‘ voraus.

5. Die schwierige Frage, warum die Gründerin und Betreuerin eines franziskanischen Doppelklosters sich eine Trostschrift von einem Dominikaner schreiben läßt, erklärt sich zwanglos so: Es ging hier um den überragenden Theologen und Spiritualen, nicht um den Predigermönch Eckhart. Als Vermittler kann man den Bischof von Konstanz oder Straßburg vermuten.

6. Eine Sonderunterweisung in literarischer Gestalt entsprach sicher nicht den Intentionen des Spiritualen Eckhart. Er spricht denn auch keine einzelne Person, sondern den gottsuchenden Menschen schlechthin an. Den gefragten großen Theologen blendet er, vielleicht selbstironisch, in einer förmlichen Quaestio aus dem Pariser Schulbetrieb ein.

7. Die Autorrechtfertigung im Trostbuch zeigt uns Konflikte an, die die volkssprachliche Predigt Eckharts in der Teutonia ausgelöst hat. Sie waren schon durch seine Sondermission als Generalvikar vorprogrammiert und wurden aktualisiert durch die Mißverständnisse, die das Sprechen des Predigers „von großen und hohen Dingen“ unter den Zuhörerinnen bewirken konnte. Wenn, und alles weist darauf hin, der ‚Liber benedictus‘ den Kölner Inquisitionsprozeß ausgelöst hat, so dürfte es der Kreis der regulären Seelsorger der Nonnenklöster gewesen sein, aus dem der Erzbischof von Köln sein Material aus dem ‚Liber benedictus‘ zugeschickt bekam.

Neuntes Kapitel

Der Prediger am Ober- und Niederrhein

1.

Es gehört zu den heute wichtigsten philologischen Aufgaben der Eckhartforschung, das Predigtwerk chronologisch zu ordnen. Das kann sicher nur bis zu einem gewissen Punkte gelingen, und die Voraussetzung dazu ist die text- und überlieferungsgeschichtliche Untersuchung des Bestands, die Quint bekanntlich, aus Not, wird man einräumen müssen, ausgeklammert hat. Sie wird nun aber im Rahmen des letzten, noch ausstehenden Predigtbandes der Gesamtausgabe, für den Georg Steer verantwortlich steht, nachgeholt werden.

Abzeichnen dürften sich: (1) frühe Predigten, im Umkreis der ‚Reden der Unterweisung', (2) Predigten aus der Provinzialatszeit mit dem ‚Paradisus anime intelligentis' und (3) die Predigten der Straßburger und Kölner Zeit. Um diese letzte Gruppe geht es in diesem Kapitel. Durch Hinweise auf den Predigtort, zwei Kölner Klosterkirchen, und Rückverweise steht fest, daß die Predigten Q 12–15 und 22 der Kölner Zeit angehören. Doch ist die Zuweisung zur Straßburger oder zur Kölner Zeit von untergeordneter Bedeutung, da diese Ansprachen nach Lehre, Tenor und Hörerschaft nicht zu differenzieren sind. Sicher dürfte sein, daß der Großteil aller überlieferten Meister Eckhart-Predigten in das Straßburger Jahrzehnt fällt. Sie ist ja schon von der amtlichen Aufgabe her die eigentliche Zeit des Predigers Eckhart.

Die hauptsächlichsten Themen seiner deutschen Predigten hat Eckhart selbst einmal, zu Beginn von Q 53 formuliert: „Wenn ich predige, so pflege ich zu sprechen von Abgeschiedenheit und daß der Mensch frei werden soll von sich selbst und allen Dingen. Zum zweiten, daß man wieder eingebildet werden soll in das einfältige Gut, das Gott ist. Zum dritten, daß man des großen Adels gedenken soll, den Gott in die Seele gelegt hat, auf daß der Mensch damit auf wunderbare Weise zu Gott komme. Zum vierten von der Lauterkeit göttlicher Natur – welcher Glanz in der göttlichen Natur sei, das ist unaussprechlich" (DW II 528,5 ff.).

Es ist naheliegend, und auch immer wieder geschehen, Eckharts Predigtlehre nach diesem Aufriß darzustellen. Auch mir ist es ein Anliegen, diese Hauptthemen zu Wort kommen zu lassen, jedoch nicht zum Zwecke einer ‚systematischen' Darstellung der eckhartschen Mystik. Ich bleibe dem Grundsatz treu, Predigten als Ganzes oder doch in ihren wesentlichen Teilen und Aussagen vorzustellen (weil so Eckharts Aussagen weniger ‚manipulierbar' sind als in ihrer Loslösung vom Kontext), und will versuchen, im ausgewählten Textbestand die genannten theologisch-spirituellen Inhalte geziemend herauszustellen. Dabei kann auf die Reihenfolge der aufgeführten Themen verzichtet werden. Eckhart nennt sicher dasjenige Anliegen als erstes, das ihm als Prediger als das wichtigste erscheint. Zusammen mit dem 2. und 3. Thema enthält es die eigentliche mystische Spiritualität. Der letztgenannte Punkt, die Gotteslehre betreffend, beinhaltet die Mitte seiner spekulativen Theologie. Hier ist der Zusammenhang mit dem lateinischen Werk am engsten, und so konnten wir auch die Gotteslehre im Rahmen des ‚Opus tripartitum' schon weitgehend vorstellen.

Predigt Q 22, ‚*Ave, gratia plena*', ist durch eine präzise Anspielung des Predigers auf das Zisterzienserinnenkloster St. Mariengarten, wo er „neulich" gesprochen hätte (I 380,7 f.), sowie durch den Hinweis auf die „Schule" mit „großen Pfaffen" (381,3), womit nur ein Studium generale gemeint sein kann, für Köln gesichert. Sie hat zum Hauptthema im ersten Teil, der hier allein behandelt werden soll, die Gottesgeburt in der Seele.

Nach dem Textwort (Luk. 1,28) und der Anführung von drei Punkten, wovon der letzte, der Engel hätte nicht nur zu Maria, sondern „zu jeder guten Seele, die nach Gott begehrt", gesprochen, unmittelbar zum eigentlichen Thema hinführt, erklärt der Prediger: „Ich sage: Hätte Maria Gott nicht zuerst geistig geboren, er wäre nie leiblich in ihr geboren worden ... Es ist Gott lieber, daß er geistlich geboren werde von einer Jungfrau, das ist von einer jeglichen guten Seele, als daß er von Maria leiblich geboren wurde.

Darunter ist zu verstehen, daß wir ein einiger Sohn sein sollen, den der Vater in Ewigkeit geboren hat. Als der Vater alle Kreaturen gebar, da gebar er auch mich, und ich floß aus mit allen Kreaturen und blieb doch drinnen in dem Vater. In derselben Weise, wie das Wort, das ich jetzt spreche: das entspringt in mir, zum andern verweile ich bei der Vergegenwärtigung [des Wortes], zum dritten spreche ich es aus, und ihr alle nehmt es auf: dennoch bleibt es als Eigentum bei mir. So bin ich im Vater geblieben. Im Vater sind die Urbilder aller Kreaturen. Dieses Holz [der Kanzel] hat ein geistiges Urbild in Gott. Dieses ist nicht nur vernünftig, es ist die lautere Vernunft" (I 375,10–377,3).

Erläutert wird hier in großer Knappheit ein Grundmodell von Eckharts Denken: die ‚Struktur' Gottes, die sog. Logostheologie. Breit entfaltet finden wir sie zu Beginn des Johannes-Kommentars (LW III, n. 4–13) und an späterer Stelle als Prinzip formuliert: „So belehrt uns also der Evangelist unter der geschichtlichen Wahrheit, indem er von der Eigentümlichkeit der göttlichen Personen redet, zugleich über die Natur und

Eigentümlichkeit alles Hervorgebrachten, Hervorbringenden und Hervorbringens“ (n. 137). Diese Dreiheit des trinitarischen ‚Hervorgangs‘ *(processio)* entspricht der oben zitierten dreifachen Proprietät des Wortes, nur in anderer Reihung: Das Wort ist von mir hervorgebracht (ich bin der „Hervorbringende“), vergegenwärtigt (als „Hervorbringendes“), und es ist „hervorgebracht“ als ausgesprochenes und empfangenes Wort.

Nach einer Zwischenbemerkung über die Inkarnation mit einem bei Eckhart seltenen ausführlichen Exempel – das wir u. a. aus einer mhd. Erzählung des Herrand von Wildonie (13. Jahrhundert) kennen, vom getreuen Gatten, der sich, als seine Frau das eine Auge verlor, selber aus Liebe und aus Solidarität des einen Auges beraubte: so hat sich Gott aus Liebe den Menschen gleichgemacht – greift der Prediger das erste Wort des Johannesevangeliums ‚In principio‘, in Verbindung mit Jes. 9,6 ‚Ein Kind ist uns geboren‘, auf und erläutert es, ein wenig professorenhaft, mit Meisterzitaten. Sodann erinnert er an „neulich“ Gesagtes in einer anderen Kölner Kirche und fährt fort: „Eine Frage wurde gestern in der Schule unter großen Pfaffen diskutiert. ‚Mich wundert‘, sagte ich dazu, ‚daß die Schrift so reich ist, daß niemand auch nur das geringfügigste Wort [vollständig] ergründen kann‘, und fragt *Ihr* mich (nun), da ich ein einiger Sohn bin, den der himmlische Vater in Ewigkeit geboren hat, ob ich denn (auch) in Ewigkeit in Gott Sohn gewesen sei, so antworte ich: ja und nein, ja als Sohn, indem der Vater mich in Ewigkeit geboren hat, nicht aber Sohn in dessen Ungeborenheit.“

„‚In principio‘. Damit ist uns zu verstehen gegeben, daß wir ein einiger Sohn sind, den der Vater in Ewigkeit geboren hat aus der verborgenen Finsternis ewiger Verborgenheit, (und doch) innebleibend im ersten Beginn der ersten Lauterkeit, die da ist die Fülle der Lauterkeit. Hier habe ich in Ewigkeit geruht und geschlafen in der verborgenen Erkenntnis des ewigen Vaters, innebleibend, unausgesprochen. Aus dieser Lauterkeit hat er mich in Ewigkeit geboren als seinen eingeborenen Sohn in das Ebenbild seiner ewigen Vaterschaft, auf daß ich Vater sei und den gebäre, von dem ich geboren bin. Gleichsam so, als stünde einer vor einem hohen Berge und riefe: ‚Bist du da?‘, so würde der Widerschall und -hall zurückrufen: ‚Bist du da?‘ Riefe er: ‚Komm heraus!‘, der Widerhall riefe auch ‚Komm heraus!‘ Ja, wer in diesem Lichte ein Stück Holz ansähe, es würde zu einem Engel und der Vernunft mächtig, und nicht allein der Vernunft mächtig, es würde zu reiner Vernunft in der ersten Lauterkeit, die da eine Fülle der Lauterkeit ist. So tut Gott: Er gebiert seinen eingeborenen Sohn in das Höchste der Seele. Und zugleich, da er seinen eingeborenen Sohn in mich gebiert, gebäre ich ihn zurück in den Vater“ (381,3–383,8).

Zu ‚gebären‘ und ‚Geburt‘ ist zu bemerken, daß es hier in allen Fällen außer bezüglich der Jungfrauengeburt auch mit ‚zeugen‘ und ‚Zeugung‘ übertragen werden kann. Das Ineins von ‚zeugen‘ und ‚gebären‘ steckt schon in dem mhd. Begriff *bern*, ‚hervorbringen', und *geburte*, ‚Hervorbringung', wie in dessen lateinischen Entsprechungen *generare* und *generatio* und hat seinen Grund in der antik-mittelalterlichen Vorstellung, daß es die Zeugung des Vaters allein sei, die hervorbringt.

Die Formel am Anfang der Predigt, es sei „Gott lieber, daß er geistig geboren werde von einer jeglichen Jungfrau, das ist von einer jeglichen guten Seele, als daß er von Maria leiblich geboren wurde", ist die einfachste, verständlichste Formel der Gottesgeburt: Eine reine Seele gebiert Gott immer wieder neu. Diese Aussage ist nichts Ungewöhnliches und konnte im christlichen Altertum und Mittelalter bei jedem Theologen gelesen, vom Munde eines jeden Predigers vernommen werden. Verworfen wurde vielmehr die anschließende Ausformung und Formulierung der Gottesgeburtlehre. Die erste Kölner Anklageliste bringt eine, die zweite sieben Aussagen dieser Art, alle deutschen Predigten entnommen (Théry, S. 176f.; 211f.; 219f.; 241f.; 242–244; 259; 264f.; 266f.). Interessant ist immerhin, daß keiner dieser Sätze in die Bulle aufgenommen wurde, wohl deshalb, weil die Gottesgeburt im Menschen als solche zu den zentralen christlichen Lehren gehört.

Ein erster Grundgedanke Eckharts ist dieser: Wie Gott-Vater den Sohn von Ewigkeit zu Ewigkeit geboren hat und gebiert, nämlich im trinitarischen Prozeß, so hat er mich als seinen eingeborenen Sohn geboren: „Ich bin ein einiger Sohn, den der Vater in Ewigkeit geboren hat." Diese meine Sohnschaft wird abgehoben vom Zustand der Ungeborenheit, welche der trinitarischen Geburt vorangeht: nicht im zeitlichen Sinne, da es in Gott keine Zeit gibt, sondern aktmäßig. Dieses Sein der Ungeborenheit, umschrieben als Verweilen „im ersten Beginn der ersten Lauterkeit", ist das uranfängliche und unausgeflossene göttliche Sein, das „reine" Sein, aristotelisch die Erstursache; in ihm bin ich (noch) nicht Sohn. Sohn bin ich erst, insofern mich der Vater aus dieser „verborgenen Finsternis der Ungeborenheit" – Finsternis ist eine sehr alte Metapher für das reine Sein – gebiert, nämlich im Ausgang *(processio)* des Vaters zu dessen Selbsterkenntnis. Es ist dies nach allgemeiner Lehre die erste trinitarische „Bewegung", diejenige des Vaters zum Sohne hin. Sohn ist also Abbild göttlichen Vernunftseins, in dem der Vater sich selbst erkennt. Deshalb ist der Sohn „Wort" *(logos, verbum)* des Vaters, wie Joh. 1,1 es bezeugt. In diesem „Wort" ist aber nicht nur der Vater als Urheber mit ausgesprochen, sondern „die ganze göttliche Natur und alle Dinge", auch das ‚Ich', als *wesenheit* nämlich, als Idee. So kann der Prediger an anderer Stelle sagen: „In diesem Aussprechen bist du und ich [wesensmäßig] ein Sohn Gottes wie das Wort selbst" (DW II 435,9f.).

Nun heißt es aber nicht nur, daß der Vater mich als Sohn gebiert, sondern – und das ist der zweite Grundgedanke – er gebiert seinen eingeborenen Sohn „in das Höchste der Seele", *supremum animae*, ins Seelenfünklein. In ihm, und in ihm allein, liegt des Menschen Gottförmigkeit, ist er im obigen Sinne „Sohn". In ihm empfängt er das Wort des Vaters, was zugleich heißt: Der Vater gebiert seinen Sohn in mich.

Ein dritter Grundgedanke schließt die trinitarische Bewegung: Indem Gott „seinen eingeborenen Sohn in mich gebiert, gebäre ich ihn zurück in den Vater". Die Gottesgeburt ist ein passives wie ein aktives Geschehen, und zwar „zugleich", „im selben Augenblick". Dieses „gebären" und „wieder gebären" ist so eine einzige Geburt. Eckhart erklärt dies mit dem Gleichnis des Echos, das er auch als Analogievergleich heranzieht (s. S. 82 ff.). Der Ruf ist das Gebären, das Echo das Wiedergebären. In der Seele fällt beides zusammen: indem ich den Ruf empfange, habe ich ihn auch schon zurückgegeben. Das Empfangen des Rufes ist Sohn-*Sein*, das Echo Sohn-*Gebären.* Im Sohn-Gebären aber bin ich Vater. Deshalb die Formulierung: Er hat mich „als seinen eingeborenen Sohn in das Ebenbild seiner ewigen Vaterschaft" geboren, „auf daß ich *Vater* sei und den gebäre, von dem ich geboren bin". Eine philosophische Formel für diesen Vorgang findet sich in einer lateinischen Predigt: „Außerhalb von Materie, Raum und Zeit [und die Gottesgeburt vollzieht sich außerhalb dieser Kategorien] ist Wirkendes und Gewirktes, Zeugendes und Gezeugtes ein und dasselbe" (LW IV 344,6 f.).

Wie Eckhart in der Lehre von der Gottesgeburt in der christlichen Tradition steht, sei im Folgenden kurz aufgezeigt. Ihr Ausgangspunkt ist paulinisch, die Kernstelle Gal. 4,19, immer wieder herangezogen, wo von der Gottesgeburt die Rede ist: „Meine Kinderchen, die ich abermals gebäre, bis Christus in euch Gestalt gewinne". Gestalt gewinnen, griech. *morphoũsthai*, lat. *formari*, ist der entscheidende Begriff. Christus gewinnt in uns Gestalt, wird spirituell in uns geboren durch die Taufe. Dieser Gedanke verband sich leicht mit der Vorstellung der griechischen Seelenlehre vom Herzen als der Geburtsstätte der *logoi*, der Gedanken: der *logos*, Gottes Sohn, wird im Herzen der Gläubigen geboren.

Es ist Origenes (ca. 185–ca. 243), der die Lehre von der Gottesgeburt entscheidend weiterführte. In der Homilie über Jeremias 9,4 sagt er, und es ist eine Stelle, die Eckhart wiederholt zitiert: „Selig aber wer immer aus Gott geboren wird. Nicht nur einmal, so möchte ich sagen, wird der Gerechte aus Gott geboren, sondern in jedem guten Werke wird er geboren, weil in diesem Werk Gott den Gerechten gebiert ... Wenn nun der Erlöser immerdar geboren wird und darum sagen kann: ‚Vor allen Hügeln gebiert er mich' – nicht etwa: Vor allen Hügeln hat er mich geboren – und so allzeit der Erlöser vom Vater geboren wird, so gebiert Gott in ihm auch dich, wenn immer du den Geist der Kindschaft hast, immerdar in jedem guten Werke, in jedem guten Gedanken, und so geboren bist du ein ständig geborener Gottessohn in Christus Jesus." Es genügt also nicht, in der Taufgnade einmalig Christusgestalt zu gewinnen, sondern es geht darum, daß sich die ewige Geburt des Logos aus dem Vater in jedem guten Werke wiederholt. Gottesgeburt ist so Teilhabe an der mit dem Logos identischen Tugend, oder auch: Tugend ist ein Gestaltwerden Christi in der menschlichen Seele. Man wird schon hier feststellen, daß das, was bei Origenes ethische Bedeutung hat, bei Eckhart metaphysische Relevanz erhält.

Bei Gregor von Nyssa († 394) wird die Lehre von der Gottesgeburt Vollkommenheitsmystik. Gott gebiert Christus in unser Innerstes, sofern es sich in jungfräulicher Reinheit erhält, das heißt alles Fremde abgestoßen hat. „Was einst leiblich in der jungfräulichen Maria geschah, ... das vollzieht sich auch in jeder Seele, die nach dem Sinne des Logos ein jungfräuliches Leben führt“: Das ist ziemlich genau der Ausgangspunkt der eckhartschen Predigt! „In dieser Geburt“ gebiert diese Seele „dann Weisheit und Gerechtigkeit, Heiligkeit sowohl als innere Reinheit. Und so kann jeder Mutter dessen werden, der dies alles dem Wesen nach ist, wie ja der Herr selbst sagt“ (Matth. 12,50).

Was bei Gregor von Nyssa noch im Rahmen einer Virginitätsdoktrin bleibt – die zitierten Äußerungen stehen in einer Schrift ‚Über die Jungfräulichkeit‘ –, das gehört bei Maximus Confessor († 662) zu einem geschlossenen theologischen System von zwei Äonen, dem der Menschwerdung des Logos und dem der Gottwerdung *(theōsis)* des Menschen. Sie vollzieht sich in der Seele des begnadeten Menschen aufgrund ihrer „Gleichheit mit Gott“ *(tautótes pròs theoũ)*. Dort findet die Menschwerdung des Logos immer noch „wie in der Verborgenheit des Mutterschoßes“ statt. „Immerdar und in allen Menschen will der Logos Gottes das Mysterium seiner Leibwerdung neu vollziehen.“

Es ist von großer geschichtlicher Bedeutung, daß diese genuine Mystik der Ostkirche vom Dionysius-Übersetzer (s. S. 56) Johannes Scotus Eriugena (810–877) dem Abendland vermittelt wurde, in der Übertragung der ‚Ambigua‘ des Maximus (die wiederum Gregor von Nyssa kommentieren) sowohl wie in eigener Weiterbildung. Diese Tradition ist wie keine andere ein Höhenweg zu Meister Eckhart. Aber so deutlich der sachliche Zusammenhang vor uns steht, so verborgen bleibt der quellenmäßige Bezug. Eriugena kann als unmittelbarer Anreger Eckharts höchstens vermutet, nicht nachgewiesen werden.

Hingegen war Eckhart zweifelsohne die Gottesgeburtlehre in der Vermittlung der lateinischen Kirchenväter vertraut. Sie geht aber nicht wie bei Gregor von Nyssa und Maximus Confessor über die asketische Spiritualität hinaus. Außerdem hat sie eine betont marianische Färbung. Maria, die Christus geboren hat, ist Vorbild der jungfräulichen Seele, die in ihrem Herzen die Gerechtigkeit, die Wahrheit, die Tugenden überhaupt gebiert. Ambrosius sagt: „Wer also Gerechtigkeit gebiert, gebiert Christus, wer Weisheit gebiert, gebiert Christus.“ Augustin predigt an Weihnachten: „Christus ist geboren, möge er auch in unseren Herzen geboren werden. Maria trug ihn im Schoße, mögen wir ihn im Herzen tragen. Die Jungfrau wurde schwanger durch die Fleischwerdung Christi, mögen unsere Seelen schwanger werden durch unseren Glauben an Christum. Die Jungfrau gebar den Heiland, möge unsere Seele das Heil gebären. Seien wir nicht unfruchtbar, unsere Seelen sollen in Gott fruchtbar werden."

Wenn es mit Hugo Rahner, der die ganze Tradition der Lehre von der Gottesgeburt aufgearbeitet und lichtvoll nachgezeichnet hat, zutrifft, daß Richard von St. Viktor († 1173) in seiner Gestaltung der Gottesgeburtlehre neben Augustinus auch Eriugena herangezogen hat, könnte er für Eckhart der Vermittler der mystischen Gottesgeburtlehre aus dem Geiste der Ostkirche geworden sein. Mit Richard von St. Viktor müßte aber doch wohl auch Wilhelm von St. Thierry († 1149) genannt werden. Wir fassen aber auch hier zuwenig konkrete Textgemeinschaft, als daß man sich mit dieser Lösung zufrieden geben könnte. Es bleibt die Feststellung: Die theologischen Traditionen, in denen Meister Eckhart steht, sind uns derzeit weniger deutlich als die philosophischen.

In der ‚Rechtfertigungsschrift' verteidigt Eckhart seine Aussagen zur Gottesgeburt in der Seele mit Origenes und Augustin. Das ist gerechtfertigt, insofern Tugenden und Vollkommenheiten als Zeichen vollbrachter Gottesgeburt beurteilt werden, was für den Beginn der Predigt Q 22 in der Tat zutrifft. Aber Eckhart ist anschließend über das in der Tradition Vermittelte hinausgegangen. Inwiefern dies der Fall ist, soll noch einmal präzisiert werden.

Eckhart hat die Lehre von der Gottesgeburt, wie schon aus den Ausführungen des Trostbuchs (s. S. 120f.) hervorging, eingebaut in das Univozitätsschema von der Güte und dem Guten, der Gerechtigkeit und dem Gerechten. Das heißt, daß die Güte, die Gerechtigkeit, die Weisheit, die Wahrheit in diesem Zusammenhang keine Tugenden und Vollkommenheiten bedeuten, sondern Transzendentalien und „allgemeine Vollkommenheiten" *(perfectiones generales)*, die mit dem Sein und damit dem Göttlichen gleichgesetzt werden. „Der Sohn der Güte, der Sohn der Gerechtigkeit ... hat dasselbe eine Wesen, das die Gerechtigkeit hat und ist, und tritt in alle Eigenschaften der Gerechtigkeit und der Wahrheit" (BgT, DW V 11,16ff.). Auf Grund dieses ontischen Bezugs kann die Gottesgeburt verstanden werden als die Emanation Gottes als Sein, Gerechtigkeit, Güte in das Seiende, den Gerechten, den Guten hinein.

2.

In der ‚Rechtfertigungsschrift' hat Meister Eckhart Sätze aus 15 Predigten als die seinen anerkannt, nicht aber diejenigen aus der Predigt Q 2 ‚*Intravit Iesus in quoddam castellum*', und diese Ablehnung ist verbunden mit einer Distanzierung von der Predigt als solcher: „Es ist in dieser Predigt viel Dunkles und Zweifelhaftes *(obscura et dubia)*, was ich niemals gesagt habe" (Théry, S. 204), und: „Ich habe zu bemerken, daß in dieser Predigt, die mir schon vor langem einmal vorgehalten wurde, sich vieles findet, was ich niemals gesagt habe. Auch ist viel Sinnloses, Dunkles, Wirres und gleichsam Schlaftrunkenes *(absque intellectu, obscura et confusa et quasi sompnia)*, weshalb ich es ganz und gar von mir wies" (Théry, S. 258). Da der Text, der den Kölner Zensoren vorlag, praktisch identisch mit demjenigen in den Ausgaben von Pfeiffer und Quint zu sein scheint, ist Mißtrauen gegenüber der vollen Authentizität dieser Editionstexte gerechtfertigt. Max Pahncke hat denn auch, wenn nicht stringent, so doch mit guter Wahrscheinlichkeit, nachgewiesen, daß die Predigt in dieser, den Kölner Inquisitoren wie uns geläufigen Form das Produkt eines Redaktors ist, der zwei Predigten ineinander geschoben hat: DW I 24,1–31,8 + 38,6–43,3 („Rahmenpredigt") und 32,1–38,2 („Binnenpredigt", dessen erste Hälfte uns nicht bekannt ist). Ich folge der „Rahmenpredigt" in der Redaktion Pahnckes (S. 201–204), die auch im Einzelnen von derjenigen Quints abweicht.

„Jesus ging hinauf in ein Burgstädtchen und wurde empfangen von einer Jungfrau, die ein Weib war". Der lateinische Text lautet: *Intravit Iesus in quoddam castellum et mulier quaedam, Martha nomine, excepit illum in domum suam* (Luk. 10,38). Erstaunlich ist die Veränderung, die dieser Text „zu deutsch" erfahren hat. Daß *Martha nomine* und *in domum suam* ausgeklammert wurde, versteht sich leicht aus der Absicht des Predigers, den historischen Befund „Jesus in Bethanien" unberücksichtigt zu lassen. Über diese Emendation hinaus aber wird *mulier* zu einer „Jungfrau, die ein Weib war". Dieses Paradox, das freilich auch auf Maria zutrifft und daher nicht irritieren konnte, ist nichts anderes als die Vorwegnahme der Predigtexegese.

„Nun achtet aufmerksam auf dieses Wort: Mit Notwendigkeit muß der Mensch, von dem Jesus empfangen wurde, eine Jungfrau sein. Jungfrau bedeutet so viel wie ein Mensch, der von allen fremden Bildern frei ist, so frei wie er war, als er noch nicht war. Nun könnte man fragen, wie der Mensch, der geboren ist und fortgeschritten zu einem Leben in Vernunft, so frei sein kann von allen Bildern, wie da er noch nicht war, und er weiß doch (so) vieles, was alles Bilder sind: wie kann er von diesen frei sein? Nun achtet wohl auf meine Unterweisung, die ich euch vorlege. Wäre ich so vernünftig, daß alle Bilder, die Menschen je empfangen haben und in Gott selber sind, in meiner Vernunft stünden, wäre ich (zudem) ohne ‚Eigenschaft' [Selbstbezogenheit], daß ich keines [dieser Bilder] in Tun und Lassen, mit Vor und Nach mir zu eigen ergriffen hätte, daß ich vielmehr in diesem gegenwärtigen Augenblick frei und ledig stünde gemäß dem liebsten Willen Gottes, diesen zu vollbringen ohne Unterlaß:

wahrlich, so wäre ich Jungfrau ohne Behinderung durch alle Bilder, so wie ich war, als ich noch nicht war" (entspricht DW I 24,7–26,3).

Jungfrau ist, wer „frei vom Eigenen" ist, der „sich selber gelassen hat": so formulierte es schon der Verfasser der ‚Reden der Unterweisung'. Nun wird der ‚Stand' des vom Selbst befreiten Menschen als „Jungfrau" definiert, und er ist es, der zu neuen Überlegungen Anlaß gibt.

„Ich spreche weiter: Daß der Mensch Jungfrau ist, das benimmt ihm gar nichts von allen den Werken, die er je getan hat; er steht in Bezug auf sie jungfräulich und frei von Behinderung an [der Teilhabe] der obersten Wahrheit, gleich wie Jesus frei und ledig ist und jungfräulich in sich selber. So wie die Meister sagen, daß (nur) gleich und gleich Grund einer Vereinigung ist, so muß der Mensch Jungfrau sein, die den jungfräulichen Jesus empfangen soll.

Wäre es nun so, daß der Mensch immer Jungfrau bliebe, so käme keine Frucht von ihm. Soll er fruchtbar werden, so ist es notwendig, daß er ein Weib ist. Weib ist das edelste Wort, das man der Seele zulegen kann, es ist viel edler als Jungfrau. Daß der Mensch Gott in sich empfängt, das ist gut, und in der Empfänglichkeit ist er Jungfrau. Daß aber Gott fruchtbar in ihm werde, das ist besser, denn Fruchtbarkeit des Geistes das ist Hervorbringung des Geistes, und hierin ist der Mensch ein Weib: in der wiedergebärenden Fruchtbarkeit, wo er Gott den Sohn wiedergebiert in das väterliche Herz.

Viele gute Gaben werden in der Jungfräulichkeit empfangen, werden aber nicht in weiblicher Fruchtbarkeit durch die Wiedergeburt wiederum in Gott eingeboren. Diese Gaben verderben und werden alle zunichte, so daß der Mensch durch sie weder seliger noch besser wird. Daher ist ihm seine Jungfräulichkeit zu nichts nütze, wenn er nicht zu der Jungfräulichkeit hinzu ein Weib ist mit ganzer Fruchtbarkeit. In solchem (Mangel) liegt der Schaden. Aus diesem Grunde habe ich gesagt: ‚Jesus ging hinaus in ein Burgstädtchen und wurde empfangen von einer Jungfrau, die ein Weib war'" (entspricht DW I 26,4–28,6).

Damit ist der Prediger zum Textwort zurückgekehrt, das nunmehr begründet erscheint. Der nächste Absatz führt näher aus, daß der Mensch mit „Eigenschaft" – das ist der selbstbezogene Mensch, von dem im Zusammenhang der Bedeutung ‚Jungfrau' die Rede war – sich der Freiheit beraubt sieht und wenig Frucht hervorbringt. Eckhart bezeichnet diese Menschen in Fortführung der Jungfrauen- und Weibmetaphorik „Eheleute". Davon hebt er nochmals ab „eine Jungfrau, die ein Weib ist, die frei und ungebunden ohne ‚Eigenschaft' ist: sie ist Gott und sich selbst gleich nahe. Sie bringt viele Früchte hervor, und die sind groß, nicht mehr und weniger als Gott selber, denn Gott selber ist diese Frucht. Und diese Geburt bringt diese Jungfrau hervor, die ein Weib ist, und sie bringt alle Tage hundert- oder tausendfältige Frucht hervor, ja ohne Zahl, in Fruchtbarkeit und gebärend aus dem alleredelsten Grunde heraus, noch besser gesagt: aus demselben Grunde, daraus der Vater sein ewiges Wort gebiert, aus dem wird sie fruchtbar mitgebärend. Denn Jesus, das Licht und der Widerschein des väterlichen Herzens – wie Sankt Paulus sagt, daß er eine Ehre und ein Widerschein des väterlichen Herzens sei und mit Macht das väterliche Herz durchstrahle –, dieser Jesus ist mit ihr vereint und sie mit ihm, und sie leuchtet und glänzt mit ihm als ein einiges Ein und ein lauteres, klares Licht im väterlichen Herzen (entspricht DW I 30,3–31,8). – Nun habe ich gesagt, daß Jesus empfangen wurde, ich habe Euch aber noch nicht gesagt, was das ‚Burgstädtchen' sei: darüber will ich nunmehr sprechen (38,6 f.).

Ich habe bisweilen gesagt, es sei eine Kraft in dem Geiste, die sei allein frei. Bisweilen habe ich gesprochen, es sei eine Hut des Geistes, bisweilen habe ich gesagt, es sei ein Licht des Geistes, bisweilen habe ich gesagt, es sei ein Fünklein. Nun aber sage ich: Es ist weder dies noch das, trotzdem ist es ein Etwas, das erhabener über dies und das ist als der Himmel über der Erde. Deshalb nenne ich es jetzt in einer edleren Weise, als ich es je benannte: es spottet solcher Edelkeit und Weise und ist darüber erhaben. Es ist von allen Namen frei und von allen Formen bloß, ledig und gänzlich frei, so wie Gott ledig und frei ist in sich selbst. Es ist so völlig eins und einfaltig, als Gott ein und einfaltig ist, so daß man auf keine Weise da hineinzublicken vermag (39,1–40,4). Ja, in voller Wahrheit und so wahr Gott lebt: Gott selbst blickt da niemals nur einen Augenblick hinein und hat noch nie hineingeblickt, soweit er in der Weise und Eigenschaft seiner Personen existiert. Und wird Gott je darein blicken, so kostet es ihn alle seine göttlichen Namen und seine persönlichen Eigenschaften [Proprietäten], sofern er nicht ein einfaltiges Sein ist ohne Weise und Eigenschaft, wo er nicht Vater noch Sohn noch heiliger Geist ist: so kommt er in dieses Eine, das ich ein Burgstädtchen in der Seele nenne, und anders kommt er auf keine Weise da herein. Mit diesem Teil ist die Seele Gott gleich und anders nicht.

Was ich euch gesagt habe, das ist wahr; dafür setze ich euch die Wahrheit zum Zeugen und meine Seele zum Pfande. Daß wir so ein Burgstädtchen seien, zu dem Jesus aufsteige und werde empfangen und ewig in uns bleibe in der Weise, wie ich's gesagt habe, dazu helfe uns Gott. Amen" (entspricht DW I 43,3–45,3).

Es liegt in der Predigt vom Burgstädtchen *(bürgelîn)* der Seele eine der umfassendsten Darlegungen von Eckharts Lehre vom Seelenfünklein vor, in dem sich die Gottesgeburt ereignet. Eckhart hat sich zwar von der Predigt als ganzer distanziert, aber die im 2. Kölner Gutachten als Nr. 51 inkriminierte Stelle „Ich habe bisweilen gesagt" bis „so daß man auf keine Weise da hineinzublicken vermag" verteidigt. Diese Rechtfertigung ist nichts anderes als ein Kommentar zur Stelle: „Was aber die Sache betrifft, die hier berührt wird, so bleibt wahr, daß Gott als Wahrheit und in der Hülle der Wahrheit in die (menschliche) Vernunft eingeht, als Güte und in der Hülle der Güte in den Willen, nach seiner bloßen Wesenheit *(essentia nuda)* aber, die über alle Namen erhaben ist, sich einsenkt in die bloße Wesenheit der Seele selbst, für die es gleichfalls keinen eigentlichen Namen gibt und die höher ist als Verstand und Wille, wie eben die Wesenheit höher ist als die Seelenkräfte. Und diese (bloße Wesenheit der Seele) ist das ‚Burgstädtchen', in das Jesus eintritt, freilich mehr nach dem Sein als nach dem Wirken, indem es der Seele ein göttliches und gottförmiges Sein verleiht durch die Gnade, die sich auf die Wesenheit und auf das Sein richtet gemäß dem Wort: ‚Durch die Gnade Gottes bin ich, das ich bin' (1. Kor. 15,10). Und das ist wahrhaftig eine sittenbildende Lehre, die den Menschen anweist, allem zu entsagen und sich allem zu entblößen, arm zu werden, keine Liebe zum Irdischen zu haben und, sofern einer aufrichtig ein Jünger Christi sein will, Gott zu lieben ohne ‚Weise' und ohne durch ‚Weise' bestimmte ‚Eigenschaft'" (Théry, S. 258).

Eckhart bestätigt hier an der Stelle höchster Verbindlichkeit, vor dem Richter, das Burgstädtchen als „bloße Wesenheit" der Seele, die über ihren Kräften wie Vernunft und Willen steht, und daß dies die Stätte ist, in die sich die „bloße Wesenheit" Gottes einsenkt, also die Wesenseinheit. Sie ist Schöpfungsgnade, erläutert Eckhart zusätzlich, und eindrucksvoll wird die ethische Implikation dieser Einheit als eigentliches Anliegen des Predigers betont.

Eingeleitet wird der Schlußteil der Predigt, der *castellum* des Textwortes thematisiert, mit einer Aufzählung der Bezeichnungen für das „Etwas" in der Seele, das von göttlicher Art ist. Die aufgeführten Namen verraten, daß auch hier Eckhart in einer alten und großen Tradition steht.

Das Seelenfünklein ist eine spezifisch stoische Vorstellung. Wie das Urfeuer als Urvernunft den Kosmos bildet und erhält, so erhält ein Funke dieses göttlichen Feuers den menschlichen Leib. Sitz des Funkens ist die Seele, und zwar das „Höchste der Seele", dort wo das Urfeuer in seiner ursprünglichen Reinheit erhalten ist. Griechisch heißt es *apóspasma*, das ‚Stückchen', lateinisch *scintilla animae*, dazu *anōtaton méros*, ‚höchster', d. i. nach dem Höchsten ausgerichteter ‚Teil' der Seele, lateinisch *supremum animae* und, bildhafter, *apex mentis*, ‚Spitze', ‚Gipfel der Vernunft'. Nach seiner Funktion ist der Funken leitendes Prinzip, *hegemonikón, principale cordis*, Ziel des *hegemonikón* die Erhaltung des Ganzen: *synteresis* (‚Bewahrung').

Die stoische Philosophie hat das Hegemonikon, den Zentralbegriff der *scintilla*-Lehre, noch nicht im Sinne eines Seelengrundes verstanden, der einen erkenntnismäßigen Kontakt mit der Urvernunft gewähren könnte. Erst wo das stoische Schema sich mit der platonischen Grundvorstellung verband, daß unser Geist, aus dem *Hen*, dem Ureins, ausgeströmt, wiederum zu ihm zurückstrebe, konnte das stoische Hegemonikon zum Seelengrund werden. Jenes Zurückstreben zum Einen, Absoluten, zu Gott, vollzieht sich im Seelenfunken. Dies ist zuerst bei Origenes der Fall. Im lateinischen Mittelalter beginnen diese Vorstellungen erst im 12. Jahrhundert wirkungsmächtig zu werden. Das Seelenfünklein kennen unter verschiedenen Namen die Viktoriner Hugo und Richard, Alcher von Clairvaux im ‚Liber de spiritu et anima', Wilhelm von St. Thierry, im 13. Jahrhundert Hugo von Balma, Bonaventura, Thomas von Aquin. Eckhart konnte hier schon an die jüngste theologische Metaphysik anknüpfen.

Zum stoisch-platonischen Seelenfünklein treten nun noch augustinische Vorstellungen. Die Seele ist nach Augustin in ihrem intellektiven Teil, der *mens*, d. h. mit ihren oberen Seelenkräften, *imago trinitatis*, ein Abbild der göttlichen Dreifaltigkeit mit den „Kräften" Gedächtnis *(memoria)*, Vernunft *(intellectus)*, Wille *(voluntas)*, die Wesenseigenschaften des Vaters, des Sohnes und des Heiligen Geistes entsprechen. Die *mens* als *imago trinitatis* schließt nun die Möglichkeit der Gotteserkenntnis in sich. Die Mystiker sprechen viel von diesen augustinischen Seelenkräften, zumal vom *intellectus*, der *vernünftecheit*. Sie sind jedoch bei Eckhart, wie gerade der hier vorgetragene Zusammenhang deutlich macht, nicht identisch mit dem Seelenfünklein, das als „Wesenheit" verstanden wird, „die höher ist als [die Seelenkräfte] Vernunft und Wille". Das Fünklein ist sozusagen der Koinzidenzpunkt der Seelenkräfte, oder auch: Diese sind die „Träger" *(supposita)* des Fünkleins.

Augustinisch ist fernerhin der Begriff des *abditum mentis*. Der Kirchenvater spricht davon in ‚De Trinitate' XIV c. 7 als dem Verborgenen in der Seele, das Gott nächst verwandt ist. Parallelbegriff dazu ist das *intimum animae*, etwa bei Richard von St. Viktor. Eckhart umschreibt es als „etwas Heimliches und Verborgenes" (DW I 123,6 f.), als „des Geistes Innigstes" (DW I 90,7) oder auch nur als „Innigstes" (DW I 302,9).

Was die in unserem Predigtstück verwendeten deutschen Bezeichnungen betrifft, so bedarf nur die ‚Hut des Geistes' einer Erläuterung. Die Kölner Zensoren übersetzten es mit *custodia animae*. Das ist kein terminus technicus, sondern eine wörtliche Übersetzung, die den Sinn verfremdet. In ‚Hut' *(huote)* liegt vielmehr die Entsprechung von *synteresis* vor, das die erhaltende, behütende Kraft des Hegemonikon bezeichnet. Das ist aber auch der Sinn von *bürgelîn*! In *castellum* des biblischen Textwortes erkannte Eckhart die funktionale Übereinstimmung mit der Synteresis, und so konnte er das „Burgstädtchen" als Seelengrund auslegen. Das berühmte mittelalterliche Allegorisieren wird hier in der Genese einer allegorischen Gleichung faßbar.

Eckhart nennt das Seelenfünklein eine „Kraft", obschon er es entschieden von den – augustinischen – oberen Seelenkräften abhebt. Er will damit einfach seine Aktivität bezeichnen. In ihm wird ja der ewige Logos geboren und wiedergeboren, in ihm wird Gott „grünend und blühend" (DW I 32,3). Wichtig ist die Bestimmung, daß es „weder dies noch das" ist, darüber hinaus „erhabener als der Himmel über der Erde" – „dies und das" ist das eigentliche Merkmal des Geschaffenen als ein Vieles –; es ist, damit übereinstimmend, „von allen Namen frei und von allen Formen bloß": das sind zugleich Bestimmungen des Göttlichen, so wie dies im Bezug auf das *unum* ausgesprochen wird: „Es ist so völlig eines und einfaltig als Gott eins und einfaltig ist".

Ohne Zweifel bestimmt Eckhart in unserem Zusammenhang das Seelenfünklein als Ungeschaffenes, und dazu ließen sich zahlreiche Parallelstellen anführen. Es fehlen aber auch nicht Aussagen, die dessen Geschaffenheit betonen, so in Predigt Q 22[a] und 22[b]: „Das Fünklein der Seele, das da von Gott geschaffen ist" (DW I 332,3; 348,8). Geschaffen – ungeschaffen. Wie erklärt sich der Gegensatz? Ist Eckhart am Ende doch, wie es Denifle, Théry und andere Neuscholastiker meinen, ein unklarer Denker? Die Antwort ergibt sich aus der Bestimmung des Seelenfünkleins als Erkenntnisvermögen, *intellectus*. Dieser ist geschaffen als Seelenkraft, ungeschaffen als *intellectus in quantum intellectus*, als in die Seele einströmender, „gespiegelter" *intellectus*. Als solcher ist er kein „Teil" der Seele *(aliquid animae)*, wogegen sich Eckhart ausdrücklich und öffentlich, in seiner Erklärung in der Kölner Predigerkirche, verwahrt hat (Laurent, S. 345), sondern ein Etwas in der Seele *(aliquid in anima)*, das teil hat am göttlichen Sein und zwar, wie Eckhart verschiedentlich betont, gnadenhaft. Die Ungeschaffenheit des Fünkleins ist so eine gnadenhaft geliehene. Das sollte auch katholischer Rechtgläubigkeit genügen. Die Grenzen zwischen Gott und dem Geschaffenen bleiben gewahrt, auch wenn sie sich berühren. Wer das Dasein und mit ihm die menschliche Existenz nicht aus sich selbst, sondern einzig aus Gott heraus verstehen will – und das ist wahrlich eines christlichen Denkers würdig –, der rückt Gott und Mensch zusammen.

Zu den Merkwürdigkeiten und Besonderheiten der ‚Burgstädtchen'-Predigt gehört die Verbindung von Logos- und Christusmystik. Die Gottesgeburt in der Menschenseele ereignet sich wie die trinitarische *processio verbi*, aber die 2. Person, der Sohn als Logos, wird auch unbefangen Jesus genannt, also der inkarnierte Logos: „Daher muß der Mensch Jungfrau sein, der den jungfräulichen Jesus empfangen soll"; „dieser Jesus ist mit ihr vereint". Das hängt natürlich mit dem Textwort zusammen, das Jesus ins *bürgelîn* eintreten läßt, und noch mehr mit der Textumformung von *mulier* in „Jungfrau, die ein Weib war'. Damit aber kommt die Predigt andeutungsweise in die Nähe der Braut- und Christusmystik, der „Gemahlschaft der jungfräulichen Seele mit dem Bräutigam Christus". Eckhart führt dieses Thema in keiner Weise durch, aber es ist mit „Jesus“ und „Jungfrau“ präsent – ich meine bewußt und gezielt. Im Rahmen der *cura monialium* predigte Eckhart, wie wir wissen, in Frauenklöstern. Sie waren, wie die Schwesternbücher bezeugen, spirituell vor allem bestimmt durch die Brautmystik und deren devotionale Formen (s. 7. Kap. 4.). Eckhart erkannte, sicher zu Recht, in ihr eine neue Form der „Eigenheit“, des Besitzwillens. Wenn er sie mit einer Spiritualität des „Lassens“ und der „Abgeschiedenheit“ ersetzen wollte, so mußte dies behutsam geschehen. Die ‚Burgstädtchen‘-Predigt kann nun verstanden werden als Vermittlung von Gottesgeburt und Seelenfünklein im den Zuhörerinnen vertrauten Horizont der Liebesgemeinschaft von Christus und der jungfräulichen Seele. Deshalb beginnt der Prediger mit Stand und Bedeutung der „Jungfrau“. Ihre (klösterliche) Aufgabe ist das Freiwerden von „Eigenschaften“ (Selbstbezogenheit). So weit spricht Eckhart Vertrautes und Erfahrenes an. Aber die Jungfrau bringt keine Frucht! Mit dieser Wendung durchbricht Eckhart den Vorstellungskreis der Schwestern und tritt in seine eigentlichen Denkbahnen ein. Die Wendung ist verbunden mit einer Kritik der Jungfräulichkeit. „Viele gute Gaben werden mit der Jungfräulichkeit empfangen, werden aber nicht . . . wiederum in Gott eingeboren. Diese Gaben verderben und werden alle zunichte, so daß der Mensch durch sie weder seliger noch besser wird“ (27,10 ff.). Auch die „Eheleute“, die mit Christus vermählten Seelen, bringen wenig Frucht; sie sind mit „Eigenschaft“ „gebunden an Gebet, Fasten, Wachen und allerlei äußere Übungen und Kasteiungen“. In Frage gestellt wird so die klösterliche Askese, die in den Schwesternbüchern so eindrucksvoll geschildert wird.

Ich füge noch eine Anmerkung zu Eckharts Äußerung in der ‚Rechtfertigungsschrift‘, daß ihm die Predigt vom Burgstädtchen der Seele „schon vor langem einmal vorgehalten wurde“ (s. o. S. 143), hinzu. Man dachte hier offensichtlich an dic erste Liste der Eckhart vorgelegten inkriminierten Aussagen. Da aber die zweite, in deren Rahmen die zitierte Wendung fällt, der ersten unmittelbar nachgereicht wurde, kann „vor langem“ kaum einen Bezug zu dieser meinen. Es drängt sich die Vermutung auf, daß ihm bereits vor dem Kölner Prozeß, vielleicht schon in Straßburg, diese Predigt „vorgehalten“ wurde, und diese Vermutung findet einen festen Halt in der Apologie des ‚Trostbuches‘, die sich gegen Angriffe auf seine Predigtweise im Rahmen der Nonnenseelsorge wendet (s. S. 125 ff.). Allmählich werden die Fäden klar, die von Straßburg aus zum Kölner Inquisitionsprozeß führen. Im folgenden Kapitel ist darauf zurückzukommen.

3.

„Im Vater sind die Urbilder aller Kreaturen" (DW I 377,1), heißt es in der Predigt Q 22 ‚Ave, gratia plena'. Das blieb bis jetzt unerörtert. Die Predigt Q 16b, ‚*Quasi vas auri*', ist geeignet, Eckharts Bildlehre aufzuschließen, die ein wesentliches Element seiner Gotteslehre ist.

Erinnert sei daran, daß die Ideenlehre Platons zu den großen von der Theologie übernommenen Traditionen des mittelalterlichen Abendlandes gehört. Augustin war es auch hier, der sie adaptierte in der Meinung, daß die Christen für ihren Gebrauch alles Wahre und dem Glauben Angemessene bei den heidnischen Philosophen von diesen als den unrechtmäßigen Besitzern in Anspruch nehmen sollten (‚De doctrina christiana' 2, c. 40). Er übernahm die platonische Ideenlehre in dem Sinne, als er die Ideen in das göttliche Denken als dem Urgrund alles Geschaffenen verlegte. Das lehrte auch noch die Scholastik – man lese Thomas, ‚Summa theologica' I q. 15 und I q. 84,5 –, und mit ihr Eckhart. Die Predigt Pfeiffer Nr. 101, die die thomasische Ideenlehre fast wörtlich aus I q. 15 vorträgt, dürfte zwar nicht von Eckhart sein – oder liegt eine Predigt des jüngeren, noch stark thomasisch orientierten Eckhart vor? –, aber auch noch in Q 16b, einer durch die ‚Rechtfertigungsschrift' beglaubigten Predigt, ist die augustinisch-thomasische Lehre von den Ideen unverkennbar. Freilich geht auch hier Eckhart über die vorgegebene theologische Tradition hinaus.

„‚Quasi vas auri solidum ornatum omni lapide pretioso' (Eccl./Jesus Sirach 50,10). Ich habe auf Lateinisch ein Wort gesprochen, das man heute [am Tage des heiligen Augustin, dem 28. August] in der Epistel liest. Das kann man auf Sankt Augustin beziehen und auf jede gute, heilige Seele, wie sie nämlich (beide) einem goldenen Gefäß gleichen, das da fest und beständig ist und die Kostbarkeit aller Edelsteine an sich trägt. Im Adel der Heiligen liegt es begründet, daß man sie nicht mit einem (einzigen) Vergleich kennzeichnen kann, man vergleicht sie [im Missale] deshalb mit Bäumen, mit der Sonne und mit dem Mond. Und so ist hier Sankt Augustin mit einem Gefäß aus Gold verglichen, das da fest und beständig ist und die Kostbarkeit aller Edelsteine an sich trägt. Und das kann man wahrheitsgemäß (auch) von jeder guten, heiligen Seele sagen, die alle Dinge gelassen hat und sie dort ergreift, wo sie ewig sind. Wer die Dinge läßt, wie sie Zufall sind, der besitzt sie dort, wo sie reinen Wesens und ewig sind" (I 263,1–264,3).

Die Welt aus Gott heraus zu verstehen, dieses Grundanliegen Eckharts hat hier im Auftakt der Predigt eine seiner schönsten Formulierungen gefunden. „Aus Gott heraus", heißt nicht nur „geistig", etwa im Gegensatz zu „materiell", sondern in Absehung all dessen, was geschaffen, was kreatürlich ist, positiv: in ihrer Wesentlichkeit. Wie ist nun aber diese „gute, heilige Seele" beschaffen, die solches vermag?

„Jedes Gefäß hat zweierlei (Kennzeichen) an sich: es nimmt auf, und es enthält. Geistige Gefäße und körperhafte Gefäße (aber) sind verschieden. Der Wein ist im Fasse, aber das Faß ist nicht im Wein noch der Wein im Fasse, nämlich in den Dauben, denn wäre er im Fasse, also in den Dauben, so könnte man ihn nicht trinken. Anders steht es um das geistige Gefäß. Alles, was in ihm aufgenommen wird, das ist in dem Gefäß und das Gefäß in ihm, und es ist das Gefäß selbst. Alles, was das geistige Gefäß aufnimmt, das ist seine eigene Natur. Gottes Natur ist es, daß er sich einer jeden guten Seele schenkt, und der Seele Natur ist es, daß sie Gott aufnimmt. Und dies gilt vom Edelsten, das die Seele aufzuweisen vermag. In ihm [dem Edelsten] trägt die Seele das göttliche Bild und ist Gott gleich. Bild kann nicht ohne Gleichheit sein, Gleichheit indes kann es wohl geben ohne Bild. Zwei Eier sind gleich weiß, und doch ist eines nicht des anderen Bild, denn was des anderen Bild sein soll, das muß aus dessen Natur kommen und muß von ihm geboren sein und muß ihm gleich sein.

Jedes Bild hat zwei Eigenschaften. Die eine ist, daß es von dem, dessen Bild es ist, sein Sein ohne Vermittlung empfängt, (und zwar) außerhalb des Willens [als einer oberen Seelenkraft], denn es hat einen naturhaften Ausgang und dringt aus der Natur wie der Ast aus dem Baum. Wenn das Antlitz vor den Spiegel tritt, so muß das Antlitz in ihm abgebildet werden, ob es wolle oder nicht. Aber die Natur (als solche) geht nicht in das Bild des Spiegels ein, vielmehr der Mund und die Nase und die Augen und die ganze Bildung des Gesichts: dies bildet sich im Spiegel ab. Aber das hat Gott sich allein vorbehalten, daß, worein er sich immer bildet, er seine Natur und alles, was er ist und zu bewirken vermag, gänzlich darein und ohne den Willen [als Wesensmerkmal dem Hl. Geist zugeordnet] bildet. Denn das Bild geht dem Willen voran, und der Wille folgt dem Bild, und das Bild hat den ersten Ausbruch aus der Natur und zieht alles in sich, was die Natur und das Sein aufzuweisen haben. Und die Natur ergießt sich völlig in das Bild und bleibt doch ganz in sich selbst. Denn die Meister [z. B. Thomas, ‚Summa theologica' I q. 93,5] verlegen das ‚Bild' nicht in den Heiligen Geist, sondern sie legen es in die mittlere Person, weil der Sohn den ersten Ausbruch aus der Natur *(processio verbi)* hat. Darum heißt er im eigentlichen Sinne ‚Bild' des Vaters, nicht aber der Heilige Geist: der ist allein ein Ausblühen aus dem Vater und aus dem Sohn und hat doch *eine* Natur mit ihnen beiden. Und trotzdem ist der Wille nicht ein Vermittelndes zwischen dem Bild und der Natur; ja, weder Erkennen noch Wissen noch Weisheit kann hier ein Vermittelndes sein, weil das göttliche Bild aus der Fruchtbarkeit der Natur ohne Vermittelndes ausbricht. Sollte es aber hier die Weisheit als Vermittelndes geben, so ist dieses das Bild selbst. Darum heißt der Sohn in der Gottheit die Weisheit des Vaters.

Ihr sollt wissen, daß das einfaltige göttliche Bild, das der Seele im Innersten ihrer Natur eingedrückt ist, (ebenfalls) ohne ein Vermittelndes empfangen wird, und das Innerste und das Edelste, das in der (göttlichen) Natur ist, das formt sich in seiner ganzen Eigenheit im Bild der Seele aus, und dabei ist weder Mittel noch Weisheit ein Vermittelndes, wie ich (schon) vorhin sagte: hier ist Gott unvermittelt in dem Bilde, und das Bild ist unvermittelt in Gott. Jedoch ist Gott auf eine viel edlere Weise in dem Bilde, als das Bild in Gott ist. Hier [im Edelsten der Seele] empfängt das Bild Gott nicht, wie er Schöpfer ist, sondern es empfängt ihn, wie er vernünftiges Sein ist, und das Edelste der (göttlichen) Natur formt sich in seiner ganzen Eigentlichkeit in das Bild. Es ist ein naturhaftes Bild Gottes, das Gott in alle Seelen naturhaft eingedrückt hat. Mehr vermag ich nun dem Bilde nicht mehr zuzusprechen, gäbe ich ihm aber irgend etwas hinzu, so müßte es Gott selbst sein, und das trifft keineswegs zu, denn dann wäre Gott nicht Gott.

Die zweite Eigenschaft des Bildes sollt ihr in der Gleichheit des Bildes erkennen. Und hier achtet besonders auf zwei Merkmale. Das eine ist dies: Das Bild ist nicht aus sich selber, noch ist es sich selbst. In gleicher Weise wie das Bild, das im Auge empfangen wird: Das gehört nicht dem Auge an und hat kein Sein im Auge, sondern es hängt und haftet einzig an dem, dessen Bild es ist. Darum ist es weder aus sich selbst noch ist es für sich selbst, sondern es stammt in seiner Eigenheit von dem, dessen Bild es ist und gehört ihm gänzlich, und von ihm nimmt es sein Sein und ist dieses selbe Sein.

Nun hört mir sehr genau zu! Was ein Bild im eigentlichen Sinne ist, das sollt ihr [zusammengefaßt] an vier Punkten erkennen, vielleicht aber werden's ihrer mehr. Ein Bild ist (1) nicht aus sich selbst, noch ist es für sich selbst, es stammt (2) vielmehr von dem, dessen Bild es ist, und gehört ihm zu mit allem, was es ist. (3) Was dem, dessen Bild es ist, fremd ist, dem gehört es nicht zu, noch stammt es von ihm. (4) Ein Bild nimmt sein Bild ohne Vermittelndes allein von dem, dessen Bild es ist, und hat *ein* Sein mit ihm und ist dasselbe Sein. Ich habe hiermit nicht von Dingen gesprochen, die man [ausschließlich] in der Schule vortragen soll; man kann sie vielmehr recht wohl auch auf dem Predigtstuhl zur Belehrung vortragen" (I 264,4–270,8).

Eckhart geht aus von der augustinischen *imago dei*-Lehre, die die *mens* mit den obersten Seelenkräften Gedächtnis, Vernunft und Wille als Abbild der göttlichen Trinität versteht. Diese *imago* ermöglicht Gotteserkenntnis. Thomas von Aquin hatte, wie besonders aus ‚Summa theologica' I q. 93,5 hervorgeht, einige Schwierigkeiten mit dieser Lehre, weil eine natürliche Gotteserkenntnis davon abgeleitet werden konnte, für Eckhart ist sie die Basis einer mystischen Bildlehre.

Ausgangspunkt ist der Hervorgang des Sohnes aus dem Vater, die *processio verbi*. Sohn ist, wie wir schon wissen (Erkenntnis-)Bild des Vaters. „Bild hat den ersten Ausbruch *(processio)* aus der Natur", nämlich des Vaters, und sie „ergießt sich völlig in das Bild und bleibt doch ganz in sich selbst" (I 266,9 ff.). Das heißt: Urbild und Abbild sind eins *(unum)* (Joh. 10,30), aber nicht einer *(unus)*: jenes bleibt „ganz in sich selbst", nämlich in seiner Personalität. Ausdrücklich vermerkt Eckhart anschließend (I 267,1 ff.) – was allgemeine christliche Lehre ist: er betont dies mit den „Meistern" –, daß die Meister das Bild nicht dem Hl. Geist zuordnen, der vielmehr ein „Ausblühen aus dem Vater und aus dem Sohn" sei *[processio amoris, spiratio]*, und daß der Wille, der dem Hl. Geist zugeordnet ist, nicht als ein „Mittel" zwischen Ur- und Vorbild gelten dürfe. Letzteres wird mehrfach betont – vielleicht im Hinblick auf die Willenslehre des Duns Scotus. Jedenfalls steht man unter dem Eindruck, Eckhart wolle die *imago* auf den Sohn beschränken: „in der Eigentlichkeit", „im eigentlichen Sinne", wie verschiedentlich betont wird. Das trinitarische Sohn-Bild entspricht nun genau dem Bild in der Seele, dem „Innersten", „Edelsten" der Seele, dem „kostbaren Gefäß" des Predigtwortes. Mit der Bestimmung dieses Bildes beschreibt er das Verhältnis Gott-Seelengrund.

Eckhart betont die Intellektualität des Seelengrundes. Er empfängt Gott „nicht wie er Schöpfer ist" – Schöpfer ist die Dreieinigkeit als *unum principium creaturae* –, sondern als vernünftiges Sein, als das „Edelste der göttlichen Natur" (I 268,9 ff.). Dieses vermittelt sich ganz „in seiner ganzen Eigenheit".

Die Gleichheit des Bildes besteht darin, daß es nicht aus sich selber und für sich selber ist (I 269,1 ff.). Die folgenden Bestimmungen entsprechen genau denjenigen, die Eckhart im Johannes-Kommentar n. 23–25 formuliert. „Das Abbild als Abbild empfängt nicht, was ihm zugehört von dem Träger, von dem es ist; vielmehr empfängt es sein ganzes Sein von dem Gegenstand, dessen Abbild es ist. – Es empfängt sein Sein von ihm allein ... das Abbild ist in seinem Vorbild, denn dort empfängt es sein ganzes Sein ..." Das Bild, das das Auge empfängt (I 269,3 ff.), macht es vollends deutlich, daß auch diese Gleichheit die Gleichheit der Attributionsanalogie ist. Das Bild in der Seele hängt von Gottes Gegenwart und „Ausgang" („Ausbrechen", *processio, generatio*) ab.

Achten wir noch auf den Satz, der den ersten Teil der Predigt beschließt (I 270,6 ff.). Gewiß ist die Bildlehre sublim, vorzüglich ein Gegenstand der Theologie und damit der Schule, aber auch der Predigt, wie Eckhart versichert, und damit für die Ungelehrten bestimmt. Das erinnert an die Apologie des Trostbuches: „Soll man nicht ungelehrte Leute lehren, so wird niemals wer mit Lehre bedacht". Im Unterschied aber zur Lehre in der Schule ist die Lehre, die vom Predigtstuhl ausgeht, zur „Erbauung" der Hörer da. Diesem wendet sich Eckhart unmittelbar im 2. Teil der Predigt zu.

„Oft fragt ihr, wie ihr leben sollt. Das sollt ihr hier mit Fleiß erkennen. Ganz in der Weise, wie es hier vom Bilde gesagt wurde, sieh, so sollst du leben. Du sollst aus ihm [Gott] sein und sollst für ihn sein und sollst nicht aus dir sein und sollst nicht für dich und sollst niemandem [außer Gott] angehören. Als ich gestern hieher in dieses Kloster kam, da sah ich Salbei und andere Heilkräuter auf einem Grabe stehen. Da dachte ich: Hier liegt eines Menschen lieber Freund, und aus diesem Grunde hat er diesen Fleck Erde um so lieber. Wer einen recht lieben Freund hat, der hat alles das lieb, was jenem zugehört, und was seinem Freund zuwider ist, das mag er nicht. Dafür nehmt ein Beispiel am Hund, obgleich er (nur) ein unvernünftiges Tier ist. Der ist seinem Herrn so treu, daß er alles, was seinem Herrn zuwider ist, haßt, und wer seines Herrn Freund ist, den hat er lieb, und dabei achtet er weder auf Reichtum noch auf Armut. Ja, gäb's einen blinden Armen, der seinem Herrn zugetan wäre, den hätte er lieber als einen König oder einen Kaiser, der seinem Herrn zuwider wäre. Ich sage wahrhaftig: Wäre es möglich, daß der Hund seinem Herrn mit der Hälfte seines Wesens untreu wäre, so müßte er sich selbst mit der anderen Seite hassen.

Aber nun klagen manche Leute darüber, daß sie nicht Innerlichkeit noch Andacht noch Süßigkeit noch besonderen Trost von Gott hätten. Solche Leute sind wahrlich noch ganz unrecht daran, man mag sie freilich wohl leiden, aber es ist nicht das Beste. Ich sage wahrheitsgemäß: Solange sich irgend etwas in dir bildet, was nicht das ewige Wort ist oder aus dem ewigen Wort herausschaut, und mag es noch so gut sein, so ist es wahrlich nichts Rechtes damit. Darum ist einzig der ein gerechter Mensch, der alle geschaffenen Dinge zunichte gemacht hat und geradlinig ohne Umherblicken auf das ewige Wort hin ausgerichtet und darin eingebildet steht und wiedergebildet in der Gerechtigkeit. Ein solcher Mensch empfängt dort, wo der Sohn empfängt, und ist der Sohn selbst. Eine Schriftstelle besagt: ‚Niemand erkennt den Vater als der Sohn' (Matth. 11,27), und deshalb: Wollt ihr Gott erkennen, so müßt ihr dem Sohn nicht allein gleich sein, sondern ihr sollt der Sohn selber sein. Aber nicht wenige Leute wollen Gott mit Augen sehen, mit denen sie eine Kuh ansehen, und wollen Gott lieben, wie sie eine Kuh lieben. Die liebst du wegen der Milch und des Käses und deines eigenen Nutzens. So halten's alle Leute, die Gott um äußeren Reichtums oder inneren Trostes willen lieben; sie lieben aber Gott nicht in rechter Weise, sondern sie lieben ihren Eigennutz. Ja, ich sage wahrlich: Alles, worauf du dein Streben richtest, was nicht Gott selber ist, das kann niemals so gut sein, daß es dir nicht ein Hindernis an (der Teihabe) der höchsten Wahrheit ist" (I 271,1–274,8).

Am Schluß kehrt der Prediger zum Textwort zurück. Der Hörer wird aufgefordert, sein Herz vor allem Erschaffenen zu verschließen und „Gott zu nehmen, wie er in sich selbst ist".

„Du sollst beständig und fest sein, das heißt gleich(mütig) stehen in Liebe und Leid, in Glück und Unglück und sollst die ‚Kostbarkeit aller Edelsteine' an dir haben, was bedeutet, daß alle Tugenden in dir beschlossen seien und in ihrer Wesentlichkeit aus dir fließen. Du sollst alle Tugenden durch- und überschreiten und sollst die Tugend nur in jenem Grunde nehmen, wo sie eins ist mit der göttlichen Natur. Und um soviel wie du mit der göttlichen Natur mehr vereint bist als der Engel, soviel muß er durch dich empfangen. Daß wir (so) Eins werden, dazu helfe uns Gott. Amen"(I 276,1–7).

Die Predigt ‚Quasi vas auri solidum' ist ein schönes Beispiel dafür, was Eckhart als eigentliche Aufgabe seines Predigens betrachtete: „Dies aber und alles Ähnliche [an spekulativer Lehre] dient dem sittlichen Leben, der Hintansetzung und Verachtung des Zeitlichen und Materiellen und der Liebe Gottes, des höchsten Gutes" (‚Rechtfertigungsschrift', Théry, S. 188).

4.

Eckharts Lebenslehre, „daß der Mensch frei werde von sich selbst und von allen Dingen", kreist um die Begriffe Gelassenheit, Abgeschiedenheit, geistliche Armut. Den Menschen, der in dieser Gelassenheit, Abgeschiedenheit und Armut steht, nennt Eckhart immer wieder, und zunächst überraschenderweise, den „Gerechten". Daß die Gerechtigkeit als allgemeine Vollkommenheit identisch mit Gott ist und der „Gerechte", sofern er „gerecht" und „Sohn der Gerechtigkeit" ist, „in alle Eigenschaften der Gerechtigkeit" eintritt, geht u. a. aus dem spekulativen Teil des Trostbuches hervor (s. S. 121): diese ontologische Einbindung des „Gerechten" ist die Voraussetzung für die lebenspraktische Ausformung. Diese ist immer wieder Thema der Eckhartschen Predigt.

In der Predigt über Sap. 5,16 *‚Iusti vivent in aeternum'* (Q 6) geht Eckhart aus von der im Altertum und Mittelalter üblichen juristischen Definition, daß derjenige gerecht zu nennen ist, „der einem jeden das Seinige gibt" *(suum cuique dare)*, ersetzt dann aber sofort das „Geben" im Akt der Gerechtigkeit mit dem religiös allein fruchtbaren „Empfangen".

„Ein solcher Mensch (der gibt) ist in seiner Weise gerecht, aber in einem anderen Sinne sind diejenigen gerecht, die alle Dinge als gleichartig von Gott empfangen, was es auch sei, Großes oder Geringes, Liebes oder Leid, und zwar ganz gleich, ohne Weniger oder Mehr, das eine wie das andere. Wägst du das eine etwas schwerer als das andere, so geschieht diesem Unrecht. Du sollst aus deinem eigenen Willen heraustreten.

Ich kam neulich über einer Sache auf den Gedanken: Wollte Gott nicht wie ich, so wollte ich doch wie er. Manche Leute wollen in allem ihren eigenen Willen haben; das ist böse, darin steckt ein Makel. Die anderen sind ein wenig besser: Die wollen wohl, was Gott will, und gegen seinen Willen wollen sie nichts; wären sie (indes) krank, so wollten sie wohl, daß es Gottes Wille wäre, sie würden gesund. Also wollen diese Leute lieber, daß Gott nach ihrem Willen wollte, als daß sie nach seinem Willen wollten. Das erheischt Nachsicht, es ist aber nicht das Rechte. Die Gerechten haben überhaupt keinen Willen. Was Gott will, das gilt ihnen alles gleich, wie groß auch das Ungemach sein mag.

Den gerechten Menschen ist es so ernst mit dieser Gerechtigkeit, daß sie, wenn Gott nicht gerecht wäre, nicht im geringsten *(eine bône niht)* auf Gott achteten, und sie stehen so fest in der Gerechtigkeit [das ist: in Gott] und sind so vollständig aus sich herausgetreten, daß sie nicht achten auf die Pein der Hölle noch die Freude des Himmelreiches noch auf irgendeine Sache. Ja, wäre alle Pein, die jene haben, die in der Hölle sind, Menschen oder Teufel, oder alle Pein, die je auf Erden gelitten wurde und jemals erlitten werden wird –, wäre die mit der Gerechtigkeit verbunden, sie achteten dessen nicht im geringsten: so fest stehen sie in Gott und in der Gerechtigkeit. Dem gerechten Menschen ist nichts schmerzlicher und schwerer, als was der Gerechtigkeit zuwider ist, daß er (nämlich) nicht in allen Dingen Gleichmut bewahrt. Wie das? Wenn die Menschen ein Ding erfreuen kann und ein anderes sie betrüben, so sind sie nicht gerecht, vielmehr, wenn sie zu einer Zeit froh sind, so sind sie zu allen Zeiten froh. Sind sie zu einer Zeit mehr und zur anderen weniger froh, so sind sie im Unrecht. Wer die Gerechtigkeit liebt, der steht so darauf, daß, was er liebt sein Sein ist. Ihn vermag nichts davon herabzuziehen, und auf nichts sonst achtet er. Sankt Augustin sagt: ‚Da wo die Seele liebt, ist sie eigentlicher als da, wo sie Leben schenkt.' Das Wort [vom Gerechten] klingt schlicht und gemeinverständlich, und doch begreift es kaum jemand, was es mit ihm auf sich hat, und doch ist es wahr. Wer den Unterschied von Gerechtigkeit und dem Gerechten versteht, der versteht alles, was ich sage" (I 102,1–105,3).

Dieser Satz überrascht an dieser Stelle, weil vom Gerechten und dessen Stehen in der Gerechtigkeit die Rede war, nicht vom Unterschied zwischen dem Gerechten und der Gerechtigkeit. Aus diesem Grund übersetzen Quint und andere *underscheit* mit „Lehre". Indes hat es mit „Unterschied" schon seine Richtigkeit. Es geht ja am Schluß dieses ersten Predigtteils um die Schwierigkeit des rechten Verständnisses vom Gerechten, und diese beruht nicht auf der Definition als Gebender und Empfangender, sondern auf dem Verhältnis zu der Gerechtigkeit. Als Gebender und Empfangender steht der Gerechte den Menschen bzw. Gott gegenüber, als „Gerechter, insoweit er gerecht ist" ist er mit der Gerechtigkeit identisch. Auf diesen Unterschied – und er wurde als solcher thematisiert – hebt der Prediger ab.

Die nächsten Teile der Predigt (I 105,4 ff.) behandeln die übrigen

Stichworte des Predigtwortes und haben unmittelbar – mittelbar sehr wohl – mit dem „Gerechten" nichts zu tun. Es sind Ausführungen über Gleichheit und Gottesgeburt, und sie waren es, die die Kölner Inquisitoren vor sich hatten und inkriminierten; sie kehren z. T. in der Bulle ‚In agro dominico' wieder (art.9,10, 22).

Die Predigt schließt mit dem eindrucksvollen Satz: „Daß wir die Gerechtigkeit lieben um ihrer selbst willen und Gott ohne Warum, dazu helfe uns Gott! Amen" (115,5 f.).

Es gibt noch eine zweite Predigt über dasselbe Textwort, Q 39, die sich auf Q 6 zurückbezieht. Ich zitiere den ersten Abschnitt, weil hier wie in einem Brennspiegel alle Kernpunkte zusammengefaßt sind, die Eckharts Lehre von der Gerechtigkeit, ontologisch und ethisch und mit allen ihren Implikationen, bestimmen.

„Einmal habe ich gepredigt, was ein gerechter Mensch sei, jetzt aber spreche ich in einem anderen Sinne anders darüber: Das ist ein gerechter Mensch, der in die Gerechtigkeit eingebildet und übergebildet ist. Der Gerechte lebt in Gott und Gott in ihm: denn Gott wird im Gerechten geboren und der Gerechte in Gott und durch eine jegliche Tugend des Gerechten wird Gott geboren und wird erfreut durch eine jegliche Tugend des Gerechten. Und dies nicht nur durch eine jegliche Tugend, sondern auch durch jegliches Werk des Gerechten, wie gering es auch sein mag, das durch den Gerechten und in der Gerechtigkeit gewirkt wird, durch das wird Gott erfreut, ja durch und durch erfreut" (II 252,1–253,2).

5.

In der ‚Rechtfertigungsschrift', überliefert in der Handschrift 33 des Soester Stadtarchivs, die man als zeitgenössisch betrachten kann, gibt es die Korrekturhand C, die man kürzlich glaubte als diejenige Eckharts bestimmen zu dürfen. Diese Hand schrieb auf dem untern Seitenrand 13^r das Folgende in lateinischer Sprache: „Die wahre Armut ist die einfaltige Lauterkeit der Seele, die nichts hat noch etwas haben will in sich außer Gott in ganzer Lauterkeit, nichts außer ihm noch irgend etwas in ihm noch bei ihm, ihn allein in ihm, von ihm und wegen ihm. Dies ist der eigentliche Ort Gottes, weil sie [die Armut] Gottes nicht entbehren noch ohne Gott sein kann. Daher ‚Selig sind die Armen im Geiste, denn ihnen ist das Himmelreich'. ‚Ist', sagt er, nicht ‚wird sein'. Unmöglich ist, daß ein wahrer Armer ohne Gott sein kann. Und dies, weil die wahre Armut nicht nur wegwirft, was sie hat, sondern auch schlechterdings den Willen, (etwas) zu haben. Sie hat einzig den Willen zum alleinigen Gott in sich, nicht zu etwas anderem überhaupt. Und sie sucht nicht irgendwelchen Lohn, auch Gott selbst nicht hinsichtlich des Lohnes, sondern Gott ganz lauter in sich selbst und um seinetwillen so sehr, weshalb sie in Gott nicht irgend etwas des ihren sucht, sondern allein die Ehre Gottes. Darüber im Weisheitsbuch: ‚In der Einfalt des Herzens sucht ihn' (Sap. 1,1) oder: ‚In der Lauterkeit des Herzens', weswegen überaus treffend *ermut ‚ere des gemüetes'* genannt wird" (Théry, S. 266, Anm. a). Offensichtlich liegt hier der Entwurf oder doch der Ansatz zu einer Predigt vor: ob mit eigener Hand geschrieben (Colledge) oder diktiert, bleibe dahingestellt. Es findet sich zwar die Gleichung „Armut = Ehre(ntitel) des Gemüts" sonst nirgends bei Eckhart, aber das kann kein ernsthafter Grund sein, dessen Urheberschaft in Frage zu stellen. Und dann gibt es ja auch zwei Predigten Eckharts mit dem Textwort ‚Beati pauperes spiritu', und die eine gehört zu den bekanntesten: Q 52. Daß die Skizze in der ‚Rechtfertigungsschrift' ein erster Gedanke zu dieser Predigt ist, verraten nun doch Thema und Tenor. Das ist die ‚Handschrift' Eckharts, auch wenn wörtliche Übereinstimmungen mit der Predigt fehlen. Die ‚Rechtfertigungsschrift' wurde am 26. Sept. 1326 eingereicht. Wir hätten so in Q 52 eine der letzten Predigten Eckharts vor uns. Im Frühling 1327 verreiste Eckhart nach Avignon. In diesen Zeitraum muß die Predigt fallen. Daß Eckhart als Angeklagter noch predigte, ist für den 13. Februar 1327 bezeugt. Dieser zeitliche Ansatz von ‚Beati pauperes spiritu' wird wenigstens indirekt durch die Tatsache bestätigt, daß sie nicht zum ‚Material' der Kölner Inquisition gehörte. Da Eckhart in dieser Predigt zu den kühnsten Folgerungen und Formulierungen seiner Abgeschiedenheits-Spiritualität gelangt, wäre sie mit Bestimmtheit der Zensur nicht entgangen. Daraus darf geschlossen werden, daß es sie im Stadium der Materialrecherchen seitens der Inquisitoren noch nicht gegeben hat.

Ich bin näher auf diese Einzelheiten zur Predigt ‚Beati pauperes spiritu' eingegangen, weil wir nur in diesem einen Fall Daten zur Entstehungsgeschichte einer eckhartschen Predigt an der Hand haben, nicht ganz sichere freilich, aber doch solche, die im Bereich der Wahrscheinlichkeit liegen.

„Die Seligkeit [in der Person Christi] tat ihren Mund der Weisheit auf und sprach: ‚Selig sind die Armen im Geiste, denn das Himmelreich gehört ihnen' (Mt. 5,3). Alle Engel und alle Heiligen und alles, was je geboren wurde, muß schweigen, wenn die ewige Weisheit des Vaters spricht, denn alle Weisheit der Engel und aller Geschöpfe ist ein gänzliches Nichts vor der grundlosen Weisheit Gottes. Diese Weisheit hat gesprochen, daß die Armen selig seien.

Nun gibt es zweierlei Armut: eine äußere, und die ist gut und sehr zu loben am Menschen, der sie freiwillig aus Liebe zu unserm Herrn Jesus Christus auf sich nimmt, weil er sie selbst auf Erden gelebt hat. Von dieser Armut will ich nicht weiter sprechen. Es gibt indessen noch eine andere Armut, eine innere Armut, und sie meint das Wort unseres Herrn, wenn er spricht: ‚Selig sind die Armen im Geiste'.

Nun bitte ich euch, so zu sein, daß ihr diese Rede versteht, denn ich sage euch bei der ewigen Wahrheit: Wenn ihr nicht der Wahrheit gleicht, von der wir nun sprechen wollen, so könnt ihr mich nicht verstehen" (DW II 486,2–487,7).

Die Predigt setzt mit auch bei Eckhart seltener Emphase ein, die verrät, wie sehr das Thema den Prediger bewegt. Zugleich weiß er, wie schwierig er zu verstehen ist: nur von demjenigen, der dieser Wahrheit „gleicht", der sie bereits in sich aufgenommen hat. Über diese existentielle Voraussetzung der Predigt Eckharts wird später noch die Rede sein (11. Kap.).

Eckhart lobt die äußere Armut, ohne sie weiter zu thematisieren. Es sei daran erinnert, daß in diesen Jahren der Armutsstreit tobte, der nicht nur den franziskanischen Orden, sondern mit ihm die Kirche zu zerreißen drohte. Das franziskanische Generalkapitel zu Perugia i. J. 1322 erklärte einmütig als gesunde katholische Lehre, daß Christus und die Apostel kein Eigentum besessen haben. Diese Erklärung wurde von Papst Johannes XXII. schlichtweg als häretisch erklärt – in der Konstitution vom 12. Nov. 1323 ‚Cum inter nonnullos' – und wer sie vertrat inquisitorisch verfolgt. Eckhart hat mit seinem Lob der äußeren Armut keine Stellungnahme zum Armutsstreit bezogen, da dessen Implikationen seine Überlegungen nicht weiter berührten. Er betont immerhin, daß Christus selbst die Armut auf der Erde gelebt hat. Auch darf als sicher gelten, daß Prediger und Hörer den Streit des Jahrzehnts mitdachten. Er war zum Zeitpunkt der Predigt noch immer höchst akut. Im Jahre 1327 wurde der franziskanische Ordensgeneral Michael von Cesena wegen seiner Haltung in der Armutsfrage, verbunden mit beargwöhnter Konspiration mit Johannes' XXII. kaiserlichem Gegner, Ludwig dem Bayern, nach Avignon zitiert. Er könnte dort Eckhart begegnet sein! Was den Dominikanerorden betrifft, so hat er sich frühzeitig und eingestandenerweise aus taktischen Gründen der Besitzlosigkeit *in communi* entschlagen. Thomas von Aquin schrieb: „Nicht derjenige Orden ist der vollkommenere, der eine größere Armut hat, sondern derjenige, dessen Armut mehr dem Ordenszweck angemessen ist". Immer, wo Zwecke geltend gemacht werden, sind Prinzipien mißachtet. Solches dürfte Eckhart nicht unterstellt werden. Er hat am Festtage des hl. Franziskus eine Predigt über ihn gehalten, Q 74 (DW III 271–288), die seine „wahre Armut", die „immer den höchsten Grad erreichen" wollte, und seine „wahre Demut" in der „volkommenen Vernichtung und Verworfenheit seiner selbst" eindrucksvoll gepriesen.

Eckhart fährt fort: „Etliche Menschen haben mich gefragt, was Armut in sich selbst und was ein armer Mensch sei. Darauf wollen wir antworten. Bischof Albrecht sagt, das sei ein armer Mensch, der an allen Dingen, die Gott geschaffen habe, kein Genügen finde, und das ist wohl gesprochen. Aber wir sagen es noch besser und verstehen Armut in einem (noch) tieferen [Eckhart sagt „höheren"] Sinne: Das ist ein armer Mensch, der nicht will und nicht weiß und nicht hat. Von diesen drei Punkten will ich sprechen, und ich bitte euch um der Liebe Gottes willen, daß ihr diese Wahrheit versteht, wenn es euch gegeben ist. Versteht ihr sie aber nicht, so bekümmert euch deswegen nicht, denn ich will von einer so beschaffenen Armut sprechen, die nur wenige gute Leute verstehen werden.

Zum ersten sagen wir, daß der ein armer Mensch sei, der nicht will. Diesen Sinn verstehen manche Leute nicht richtig, nämlich jene, die in Bußübungen und äußerlichen (geistlichen) Verrichtungen an ihrer ichbezogenen Eigenheit festhalten, was die Leute (freilich) für groß erachten. Gotterbarm, daß solche Leute so wenig von der göttlichen Wahrheit erkennen! Diese Menschen heißen heilig auf Grund ihres äußeren Habitus, aber in ihrem Innern sind sie Esel, weil sie die Beschaffenheit der Wahrheit nicht verstehen" (II 488,1–490,1).

Dies führt der Prediger polemisch und nicht ohne Leidenschaft weiter aus.

„Wenn einer mich nun fragt, was denn ein armer Mensch, der nicht will, sei, so antworte ich darauf und sage: Solange der Mensch sich so verhält, daß es sein Wille ist, den allerliebsten Willen Gottes zu erfüllen, so hat dieser Mensch nicht die Armut, von der wir sprechen wollen. Denn dieser Mensch hat (noch) einen Willen, mit dem er dem Willen Gottes genügen will, und das ist nicht die rechte Armut, weil der Mensch, soll er wahrhaft Armut haben, von seinem geschaffenen Willen so befreit sein muß, wie er war, als er (noch) nicht war. Denn das sage ich euch bei der ewigen Wahrheit: Solange ihr den Willen habt, den Willen Gottes zu erfüllen, und Verlangen habt nach der Ewigkeit und nach Gott, solange seid ihr nicht richtig arm. Denn nur das ist ein armer Mensch, der nicht will und nicht begehrt" (II 491,3–492,2).

Daß wir hier in der Nähe der „vernichteten", vom Eigenwillen befreiten Seele des ‚Miroir' der Marguerite Porete sind, sei noch einmal vermerkt (s. S. 103).

Die anschließenden hochspekulativen Ausführungen (II 492,3–494,3) überspringe ich, da sie vieler Einzelerklärungen bedürfen, die über das eigentliche Armutsthema hinausführen. Sie gehen aus vom „Stehen in meiner Erstursache", also meiner „Idee" in Gott, wo ich meiner selbst und Gottes ledig war, und münden in die Aufforderung, die „Wahrheit", das göttliche *esse purum*, ebendort zu suchen. „In dieser Weise ist der Mensch arm, der nicht will".

„Zum andern Male ist das ein armer Mensch, der nicht weiß. Gelegentlich haben wir gesagt, daß der Mensch so leben sollte, daß er weder sich selber noch der Wahrheit noch Gott lebe [unbelegbares Selbstzitat]. Jetzt aber sagen wir es anders und über jenes hinaus: Der Mensch der diese Armut haben soll, muß so leben, daß er (gar) nicht weiß, ob er sich selber, der Wahrheit oder Gott lebe. Vielmehr soll er so völlig frei von allem Wissen sein, daß er nicht wisse, noch erkenne und empfinde, daß Gott in ihm lebe. Mehr noch, er soll frei sein von allem Erkennen, das in ihm lebt. Denn, als der Mensch (noch) im ewigen Wesen Gottes stand, da lebte in ihm nichts anderes (als diese Wesentlichkeit); was er da lebte, das war er selbst. So wollen wir sagen, daß der Mensch so frei sein soll von seinem eigenen Wissen, wie er's war, als er (noch) nicht war, und lasse Gott wirken, was er wollen mag, und der Mensch stehe ‚ledig'" (II 494,4–495,5).

Noch einmal erwähnt Eckhart die alte Streitfrage, woran die Seligkeit vorrangig liege (II 495,7 ff.). Gab er in der Zeit seines ersten Pariser Magisteriums der Erkenntnis den Vorzug (s. S. 23 f.), so nun denjenigen Meistern, die sich für das Zusammenwirken von Erkenntnis und Liebe (die dem Willen entspricht) aussprechen – „die treffen's schon besser" –, aber auch über diese Position will er hinausgehen. Es gibt ein „Etwas" in der Seele, aus dem Erkenntnis und Liebe erst als Kräfte der Seele ausfließen: dieses „Etwas", das hier nicht genannte *intimum animae*, ist der „Sitz" der Seligkeit. Da es „weder Vor und Nach hat", „weder verlieren noch gewinnen kann", so „ist es auch des Wissens darum, daß Gott in ihm wirke, beraubt".

Bevor der Prediger die dritte spirituelle Erscheinungsweise der Armut formuliert, holt er gleichsam tief Atem, indem er rekapituliert, was der arme Mensch bedeutet, der nicht will, und der arme Mensch, der nicht weiß. „Die dritte Armut aber, von der wir nun reden wollen, ist die äußerste: es ist die, daß der Mensch nicht hat."

„Nun merkt wohl auf mit Fleiß und Ernst! Ich habe es (schon) oft gesagt, und auch große Meister sagen es, daß der Mensch von allen Dingen und allen Werken, inneren und äußeren, so frei sein soll, daß er eine eigene Stätte Gottes wäre, darin Gott wirken könnte. Jetzt aber sagen wir es anders. Ist es so, daß der Mensch frei ist von allen Dingen, von allen Kreaturen und von sich selbst und von Gott, steht es aber noch so mit ihm, daß Gott in ihm eine Stätte zum Wirken findet, so sprechen wir: Solange es das noch in dem Menschen gibt, ist der Mensch (noch) nicht arm in der eigentlichsten Armut. Denn Gott strebt für sein Wirken nicht darnach, daß der Mensch eine Stätte in sich habe, darin Gott wirken könne, sondern Armut des Geistes ist, daß der Mensch so ledig Gottes und aller seiner Werke steht, daß Gott, sofern er in der Seele wirken will, selbst die Stätte sei, darin er wirken will, und dies tut er (gewiß) gerne. Denn fände Gott den Menschen so arm [wie soeben ausgesprochen], so wirkt Gott sein (ganz) eigenes Werk, und der Mensch erfährt Gott so [in diesem Wirken] in sich. [Oder auch:] Gott ist eine eigene Stätte seiner Werke, indem er der Bewirker seiner selbst ist. Eben hier, in dieser Armut, erlangt der Mensch das ewige Sein (wieder), das er gewesen ist, das er nun ist und das er immer bleiben wird" (II 499,6–501,5).

Im vorletzten Satz („Denn fände Gott . . .") und im weiteren Fortgang der Predigt noch an einigen Stellen, ist die Überlieferung des Textes korrupt. Offensichtlich hat der nicht nur schwierige, sondern erschrekkend kühne Text die Schreiber zu Mißverständnissen und Korrektureingriffen veranlaßt. Der Quintsche Text und das entsprechende Textverständnis müssen hier als nicht gesichert gelten. Was Eckhart jedoch sagen will, wird aus dem ganzen Zusammenhang heraus klar: Das Freisein von allen inneren und äußeren Werken, was so viel bedeutet, daß Gott in dieser Leere eine Stätte seines Wirkens finden könnte, ist *nicht* das Höchste und Letzte geistlicher Armut, sondern erst die Überantwortung allen Wirkens an Gott, der in sich selbst wirkt und in ihm das menschliche Ich in seiner ursprünglichen Wesenheit. Später liefert der Prediger noch ein formales Argument nach: „Wo der Mensch (noch) eine Stätte behält, da behält er Unterschiedenheit" (II 502,5 f.). Unterschiedenheit aber gibt es nicht im Göttlichen als *esse purum*, d. h. „vor" dem „Ausfließen" im Schöpfungsakt (II 504,4 ff.).

„Deshalb", fährt Eckhart fort, „bitte ich Gott, daß er mich von Gott frei mache, da mein wesentliches Sein oberhalb von Gott ist, insofern wir ihn als Ursache der Kreaturen begreifen. In jenem Sein Gottes nämlich, wo Gott über allem Sein und über aller Unterschiedenheit ist, dort war ich selber, da war ich auf mich selber gerichtet und erkannte mich selber, indem ich diesen Menschen [mich] schaffen wollte. Und darum bin ich die Usache meiner selbst gemäß meines Seins, das ewig ist, nicht aber meines Werdens, das zeitlich ist. Und darum bin ich ungeboren, und nach dieser Weise der Ungeborenheit kann ich niemals sterben. Nach der Weise der Ungeborenheit bin ich ewig gewesen und bin es jetzt und werde es ewig bleiben. Was ich meiner Geborenheit nach bin, das wird sterben und zunichte werden, denn es ist sterblich, und daher muß es mit der Zeit verderben. In meiner (ewigen) Geburt wurden alle Dinge geboren, und ich war Ursache meiner selbst und aller Dinge, und hätte ich gewollt, so wäre weder ich, noch wären alle Dinge. Wäre aber ich nicht, so wäre auch ‚Gott' nicht: daß Gott ‚Gott' ist, dafür bin ich die Ursache; wäre ich nicht, so wäre Gott nicht ‚Gott'. Dies zu wissen, tut (indes) nicht not.

Ein großer Meister [unidentifiziert] sagt, daß des Menschen Durchbrechen edler sei als sein Ausfließen, und das ist wahr. Als ich aus Gott floß, da sprachen alle Dinge: Gott ist. Dies aber kann mich (insofern) nicht selig machen, als ich mich so als Kreatur erkenne. Im Durchbrechen aber, in dem ich frei bin von meinem eigenen Willen und dem Willen Gottes und von allen meinen Werken und von Gott selber, da bin ich über allen Kreaturen und bin weder ‚Gott' noch Kreatur, bin vielmehr was ich war und was ich bleiben werde jetzt und immerdar. Da empfange ich meine Einprägung, die mich über alle Engel hinaus tragen soll. In dieser Einprägung empfange ich so große Macht, daß Gott mir nicht genug sein kann mit alle dem, was er als ‚Gott' ist, und mit allen seinen göttlichen Werken; denn mir wird in diesem Durchbrechen zuteil, daß ich und Gott eins sind. Da bin ich, was ich war, und da nehme ich weder ab noch zu, weil ich da eine unbewegliche Ursache bin, die alle Dinge bewegt. Allhier findet Gott keine Stätte (mehr) in dem Menschen, denn der Mensch erringt mit dieser Armut, was er ewig gewesen ist und immerdar bleiben wird. Allhier ist Gott eines mit dem Geiste, und das ist die eigentlichste Armut, die man finden kann" (II 502,6–505,9).

Nachdem Eckhart, man muß wohl sagen: in selbstvergessener Weise, in einem Akt intellektueller Ekstase, das „Ich" in seiner „Ungeborenheit" geschildert hat, „über" dem Schöpfergott, dort wo es keine Unterschiedenheit mehr gibt – weshalb er ‚ich' und Gott geradezu austauschen kann –, zeigt er im Schlußabschnitt den Menschen im Ausfließen und Durchbrechen. Jenes ist die Geburt ins Zeitliche, die, im Bewußtsein, Gott den Schöpfer konstituiert, dieses die (mystische) Rückkehr in die Ungeborenheit. „Durchbrechen" bezeichnet die Lösung von aller Kreatur und aller kreatürlicher Vorstellungswelt, wozu auch ‚Gott' (unser Gottesbild) gehört, das was Eckhart auch als „Abgeschiedenheit" prozessual zu fassen suchte; „Einprägung" (mhd. *îndruc*) ist die positive Ergänzung zum „Freiwerden" im Durchbrechen: „Eindruck der lautern Wesenheit" (DW I 56,1), das „Bild" dieser Wesenheit im „Innersten" der Seele.

Die Predigt ‚Beati pauperes spiritu' lebt aus dem leidenschaftlichen Willen des Predigers, seine Vorstellung von der geistlichen Armut, die den Menschen von allem befreien soll, was seiner Einheit mit Gott entgegensteht, über alles Denk- und Sagbare hinaus zu steigern. Es ist dies ein religiöses Existenziale ohnegleichen, das zwar im Denken Eckharts seine Wurzeln hat, aber auch als Antwort auf die große Frage der Zeit nach der Armut Christi verstanden werden kann.

Zu den beliebten Denk- und Sprachfiguren Eckharts gehört die progressive Steigerung „mehr – mehr" („Es ist eine Kraft in der Seele, und nicht allein eine Kraft, mehr: ein Sein, und nicht allein Sein, mehr: die vom Sein befreit" (DW II 308,2 f.): sie ist in dieser Predigt nicht nur besonders häufig (487,3; 494,6; 496,2 f.; 499,2; 504,6/8), sondern ist geradezu das gestaltende Prinzip. Die zweite Form der Armut, die Armut des Wissens, ist „mehr" als die erste, die Armut des Wollens, und die dritte, die Armut des Habens, „mehr" als die vorausgehenden. Ein „mehr" ist es auch, daß Eckhart hier gegenüber anderen Meistern oder früheren Aussagen in entschiedenem, fast herausforderndem Persönlichkeitsstil zu sagen sich anschickt: „Aber wir sagen es noch besser und verstehen Armut in einem noch tieferen Sinne" (488,3 f.). „Jetzt aber sagen wir es anders und über jenes hinaus" (494,6); „Nun sagen wir es anders"

(500,3). In der ganzen Predigt, von Aussage zu Aussage, treibt Eckhart eine Position über die andere hinaus – bis dahin, wo Gott und Mensch konvertibel werden. Er überschreitet dabei sich selbst, im Stolze des im Innersten seines Wahrheitsbewußtseins verletzten Menschen. Die Schlußworte sind so wohl nicht allein an seine (betroffenen) Zuhörer gerichtet, sondern an die Verächter seiner Wahrheit:

„Wer diese Rede nicht versteht, der bekümmere sein Herz nicht damit. Denn solange der Mensch dieser Wahrheit nicht gleich ist, solange wird er dieses Predigtwort nicht verstehen. Denn es ist eine unverhüllte Wahrheit, die da unmittelbar gekommen ist aus dem Herzen Gottes. – Daß wir so leben mögen, daß wir es ewig erfahren, dazu helfe uns Gott. Amen".

Eckharts Armutpredigt Q 52 gehört mit 13 Textzeugen zu den am breitesten überlieferten, zitiert wurde sie häufiger als jede andere. Besonders virulent wirkte sie in den Niederlanden. Jan van Ruusbroec, der größte niederländische Mystiker nach der unvergleichlichen Hadewijch, wendet sich in seinem Büchlein ‚Von den zwölf Beginen' (nach 1362) in einem eigenen Kapitel über zeitgenössische Ketzereien gegen „falsche Propheten", wobei er, ohne Namensnennung, einige Male aus Eckharts Armutspredigt zitiert. Dabei bekämpft er besonders die Mißdeutung der geistlichen Armut als ein Stehen über oder ohne Gott und alle Tugenden sowie das präexistente Einssein mit der Gottheit. Ruusbroecs Mitbruder im Groenendaaler Augustiner-Eremiten-Kloster, Jan van Leeuwen, der eine eigene, grob-polemische Schrift gegen Eckhart verfaßt hat, das ‚Büchlein von Meister Eckharts Lehre und deren Widerlegung' (um 1355), eifert im ‚Büchlein über das was einem geistig armen Menschen zukommt' gegen Eckharts Armutspredigt – ohne Namensnennung: die in Groenendaal bekannte Predigt Q 52 war wie die ganze Überlieferung ohne Verfassernennung –, in der zu lesen sei, „das sei ein armer Mensch, der nicht will, noch nicht weiß, noch auch nicht begehrt". Aus den Äußerungen der Windesheimer Devoten, die auch zu den strengen Gegnern Eckharts gehörten, wird nicht deutlich, daß sie die Armutspredigt kannten, indes befanden sich aktenkundig mehrere Handschriften mit ihr in ihrem Besitz.

Es gibt aber auch positive Zeugnisse, so in verschiedenen dialogisierten Exempelgeschichten (sie sind als Eckhart-‚Legenden' in die Literatur eingegangen), die die Wirkung der radikalen Armutslehre des Meisters spiegeln, so am deutlichsten ‚Eckhart und der arme Mensch'. Im 16. Jahrhundert hat Valentin Weigel (1533–1588) die Armutspredigt vollständig in eine Taulerkompilation (‘Zweene Tractat‘, 1570) aufgenommen. Er nahm auf Grund des Basler Taulerdrucks v. J. 1521, der auch (anonyme) Eckhart-Predigten überliefert, Tauler und Eckhart in eins, lernte dann aber, wie spätere ausdrückliche Eckhart-Zitate beweisen, sehr wohl, diesen vom populäreren Tauler abzuheben. Etwas später als Weigel inserierte der niederländische religiöse Erbauungsschriftsteller Pelgrim Pullen (1550–1608) Stellen aus Q 52 in seinen Traktat ‚Über die acht Seligkeiten', wiederum ohne Namensnennung. Solche Anonymität oder ein unverfänglicher Deckname wie der des Eremiten Niklaus von Flüh für den ‚Abgeschiedenheit'-Traktat ist die Regel, wo immer wir auf das Nachleben Meister Eckharts vom 16.–18. Jahrhundert stoßen.

6.

Bei der Nennung seiner vorzüglichsten Predigtthemen, von der wir in diesem Kapitel ausgegangen sind, führt Eckhart die „Abgeschiedenheit und daß der Mensch frei werde von sich selbst und von allen Dingen" als erstes auf. Es ist dies der eigentliche Skopos seines Predigens. Als solcher bestimmt er alle Predigten gemäß Eckharts Aussage in der ‚Rechtfertigungsschrift', daß „dies und alles Ähnliche", nämlich einzelne metaphysische Darlegungen, „dem sittlichen Leben und der Verachtung des Zeitlichen und Materiellen dienen sowie der Liebe Gottes, dem höchsten Gute" (Théry, S. 188). Überall sozusagen als Horizont des Predigtverständnisses gegenwärtig, ist die Abgeschiedenheit doch in keiner Predigt eigens thematisiert.

An Stelle einer Predigt tritt nun aber der Traktat ‚Von Abgeschiedenheit'. Trotz breiter Überlieferung (über 30 Handschriftenzeugen) ist das kleine Werk – es ist nicht viel umfangreicher als eine größere Predigt – nirgends als Schrift Eckharts bezeugt. So war auch seine Authentizität umstritten – bis ihn Quint in die Ausgabe aufnahm (DW V 377–468). Aber das war sozusagen eine Adoption, der Echtheitsbeweis konnte nicht stringent erbracht werden; frühere, auch von mir geäußerte Bedenken blieben unausgeräumt. Es muß indes zugegeben werden, daß auch der Nachweis der Unechtheit der Stringenz entbehrt. Man wird so von einer eingeschränkten Authentizität sprechen müssen. Authentisch sind bestimmt die zentralen Aussagen über die Abgeschiedenheit als höchste Tugend und als Seinsweise Gottes; man kann sogar sagen, daß inhaltlich kaum etwas in diesem Traktat steht, das nicht von Eckhart sein könnte. Auf der anderen Seite gibt es Befremdliches in Formulierungen und Terminologie, und auch die Disposition ist nicht immer fest gefügt, gleichsam mit sekundären Bestandteilen durchschossen. Ich führe nur ein Beispiel zur Terminologie an: „Wann immer der freie Geist in rechter Abgeschiedenheit steht, so zwingt er Gott zu seinem Sein" (411,1 f.). Wie könnte Eckhart im Wissen darum, daß er mit den Brüdern und Schwestern vom Freien Geiste in Zusammenhang gebracht worden ist, das Stichwort „freier Geist" verwenden? Es kommt sonst bei Eckhart nicht vor. – Als Hypothese ist nun folgendes denkbar: Eckhart hat Gedanken und Formulierungen zum Thema Abgeschiedenheit zusammengestellt, eine befreundete Hand, vielleicht ein Interessent des Traktats, fertigte daraus mit eigenen Zusätzen die Schrift, wie sie uns überliefert ist. Das setzt voraus, daß Eckhart selbst nicht mehr in der Lage war, seinen Entwurf auszuarbeiten: er hinterließ ihn als posthume Schrift. Das trifft sich gut mit der allgemeinen Auffassung, sie gehöre in Eckharts letzten Lebensabschnitt. Der Inquisition stand sie jedenfalls noch nicht zur Verfügung.

Gegenüber den übrigen Traktaten und den Predigten bringt ‚Von Abgeschiedenheit' nichts Neues mehr. Der Traktat faßt ordnend und systematisch zusammen. Es genügt so, ihn mit einigen Kernworten vorzustellen.

„Ich habe viele Schriften gelesen, von heidnischen Meistern wie der Propheten, des Alten wie des Neuen Testamentes, und habe mit Ernst und ganzem Eifer danach gesucht, welches die höchste und erlesenste Tugend sei, mit der sich der Mensch am besten und am allernächsten Gott verbinden und von Gnaden werden könne, was Gott von Natur ist, und durch die der Mensch in voller Übereinstimmung mit dem Bilde stünde, das er in Gott war und in dem zwischen ihm und Gott kein Unterschied war, ehe Gott die Kreaturen geschaffen hatte. Und wenn ich alle Schriften durchforsche, soweit meine Vernunft solches zu leisten und zu erkennen vermag, so finde ich nichts anderes, als daß lautere Abgeschiedenheit alles übertreffe, denn alle Tugenden haben irgendeinen Bezug zur Kreatur, während Abgeschiedenheit losgelöst von allen Kreaturen ist" (der Beginn, 400,2–401,7).

„So lobe ich Abgeschiedenheit vor aller Liebe. Zum ersten deshalb, weil dies das Beste an der Liebe ist, daß sie mich zwingt, Gott zu lieben, während die Abgeschiedenheit Gott zwingt, mich zu lieben" (402,3–5).

„Ich aber lobe die Abgeschiedenheit vor aller Demut, und dies deshalb, weil Demut ohne Abgeschiedenheit, vollkommene Abgeschiedenheit aber nicht ohne vollkommene Demut bestehen kann, denn vollkommene Demut geht auf ein Vernichten des eigenen Selbst aus" (404,8–405,3).

„Und der Mensch, der so vollständig in der Abgeschiedenheit steht, der wird so in die Ewigkeit entrückt, daß ihn nichts Vergängliches mehr bewegen kann, daß er nichts mehr empfindet, was körperhaft ist, und er heißt tot für die Welt, denn ihm schmeckt nichts, was irdisch ist. Das meint Sankt Paulus, als er sprach: ‚Ich lebe und lebe doch nicht, Christus lebt in mir'" (411,6–10).

„Diese unbewegliche Abgeschiedenheit bringt den Menschen in die größte Gleichheit mit Gott. Denn daß Gott ist, das hat er von seiner unbeweglichen Abgeschiedenheit, und von der Abgeschiedenheit hat er seine Lauterkeit und seine Einfaltigkeit und seine Unwandelbarkeit. Und daher, soll der Mensch Gott gleich werden, soweit eine Kreatur Gleichheit mit Gott haben kann, so muß das geschehen mit Abgeschiedenheit" (412,3–8).

„Nun frage ich, was der lauteren Abgeschiedenheit zu Grunde liegt? Darauf antworte ich wie folgt und spreche, daß weder dies noch das [nichts Natürliches] der lauteren Abgeschiedenheit Träger ist, sie steht vielmehr auf einem reinen Nichts, und ich sage dir, warum das so ist: die lautere Abgeschiedenheit steht auf dem Höchsten. Nun aber steht der auf dem Höchsten, in dem Gott nach seinem Willen wirken kann" (423,1–5).

„Daß Gott lieber in einem abgeschiedenen Herzen sei als in allen anderen Herzen, das erkennen wir daran: Fragst du mich: Was sucht Gott in allen Dingen? so antworte ich dir aus dem Buche der Weisheit, wo er spricht: ‚In allen Dingen suche ich Ruhe'. Nirgends aber ist vollständige Ruhe als allein im abgeschiedenen Herzen. Deswegen ist Gott dort lieber als in anderen Tugenden oder in irgendwelchen Dingen" (428,12–429,5).

Abgeschiedenheit führt den Menschen vom Haben zum Sein. Sie befreit ihn von sich selbst und macht ihn wesentlich.

Zehntes Kapitel

Der Prozeß

1.

Im Frühsommer 1322 erhielt Eckhart, zusammen mit einem anderen Generalvikar, Matthäus Finstingen, den Auftrag, das Dominikanerkloster Unterlinden bei Colmar zu visitieren. Dieses Kloster ist bekannt durch die ,Vita sororum' der Priorin Katharina von Gebersweiler, das älteste der Schwesternbücher, von denen früher die Rede war (s. S. 109). Die unsicheren Daten der Katharina († 22..1. 1330/1345?) lassen eine genauere Datierung der ,Vita sororum' nicht zu. Es könnte jedoch sein, daß sie im Visitationsjahr schon vorlag. Sicher gehörte Katharina, die als Kind dem Kloster übergeben wurde, der Schwesternschaft damals schon an.

Die Visitation von Unterlinden ist die letzte Amtshandlung Eckharts als Generalvikar in Straßburg, von der wir wissen. Frühestens 1323, wahrscheinlicher 1324, im letzteren Fall bereits durch den Nachfolger des Ordensgenerals Herveus Natalis, der am 7. August 1323 starb, Barnabas Cagnoli von Vercelli, wurde Eckhart an das Kölner Generalstudium der Dominikaner berufen. Er nahm dort den einzigen theologischen Lehrstuhl wahr.

Sein Lektor und Mitarbeiter war Nikolaus von Straßburg, der auch ein deutschsprachiges Werk hinterlassen hat, vor allem Predigten, die auf seine seelsorgerische Tätigkeit in der Teutonia zurückgehen. Sie verraten uns, wie ein gelehrter Dominikaner, der nicht mystischer Spiritualität verpflichtet war, im Rahmen der *cura monialium* gepredigt hat. Nikolaus war aber auch, wie Eckhart in Straßburg, der Generalvikar des Ordens mit dem besonderen Auftrag der Visitation und seit dem 1. August 1325 päpstlicher Visitator der Teutonia, zu der auch Köln gehörte. Während er als Lektor dem Magister regens Eckhart unterstand, war er als Visitator der Überprüfer von dessen Lehre.

In eben dieser amtlichen Funktion führte Nikolaus von Straßburg 1325/1326 ein Verfahren gegen seinen Vorgesetzten im Generalstudium durch, das Eckharts Lehren auf ihre Rechtgläubigkeit hin zu überprüfen hatte, und dies ohne besonderen Auftrag; sein Amt schloß ein solches Vorgehen allerdings auch nicht aus. Es ging dabei, allem Anschein nach, ausschließlich um *deutsche* Schriften Eckharts. Im Vordergrund stand der ,Liber benedictus', und zu ihm muß Eckhart in Erwiderung der Anklage eine ‚Apologie' verfaßt haben, die uns zwar nicht erhalten ist, auf die aber in den Prozeßakten Bezug genommen wird. Nikolaus dürfte aber auch Material aus deutschen Predigten herangezogen haben. Das Verfahren endete mit Freispruch, und zwar, wie aus Eckharts diesbezüglichem Vermerk am 24. Januar 1327 „schon längst" hervorgeht, früh im Jahre 1326. Da der Beginn nicht vor Oktober 1325 anzusetzen ist, hat sich somit der von Nikolaus angestrengte Prozeß in äußerst knapper Frist abgewickelt. Schon im Mittelalter mußten Prozeßverfahren in der Regel mit Jahren gemessen werden.

Die bestürzte Frage des historischen Betrachters ist zunächst die: Was hat Nikolaus veranlaßt, aus eigener Amtskompetenz ein Verfahren gegen Eckhart durchzuführen? Da er sich damit in den Kreisen des Generalstudiums und darüber hinaus, etwa bei Eckharts Predigtbesuchern, zumindest dem Vorwurf der Illoyalität aussetzte und mit einiger Sicherheit krisenhafte Zustände der Ordensschule heraufbeschwor, müssen es schwerwiegende Gründe gewesen sein. Die Quellen schweigen darüber, aber aus dem weiteren Verlauf der Ereignisse um Eckharts Rechtgläubigkeit kann nur geschlossen werden, daß Nikolaus einer Anklage des Kölner Erzbischofs, von der er unterrichtet war, zuvorkommen wollte. Er klagte also an, um mit einem Freispruch das erzbischöfliche Inquisitionsverfahren zu verhindern. Das geschah im Interesse Eckharts, der das Vorgehen Nikolaus' gebilligt, vielleicht sogar angeregt haben dürfte, und es geschah im Interesse des Ordens, der ja in der Person eines seiner höchsten Vertreter mitangeklagt war.

Diesem Vorgehen war kein Erfolg beschieden. Im Verlaufe des Jahres 1326, im Sommer, wie wir auf Grund einer chronologischen Angabe Eckharts (Laurent, S. 243) präzisieren können, eröffnete der Erzbischof, Heinrich II. von Virneburg, in der Tat ein Inquisitionsverfahren gegen Eckhart, indem er drei Kommissare mit der Untersuchung der eckhartschen Schriften auf ihre Rechtgläubigkeit hin bestellte: den Domherrn Reinerius Frisco, Doktor der Theologie und Pönitentiar des Erzbischofs, sowie die Franziskanertheologen Petrus de Estate und, als dessen Nachfolger, Albert von Mailand. Heinrich von Virneburg hat sich während seiner ganzen langen Amtszeit (1304–1332) als erfolgreicher Ketzerhammer, vor allem gegen die Brüder und Schwestern vom Freien Geiste und die Begarden ausgezeichnet. Gerade unmittelbar vor dem Prozeß gegen Eckhart, 1325, wurde in Köln eine größere Anzahl von Begarden verurteilt, verbrannt oder im Rhein ertränkt. Der Erzbischof muß ein starkes, vielleicht sogar ein persönliches Interesse an der Verurteilung Eckharts gehabt haben: Dies geht aus einem Schreiben an Papst Johannes XXII. im Frühjahr 1329 hervor (das sich uns indes nur aus der Antwort erschließt), in dem der Virneburger nach dem Tode Eckharts seiner Sorge Ausdruck gibt, die Kurie werde nunmehr den Prozeß gegen diesen sistieren – einer echten Sorge, wie schon die Tatsache erhellt, daß ihn der Freispruch seitens des päpstlichen Visitators nicht zu beeindrucken schien. Gründe kennen wir keine.

Der Umstand, daß zwei Franziskaner zu Kommissaren bestellt wurden, darf nicht dazu verleiten, die Minoriten als Ankläger und besondere Antreiber im Eckhart-Prozeß zu diffamieren. Gewiß war „Interesse" an einer Verurteilung des berühmten Dominikaners mit im Spiel. Das ergibt sich aus einer immer stärker werdenden Konkurrenzsituation der beiden Bettelorden auf der Ebene der Lehre an den Universitäten wie in der Ausübung des Predigt- und Seelsorgeamtes in den Städten. Aber auch die unterschiedliche Haltung im Thronstreit zwischen Friedrich dem Schönen von Habsburg und Ludwig dem Bayern – der auch ein Kirchenstreit war – und endlich die Interventionen der Franziskaner Michael von Cesena und Wilhelm von Ockham gegen Eckhart, von denen noch die Rede sein wird, zeigen Spannungen zwischen den Orden an. Aber dies alles war doch mehr rhetorische Begleitmusik als treibende Kraft oder gar Anlaß im Eckhart-Prozeß. Mir will scheinen, daß das, was sich allmählich an Kritik und Argwohn gegenüber Eckhart dem Prediger und Lehrer ansammelte, wie so oft, in den eigenen Reihen geschah.

Bezeichnend, wenn auch kaum effizient war das Verhalten der Kölner Mitbrüder Hermann de Summo (vom Dom) und Wilhelm von Nidecken. Beide stellten sich dem Gericht als Ankläger und Zeugen zur Verfügung, beide sind notorische Intriganten, Zuträger, Falschzeugen, Verleumder, wie aus einer Anklageschrift des päpstlichen Generalprokurators des Dominikanerordens, Gerhards von Podahns, an den Papst eindrucksvoll in 10 bzw. 11 Punkten ersichtlich ist (Laurent, Nr. VII). Hermann, dem disziplinarische Maßnahmen des Visitators drohten, entzog sich diesen durch eine Reise nach Avignon, „um die Häresien Eckharts zu bekämpfen", immerhin mit irgendwie erschlichenen Briefen des Erzbischofs. Da er das Kölner Predigerkloster ohne Erlaubnis verlassen hatte, wartete auf ihn in Avignon ein Haftbefehl. Ein nicht minder übler und gefährlicher Bursche – *criminator et infamator* nach den Worten des Generalprokurators – war Wilhelm von Nidecken. Er ergänzte die Häresieanklagen mit frei erfundenem Material, was der Visitator Nikolaus von Straßburg mit Bestrafung ahndete, diesem aber ein Verfahren wegen „Verhinderung des Inquisitionsgerichtes" einbrachte. Auch Wilhelm hatte die Absicht, nach Avignon aufzubrechen, schien aber durch sofortige Verhaftung am Aufbruch gehindert worden zu sein. Als komische Note in diesem den Eckhart-Prozeß begleitenden Satyrspiel sei vermerkt, daß der Häresiebekämpfer Wilhelm die Absicht kundtat, er werde Dienst im Heer Ludwigs des Bayern – des Erzgegners von Johannes XXII. – nehmen, der im Frühjahr 1327 in der Lombardei aufgerückt war.

Nicht beweisbar, wenn auch durchaus möglich ist die verbreitete Ansicht, es seien angeklagte Brüder vom Freien Geiste oder Begarden gewesen, die sich auf Eckharts Predigt berufen und so die Aufmerksamkeit der Inquisition auf ihn gelenkt hätten. Konkreter indes erscheint mir der Zusammenhang zwischen dem Kölner Prozeß und Eckharts Selbstverteidigung im ‚Trostbuch', bzw. der daraus zu erschließenden Kritik an seiner Predigt und (vielleicht) seiner Tätigkeit als Generalvikar der Teutonia überhaupt. Daß der ‚Liber benedictus' diejenige Schrift Eckharts ist, die das Inquisitionsverfahren ausgelöst hat – es dominiert in der Anklage des Nikolaus von Straßburg (die Apologie der ‚Rechtfertigungsschrift' bezeugt es) wie im Material der ersten Liste der erzbischöflichen Kommission –, wird kein bloßer Zufall sein: er kann als eine Art Summa dessen angesprochen werden, was Eckhart am Oberrhein gepredigt hat, und ist mit der Selbstverteidigung am Schluß des ‚Trostbuches' auch schon ein (indirekter) Zeuge des Skandalons seiner Predigt. Die Überlieferung des ‚Liber benedictus' ist äußerst schmal, und nichts weist nach dem Nordwesten hin, was den Schluß erlaubt, man sei keineswegs erst in Köln auf dieses Buch gestoßen, sondern es sei in gezielter Absicht dorthin gebracht worden. Mit Sicherheit verbot es sich nämlich, bereits in Straßburg, etwa durch den dortigen Bischof, Anklage gegen den Generalvikar Eckhart zu erheben. Sein Vorgesetzter, der Ordensgeneral, konnte dies schon im Interesse seines Ordens nie zulassen, ja mußte als ein Schutzschild erscheinen, der in jedem Fall zu respektieren war. Denkbar ist indes, daß Herveus Natalis' Nachfolger, Barnabas Cagnoli von Vercelli, Klagen über Eckharts Predigtweise Gehör schenkte – ein neuer Amtsinhaber erscheint alleweil Zuträgern als dankbarer Empfänger: er bedarf ja der ‚Informationen'! – und daß dieser ihn, vorsichtshalber und zu seiner eigenen Entlastung, an die Kölner Ordensschule abschob.

Damit ist die Stellung des Ordens im Eckhart-Prozeß angesprochen. Das Generalkapitel in Venedig unter der Leitung des Barnabas Cagnoli im Frühsommer 1325 stellt in einem Beschluß fest, daß in der Teutonia „Brüder in der Volkspredigt Dinge sagen, die einfache und ungebildete Leute leicht in Irrtum führen können". Koch hat bestritten, daß diese Kritik auf Eckhart gemünzt sei, vielmehr richte sie sich gegen diejenigen Brüder, die Ludwig dem Bayern anhingen und sich in der Predigt für ihn verwendeten. Das ist nicht zwingend. Politische Parteinahme kann keineswegs „einfache und ungebildete Leute" betreffen, die ja in politicis keine Stimme hatten, und „Irrtum" ist auch nicht das passende Wort für Propagandawirkung. Vielmehr liegt hier die geradezu stereotype Formulierung für Häresieverbreitung vor. So formuliert der Vorspann der päpstlichen Verurteilungsbulle *(vulgo simplici)*, so das Schreiben Johannes XXII. an den Kölner Erzbischof betr. die Veröffentlichung der Bulle vom 15. April 1329, so die Verlautbarung des Ordens nach Meister Eckharts Tod. Man steht also unter dem Eindruck, daß die Ordensleitung Bescheid wußte über das Gewitter, das sich über dem Haupt Eckharts zusammenzog, und im rechten Augenblick auf Distanz ging. Es ist ja sicher kein Zufall, daß Nikolaus von Straßburg unmittelbar nach dem Generalkapitel in Venedig den für ihn so schweren Entschluß faßte, Anklage gegen seinen Vorgesetzten im Generalstudium zu erheben. Es war dann auch Barnabas Cagnoli, der auf dem Generalkapitel in Toulouse an Pfingsten 1328, also noch vor der Verurteilung Eckharts, einen Erlaß ergehen ließ, des Inhalts, es dürften auf der Kanzel vor dem Volk, das „leicht in Irrtum zu führen" sei, „nach dem schlechten Vorbild gewisser Mitbrüder" keine *subtilia*, schwerverständliche theologische Probleme, gepredigt werden, und auch die Lektoren sollten in ihren Disputationen und Vorlesungen keine gefährlichen und mißverständlichen Lehren vortragen; Zuwiderhandlung würde streng bestraft werden. Dieser Erlaß bedeutet so etwas wie ein vorsorgliches Verdikt gegen den Prediger und Lehrer Eckhart. Man wollte das päpstliche Urteil schon gar nicht mehr abwarten.

Als positive Stellungnahme liegt die vielzitierte Aussage des Generalprokurators des Ordens, Gerhards von Podahns, vor, „niemand, der Eckharts Leben kenne, könne an seinem Glauben und der Heiligkeit der Lebensführung zweifeln" (Laurent, S. 433). Es ist dies indes, was immer wieder übersehen wurde, keine offizielle Loyalitätserklärung des Ordens. In dieser Aussage wird Eckhart nur von seinem schurkischen Ankläger Hermann de Summo abgehoben. Dieser Kontext schränkt das Zeugnis, so wenig an dessen Richtigkeit und an der Aufrichtigkeit seitens des Prokurators zu zweifeln ist, erheblich ein.

Es verhält sich so: Die Ordensleitung ließ den Prozeß gegen Eckhart, so unangenehm er ihr sein mußte, als unvermeidbar geschehen, schwieg zum Verfahren und distanzierte sich nach dem Urteil von einem ihrer größten Söhne, indem dessen Schriften nicht in den Schriftstellerkatalog des Ordens aufgenommen wurden. Das kann kein Vorwurf des Geschichtsbetrachters sein, weil nämlich der Orden nichts anderes tun konnte.

Eine generelle Bemerkung muß noch zur Prozeßform gemacht werden. Daß auch herausragende Theologen sich wegen Häresien verantworten mußten, darf in einer Zeit, die wie kaum eine andere von vielen und vielfältigen, z. T. sublimen Formen der Heterodoxie verunsichert war, nicht überraschen. Fast kann man sagen: Häresieprozesse gegen Theologen waren an der Tagesordnung. Das Besondere des Meister-Eckhart-Prozesses ist nun aber das gewählte Verfahren: dasjenige der Inquisition. Mit Recht betont der Angeklagte in seinem Protest vom 24. Januar 1327, daß in seinem Orden seit Anbeginn weder gegen einen Meister der Heiligen Schrift noch einen einfachen Bruder je die Anklage der Häresie erhoben worden sei. Man kann weiter gehen und feststellen, daß Eckhart im ganzen Mittelalter der einzige Theologe von Rang gewesen ist, gegen den ein Inquisitionsprozeß angestrengt wurde. Die *inquisitio haereticae pravitatis* war die schwerste Form der Anklage und endete, zumal mit der Konstitution ‚Ad exstirpanda' Innozenz' IV. v.J. 1252 die Folter erlaubt war, fast immer mit der Verurteilung. Theologenprozesse waren in der Regel Akkusationsprozesse, bei denen die Gerichtsinstanz ein Strafverfahren erst aufgreifen durfte, wenn eine begründete Anklage vorlag. Der etwa gleichzeitig gegen den berühmten Franziskaner Wilhelm von Ockham, den Begründer des Nominalismus, geführte Glaubensprozeß (1324–1328) war ein solches Verfahren. Obschon auch dieses der päpstlichen Kurie übermittelt, umständlich und aktenreich geführt wurde, endete es nicht mit einer Verurteilung, allerdings auch nicht mit Freispruch, sondern wurde fallen gelassen.

Das Inquisitionsverfahren reicht in seinen Anfängen bis ins 10. Jahrhundert zurück, erhielt aber seine feste Form erst mit Bestimmungen des 4. Laterankonzils 1215 und mit Gregors IX. Dekretensammlung in den Clementinen 1234. Seit dieser Zeit gibt es päpstliche Inquisitoren, in der Regel Dominikaner, aber auch Franziskaner. Die *inquisitio haereticae pravitatis* ist ein Offizialverfahren: Die (hier) kirchliche Obrigkeit muß den Prozeß von Amtes wegen bis zu dessen Abschluß führen. Es ist zugleich ein Instruktionsverfahren, insofern das ‚Amt' – im Falle Eckharts drei Kommissare – sich selbst die notwendigen materiellen Prozeßunterlagen zu beschaffen hat. Das Bedenkliche am Verfahren war, daß zwei Ankläger, deren Namen verschwiegen werden, genügten, um gegen einen Beschuldigten die Inquisition zu eröffnen. Denunziation war so der häufigste Anstoß zu einem Inquisitionsprozeß, und ein solcher der sicherste Weg, mißliebige Personen auszuschalten. Im Falle Eckharts scheint mir ein solcher Anstoß höchst wahrscheinlich zu sein.

Die Frage, warum Eckhart, und er allein unter den großen Theologen des Mittelalters, der Inquisition überantwortet wurde, ist merkwürdigerweise, so viel ich sehe, noch nicht gestellt worden. Die Antwort ist indes naheliegend: Eckhart war eben nicht nur Theologe, sondern Spirituale und als solcher Volksprediger. Der Irrtum beschränkte sich so nicht nur auf die Lehre als solche, sondern wurde dem Laien vermittelt. Aus diesem Grunde nahm der Prozeß ja auch seinen Ausgang von einem volkssprachlichen Werk, und die päpstliche Bulle betont die Tatsache, daß der Verurteilte seine Häresien „hauptsächlich vor dem einfachen Volke in seinen Predigten lehrte" (Präambel). Bezeichnend ist, daß auch das prominenteste Opfer der Inquisition der frühen Neuzeit, Giordano Bruno (der 1600 verbrannt wurde), ebenfalls volkssprachliche Schriften veröffentlicht hat.

Was die Durchführung betrifft, so sind entgegen der Meinung der älteren Forschung keine Verstöße gegen die Rechtsordnung zu konstatieren. Gerade gegenüber einer so hoch gestellten und in der Öffentlichkeit verehrten Persönlichkeit wie Eckhart mußten die Formen aufs strengste beachtet werden. Ebenso wenig waren die Kölner Inquisitoren Ignoranten. Zwar beklagt sich Eckhart darüber, daß sie ihn nicht oder schlecht verstanden hätten, aber der Angeklagte denkt immer anders als der Ankläger, denen in keinem einzigen Fall unterstellt werden kann, sie hätten eine Aussage Eckharts unrichtig interpretiert oder gar, etwa durch Auslassung oder Hinzufügung, verfälscht. Das Bedenkliche lag vielmehr auch hier im Verfahren selber, nämlich der Auflistung von Einzelsätzen aus verschiedenen Schriften und Zusammenhängen. Die Tatsache, daß das Vorher und Nachher einer Ausage diese mitbestimmt, bleibt hier unberücksichtigt. Eine weitere Schwierigkeit bestand darin, daß deutsche Texte in die lateinische Amtssprache zu übersetzen waren. Es stellten sich da alle bekannten Probleme der Übertragungsidentität bzw. Übertragungsdifferenz. Man darf füglich nicht behaupten, Eckharts deutsche Texte seien obenhin oder gar entstellt latinisiert worden. Eher ist anzunehmen, die Vorlagen seien hier und dort nicht eben einwandfrei gewesen. Eine kritische Ausgabe der Prozeßakten, die bisher immer noch aussteht, könnte in dieser Hinsicht manches aufdecken.

Natürlich ist es auch nicht so, wie beharrlich, selbst von Koch, der doch einen Einblick in den Prozeß gewonnen hat, wie vor ihm niemand, behauptet wird, die Verwendung von deutschen Predigten sei ein Akt der Illoyalität, ja rechtswidrig gewesen, da diese Predigten ja nur unautorisierte Hörernachschriften seien. Das ist nun freilich eines der hartnäckigsten Mißverständnisse über Eckharts deutsche Predigten. Gewiß gab es Höreraufnahmen von Predigten, aber sie sind nicht der Regelfall, sondern ganz entschieden die Ausnahme, und sie werden meistens auch als solche bezeichnet. Wie sie ausgesehen haben, wissen wir seit kurzem auch von Eckharts Predigt, nämlich durch das von mir aufgefundene Nürnberger Fragment einer frühen Ansprache des Meisters. Der Textzustand unterscheidet sich grundsätzlich von demjenigen der übrigen Eckhartpredigten auch bei großer und fortgeschrittener Überlieferungsverderbtheit. Die Masse von Eckharts Predigten sind entweder von ihm diktierte Lesepredigten oder allenfalls von ihm autorisierte Nachschriften. Wie wäre es anders sinnvoll gewesen, eine kritische Ausgabe von Eckharts deutschen Predigten zu veranstalten, die doch per definitionem aus der vielfach durch Mißverständnisse und Nachlässigkeit verderbten Überlieferung den authentischen Wortlaut des Autors wiederherstellen will? Anders hätte ja nur die ohnehin fragwürdige Höreraufnahme restituiert werden können. Vor allem aber ist zu bedenken: Wie hätten es verantwortungsvolle Theologen und Seelsorger dulden können, daß nichtautorisierte Predigten in die Hand der Laien fielen, für die volkssprachliche Texte ja bestimmt waren? Endlich geht die Authentizität von Eckharts deutschem Predigtwerk gerade aus dessen Verwendung im Prozeß hervor. Man überlege: Wie hätten es sich die Kommissare erlauben dürfen, Material zu verwenden, das grundsätzlich als unauthentisch zu gelten hatte? Und, vor allem: Eckhart hat die im Prozeß verwendeten deutschen Predigten mit einer Ausnahme, die wir kennen (s. S. 142 f.), als die seinen anerkannt; die Infragestellung des Wortlauts der Übersetzung liegt auf einer völlig anderen Ebene. Statt die Vorstellung vom unauthentischen deutschen Predigtwerk zu revidieren, fragte man sich nun bestürzt, warum Eckhart nicht Einspruch gegen die Benutzung dieses Materials erhoben habe, und mußte zum Schluße kommen, daß er sich äußerst ungeschickt verteidigt hätte. Koch erklärt: „Wir nehmen aber gerade Anstoß, daß die Kommissare sich überhaupt auf Predigtnachschriften stützten", und: Eckhart hätte „energisch ... gegen die Heranziehung von Sätzen aus Predigthandschriften protestieren müssen!" Wenn man dies liest, drängt sich der Eindruck auf, Eckhart wäre unfehlbar freigesprochen worden, wenn er mit der Forschung des 20. Jahrhunderts hätte argumentieren können.

2.

Der Verlauf des Prozesses läßt sich auf Grund der Prozeßakten nicht vollständig, aber doch in seinen wesentlichen Phasen rekonstruieren.

Die Anklage erfolgte auf Grund von Listen mit als häretisch beurteilten Einzelaussagen, indes ohne theologische Stellungnahme – was dem Verfahren entsprach. Es müssen vier oder gar fünf Listen zusammengestellt worden sein, indes lassen sich Liste 4 (und 5) nur aus dem Avignoneser Gutachten erschließen und die Liste 3 mit lauter Sätzen aus dem Johanneskommentar einzig durch das Zeugnis des Nikolaus von Kues. Die erste Liste dürfte im September 1326 verfertigt worden sein. Sie enthält insgesamt 49 Sätze, ausgezogen aus dem ‚Liber benedictus' (15), aus dessen Apologie durch Eckhart (6) – verfaßt im Rahmen des Nikolaus von Straßburg-Verfahrens –, aus dem 1. Genesis-Kommentar (12), aus deutschen Predigten (16). Die zweite Liste besteht nur aus Sätzen deutscher Predigten, insgesamt 59, und dürfte in knappem Abstand zur ersten vorgelegt worden sein. Merkwürdig ist, daß viele Artikel der zweiten mit der ersten Liste übereinstimmen, was den Schluß erlaubt, jener sei eine andere, uns freilich nicht erkennbare Funktion zugedacht worden als der ersten.

Zu diesen beiden Listen hat Eckhart in der berühmten ‚Rechtfertigungsschrift' des Ms. 33 des Soester Stadtarchivs aus dem Dominikanerkloster daselbst Stellung genommen. Sie datiert vom 26. September 1326, nämlich dem Tage, „der zur Beantwortung der [inkriminierten] Sätze festgesetzt" worden ist. ‚Rechtfertigungsschrift' ist insofern ein unpräziser Titel, als dieses Dokument nicht nur Eckharts Verteidigung enthält, sondern auch die beiden soeben genannten Anklagelisten. Was die erste betrifft, so geht sie als Ganzes der Stellungnahme Eckharts voraus; den Auszügen der 2. Liste folgt hingegen die Verteidigung des Angeklagten von Artikel zu Artikel. – Die ‚Rechtfertigungsschrift' hat nicht nur große Bedeutung im Rahmen des Prozesses, sie erwies sich als unschätzbar in der schwierigen Frage nach der Echtheit der ungefähr 150 Eckhart durch Überlieferung und Forschung zugeschriebenen Predigten. Diejenigen nämlich, aus denen in den beiden Listen zitiert wird – und die Eckhart als die seinen anerkannt hat, indem er sie verteidigte –, dürfen als für den Meister gesichert gelten. Es sind dies 16 Predigten, die Quint in seiner ersten Abteilung, „durch die ‚Rechtfertigungsschrift' als echt bezeugte Predigten", herausgegeben hat (Bd. I). Sie ergeben in ihrer Gesamtheit ein zuverlässiges, wenn auch kein ausschließliches Kriterium für die übrigen Predigten.

Nachdem Nikolaus von Straßburg den Eckhartankläger und Prozeßzeugen Wilhelm von Nidecken wegen offensichtlich verleumderischer Aussagen über die Person Eckharts unter Anklage gestellt hatte, schlug die Untersuchungskommission mit einer Anklage gegen Nikolaus wegen „Behinderung des Inquisitionsgerichtes" zurück. Von allen Vorgängen im Rahmen des Eckhartprozesses ist dieser der willkürlichste und bedenklichste. Die Ausschaltung eines notorischen Intriganten und Falschzeugen wird als unerlaubte Unterstützung des Inquisiten beurteilt! Man sieht gerade aus diesem Akt, wie sehr der erzbischöflichen Inquisition an einer Verurteilung und Vernichtung Meister Eckharts gelegen war. Gegen diese Anklage protestiert Nikolaus am 14. und 15. Januar 1327 unter Berufung auf die Ordensprivilegien und auf seine Stellung als päpstlicher Visitator in nicht weniger als drei Schreiben, in denen er an den päpstlichen Stuhl appelliert (Laurent, Nr. I–III).

Am 24. Januar 1327 appellierte auch Eckhart an den päpstlichen Stuhl (Laurent, Nr. IV), verbunden mit heftigen Klagen über die Verschleppung des Prozesses mit zahlreichen Vorladungen, was, da er persönlich und sein Orden in bestem Rufe stünden, Geistlichen und Laien zum Ärgernis gereichen müßte. Weiterhin beklagt er sich über die Zeugenschaft der beiden aktenkundig verleumderischen Mitbrüder Hermann und Wilhelm, denen offensichtlich mehr Gehör geschenkt würde als ihm, der bereit sei, vor dem Papst und der Kirche seine Unschuld zu bezeugen. Endlich entbehre das Verfahren des Erzbischofs jeder rechtlichen Grundlage, da seine Lehre bereits durch den päpstlichen Visitator geprüft und als rechtgläubig erwiesen worden sei.

Am 13. Februar gab Meister Eckhart in der Predigerkirche vor der Gemeinde, der er vorgängig gepredigt hatte, eine Erklärung in lateinischer Sprache mit deutschen Erläuterungen ab, die notariell festgehalten wurde (Laurent, Nr. V). Koch hält diesen Schritt für besonders unglücklich in der insgesamt ungeschickten Verteidigung Eckharts. „Es ist ein schlechter Abgesang, mit dem der Meister die Kölner Bühne verließ". In taktischer, aber nur in taktischer Hinsicht mag Koch Recht haben. Es gilt aber auch hier, der Persönlichkeit Eckharts gerecht zu werden. Wir versuchen dies im nächsten Abschnitt in der zusammenfassenden Würdigung der Verteidigung Eckharts in seinem Prozeß.

Am 22. Februar erklärte die Kommission, die Appellation Eckharts an den päpstlichen Stuhl – *apostoli* genannt – entbehre der Begründung (Laurent, Nr. VI). Dann aber heißt es: „Wir gewähren ihm [Eckhart] diese unsere Antwort anstelle der *apostoli (loco apostolorum)* und beauftragen euch Notare, über diese Gewährung der *apostoli (hac apostolorum concessione)* für uns eine öffentliche Urkunde anzufertigen" (Laurent, S. 347). Das ist so zu verstehen: Verweigert werden die *apostoli dimissorii*, die positive Gewährung der Appellation, gewährt die *apostoli refutatorii*, die Erlaubnis mit Abweisungsvermerk. Eckhart konnte so nach Avignon reisen, was dem Prozeß in Köln ein Ende setzte, aber belastet mit dem negativen Bescheid des Kölner Gerichts. Da der Erzbischof in bestem Einvernehmen mit Johannes XXII. stand, war es ihm sicher nicht unangenehm, wenn der Fall Eckhart vor die Kurie kam und dort entschieden wurde.

Es ist anzunehmen, daß Eckhart bald nach diesem Entscheid nach Avignon aufbrach.

Es war nun am Papst, Richter und Gutachter zu stellen. Vor den Richtern bestritt Eckhart nach einem Bericht Wilhelms von Ockham nicht, die ihm vorgelegten Sätze gelehrt und gepredigt zu haben. Als Gutachter fungierte eine Theologenkommission, aber auch Kardinäle waren mit der Prüfung der Anklagelisten befaßt. Diese sind die gleichen wie im Kölner Verfahren; neues Material wurde, wie üblich bei delegierten Kurialverfahren, nicht erhoben. Die Kölner Listen wurden auch reduziert, bis auf 28 Sätze, die dann in der Bulle verurteilt werden. Nur von diesen Sätzen ist in Avignon die Rede.

Das Gutachten der Theologen ist uns, wenn auch nicht als datiertes und beglaubigtes Original, seit ca. 50 Jahren bekannt. Es formuliert zu den einzelnen Sätzen eine theologische Zensur – dreimal werden je zwei, einmal vier Sätze zusammengezogen – und fügt die Verteidigung des Angeklagten mit einer Replik der Kommission hinzu. Ausnahmslos lautet der Entscheid: „Häretisch nach dem Wortlaut" *(prout verba sonant)*. Eckharts Verteidigung erscheint nie in wörtlicher Zitation.

Ein sehr ausführliches Gutachten stammt vom Zisterzienser Kardinal Jacques Fournier, einem vorzüglichen Theologen, dem späteren Papst Benedikt XII. (1334–1342). Man glaubte annehmen zu dürfen, er hätte bereits am Marguerite-Prozeß mitgewirkt, was eine höchst interessante Querverbindung bedeutet hätte, doch ist von R. E. Lerner kürzlich nachgewiesen worden, daß eine Verwechslung mit einem anderen Zisterzienser Jacques vorliegt. Der Kardinal hat indes, auch im Auftrag Johannes'

XXII., in den kurialen Prozessen über die Apokalypsen-Postille des Spiritualen Petrus Olivi und über den englischen Franziskaner Wilhelm von Ockham gegutachtet. Leider sind diese Gutachten nur noch in Exzerpten des Augustiners Johannes von Basel greifbar; immerhin erfahren wir von Eckharts Stellungnahme etwas mehr als aus den Akten der Theologenkommission.

Versuche der Einflußnahme auf den Prozeß kommen aus franziskanischen Kreisen. Michael von Cesena, Ordensgeneral und Spirituale, eifert in einer Klageschrift an die Kurie vom 18. September 1328, ‚Appellatio maior' genannt (Laurent Nr. XI), gegen Eckhart, den Predigermönch, der in Schrift und Predigt „verabscheuungswürdige und ungeheuerliche Häresien" verbreitet und viel Volk in der Teutonia und anderswo zur Häresie verleitet habe. Offenkundig sei aber auch, daß Nikolaus vom selben Orden jene Häresien begünstigt und verteidigt habe. Obgleich er deswegen unter Anklage stehe, sei er als Definitor am Generalkapitel der Dominikaner in Perpignan (Pfingsten 1327) tätig gewesen. Endlich beklagt er den Umstand, daß ein „Bote des Erzbischofs von Köln" in Sachen Eckharts und Nikolaus' – gemeint ist Hermann de Summo – an der Kurie gefangen gehalten werde.

Sehr viel allgemeiner ist eine Äußerung Wilhelms von Ockham vom 26. Mai 1328, die in den ‚Tractatus contra Benedictum' (IV, c. 4) eingegangen ist. Wilhelm rechnet die Lehren Eckharts, von denen er einige referiert, zu den „Absurditäten", stellt fest, daß sie in Deutschland viele Anhänger, Männer und Frauen, leider darunter auch Minoriten, gefunden haben und daß Eckhart sich nunmehr nach einer Anklage des Kölner Erzbischofs vor der päpstlichen Kurie zu verantworten hätte.

3.

Wie hat sich Meister Eckhart im geschilderten Verfahren verteidigt? Während heute jeder ernsthafte Forscher bereit ist, Eckhart an sich selbst und historisch, nicht an orthodoxer Dogmatik oder an einem Emanzipationsmodell zu messen, gibt es harte Kritik an Eckharts Stellungnahme in seinem Prozeß. Sie ist umso ernster zu nehmen, als sie die neueste und grundlegende Untersuchung zu Eckharts Biographie bestimmt, Joseph Kochs ‚Kritische Studien zum Leben Meister Eckharts'. Einen wesentlichen Punkt der Kritik habe ich bereits angesprochen: die angenommene Nichtauthentizität von Eckharts deutschem Predigtwerk. Eckhart hätte, so heißt es, gegen die Verwendung dieses Materials protestieren sollen. Hier liegt ein alteingewurzeltes Mißverständnis über die volkssprachige Predigt als literarische Gattung vor. Weiterhin soll Eckhart nicht begriffen haben, worum es eigentlich ging (Koch II, S. 34), nämlich um die Verträglichkeit der indizierten Sätze aus seinen Schriften mit der kirchlichen Lehre, nicht um seine subjektive Rechtgläubigkeit. Auf diese aber hätte Eckhart abgehoben, nicht auf den Nachweis der Orthodoxie seiner Aussagen.

Der Tenor von Eckharts Stellungnahmen im Prozeß, in der ‚Rechtfertigungsschrift' wie in der Appellation an den päpstlichen Stuhl, vor der Öffentlichkeit wie vor der Theologenkommission in Avignon, ist die Bestürzung über das, was ihm widerfahren ist, nämlich die Verhängung einer *inquisitio haereticae pravitatis*. Er konnte zwar, wie seine persönliche Stellungnahme am Schluß des Trostbuches beweist, nicht gänzlich unvorbereitet sein hinsichtlich prozessualer Schritte gegen seine Lehre – solche Verfahren waren, wir hörten es schon, an der Tagesordnung –, aber mit einem Inquisitionsprozeß dürfte er nie gerechnet haben. Dieser traf ihn wie ein Schlag, jedes Wort zu seiner Verteidigung lebt aus dieser Betroffenheit. Fern lag es ihm indes, in einer Sache, die seine christliche Existenz betraf, zu Mitteln der juristischen Finten, der schlaudurchdachten Argumentation, der distanziert-berechnenden Taktik zu greifen: er reagierte emotional.

Die ‚Rechtfertigungsschrift' beginnt mit einer allgemeinen Erklärung: „Erstens gebe ich vor Euch Kommissaren Meister Re[i]nher von Friesland, Doktor der Theologie, und Bruder Petrus de Estate, neuerlich Kustos der Minderbrüder, folgende öffentliche Erklärung ab: Gemäß der Freiheit und den Privilegien unseres Ordens bin ich nicht gehalten, vor Euch zu erscheinen noch auf die [gegen mich erhobenen] Vorwürfe zu antworten, zumal ich nie der Häresie beschuldigt worden bin und jemals im Rufe (der Häresie) gestanden habe, wofür mein ganzes Leben und meine Lehre Zeugnis geben, und damit stehe ich im Einklang mit der Ansicht meiner Brüder des ganzen Ordens und des Volkes beiderlei Geschlechts im gesamten Umkreis der Ordensnation. – Daraus erhellt zweitens, daß der Auftrag, der Euch vom ehrwürdigen Vater, dem Herrn Erzbischof von Köln (dessen Leben Gott erhalten möge), erteilt wurde, keinerlei Rechtskraft hat, entstammt er doch verleumderischer Einflüsterung, einer üblen Wurzel (also) und einem üblen Baum. Hätte ich geringeren Ruf beim Volke und minderen Eifer für die Gerechtigkeit, so wäre gewißlich nichts dergleichen von meinen Neidern gegen mich versucht worden. Indessen kommt es mir zu, dies geduldig zu tragen, denn ‚Selig sind die um der Gerechtigkeit willen leiden' und ‚Gott züchtigt einen jeglichen Sohn, den er annimmt', nach den Worten des Apostels Paulus, auf daß ich mit Recht mit dem Psalmisten sage: ‚Ich bin auf Züchtigung gefaßt'" (Théry, S. 185).

Die Unrechtmäßigkeit des Verfahrens, formal (wegen der Privilegien des Ordens) und sachlich (durch verleumderische Anklage) verbindet sich in dieser Argumentation mit dem Zeugnis seiner Lebensführung und seiner Lehre, bestätigt vom Orden wie vom Volk, vor dem er predigte, sowie mit der Ergebenheit in die über ihn verhängte Unbill. Die Verschlungenheit der Argumentation als Manifestation der Persönlichkeit, in ihrem Stolz und in ihrer Demut, mag den Anklägern und Richtern als Verunklärung der Tatbestände vorgekommen sein, die Kritik am Verfahren ließ sie kalt, die Person Eckharts hatte nicht zu interessieren, nur fragwürdige, als häretisch indizierte Aussagen standen für sie zur Diskussion.

Begleitet sind Eckharts Erklärungen von verbalen Ausfällen gegenüber den Anklägern. Er spricht von der „beträchtlichen Bosheit oder gröblichen Unwissenheit" seiner Ankläger (S. 196). Sie würden „alles, was sie nicht verstehen, für verkehrt halten und wiederum das Verkehrte für Ketzerei" (S. 206). Dazu bringt er als Beispiel die Unkenntnis betreff der „Unterscheidung und des Begriffs der Univoca, Aequivoca, Analoga" (ebd.), womit, wie wir wissen, Schlüsselbegriffe von Eckharts Lehre angesprochen sind. Zu Beginn der Erklärungen zur zweiten Liste wiederholt er die Bemerkung von der „Geistesbeschränktheit oder auch Bosheit der Gegner", ja attestiert diesen selbst „offensichtliche Gotteslästerung und Häresie", sofern ihr Standpunkt, was anschließend an Beispielen dargetan wird, „der Lehre Christi, der Evangelien, der Heiligen und Lehrer widerstreitet" (S. 208).

Auf die Frage, warum Eckhart, überzeugt von der Unzuständigkeit des erzbischöflichen Gerichts, es trotzdem de facto durch seine Erklärungen akzeptiert hat, gibt er an einer anderen Stelle der ‚Rechtfertigungsschrift' eine Antwort: „Dennoch wollte ich, gleichsam als überschüssige Leistung, jedoch unter Protest wegen der Freiheit meines Ordens, vor euch diese Dinge darlegen, um nicht den Anschein zu erwecken, ich ergriffe die Flucht vor dem, was mir fälschlicherweise unterstellt wird" (S. 196).

Im einzelnen bekennt sich Eckhart zu den Sätzen des Trostbuches und dessen Apologie sowie den Auszügen aus dem 1. Genesiskommentar und bekräftigt zugleich, „daß alles darin wahr ist, obwohl manches ungewöhnlich und subtil sein mag" (S. 186). Schwieriger ist die Stellungnahme zu den Sätzen aus deutschen Predigten. Eckhart weist darauf hin, daß selbst Geistliche und Studierende „Gehörtes" falsch widergäben, beschränkt sich dann aber auf die Bemerkung, daß er „keinen dieser Sätze, so wie sie angeführt werden, soweit sie einen Irrtum enthalten oder nach Häresien schmecken, innerlich glaube noch geglaubt oder gehalten oder gepredigt habe". Er würde indes meinen, daß in diesen Sätzen „etwas Wahres berührt wird, was bei richtiger und gesunder Auslegung sich aufrecht erhalten läßt" (S. 196). Das ist auch die grundsätzliche Stellungnahme zu der zweiten Liste, die aus lauter Predigtauszügen besteht: die falsch tönenden Sätze seien, „gesunden und frommen Sinnes verstanden, eine schöne und nützliche Wahrheit des Glaubens und der sittlichen Lehre" (S. 208). Auch bei der Rechtfertigung von Einzelaussagen beruft sich

Eckhart immer wieder auf diese ihrem Wesen nach seelsorgerische Intention. „Eine schöne Wahrheit, sittlich erbauend, fromm und zur Gottesliebe entflammend", bezeichnet er so die Lehre vom *intimum animae* (S. 211). Oder es solle die Vorstellung von der Sohnesgeburt im menschlichen Herzen „zu einem heiligen und frommen Leben anleiten" (S. 212). Mit diesem Argument des spirituellen Zusammenhangs hatte Eckhart bei der Letztinstanz, dem päpstlichen Stuhl, insofern Erfolg, als die Sätze 16–26 zwar als „übel klingend, sehr kühn und der Häresie verdächtig" zu beurteilen sind, jedoch eingeräumt wird, „daß sie mit vielen Erklärungen und Ergänzungen einen katholischen Sinn ergeben und haben können".

Wie aber erklärt sich Eckharts Distanzierung vom Wortlaut der Predigtaussage (die er dann doch im richtig verstandenen Kontext als wahr und nützlich bezeichnet)? Sie erfolgt nicht nur hier, sondern immer wieder, und vielfach scheint Eckhart auch betroffen zu sein von dem, was er gepredigt haben soll. So sagt er zu art. 51 der zweiten Liste, die eine Zentralstelle aus Q 2 ('Intravit Iesus in quoddam castellum') zitiert (I 39,1–40,4), er enthalte „Sinnloses, Dunkles, Verwirrtes und gleichsam Schlaftrunkenes" (S. 258). Ich erkläre dies mit der Verfremdung des Wortlauts durch die Übertragung ins Latein und die Loslösung des Satzes aus seinem Zusammenhang. Wer kennt nicht die Betroffenheit gegenüber einer eigenen Aussage, wenn sie in anderem Wortlaut und unter neuem Aspekt vorgetragen wird? Man kann sie nicht leugnen und doch nicht zu ihr stehen. Auch ist Eckhart durch das Verfahren sicher hellhöriger und damit empfindsamer geworden für kühne oder paradoxe Formulierungen, obgleich sie ihm immer bewußt waren. Ich erinnere an die Charakterisierung seiner lateinischen Schriften als (scheinbar) „ungeheuerlich, zweifelhaft oder falsch". Man darf zwar nicht behaupten, daß die Kommissare nachlässig übersetzt haben; aber nicht ganz weniges im Bereich spiritueller Vermittlung in der Volkssprache, um die es in der Predigt geht, entzieht sich einer adäquaten Übertragung in die Sprache der Kirche, und einiges geriet auch schief wegen der Unvollkommenheit der Vorlage. Die besonders starken Überlieferungsverderbnisse, d. h. Fehlleistungen der Abschreiber, im Bereich mystischer Texte ist bekannt und verständlich. Darauf aber bezieht sich Eckharts Bemerkung über die falsche Wiedergabe von Gehörtem selbst durch dazu qualifizierte Personen, wobei „Gehörtes" offensichtlich das im Überlieferungsprozeß häufige Diktat meint, nicht die Wiedergabe der gesprochenen Predigt. Anders hätte Eckhart nun doch, wie seine Kritiker posthum empfehlen, Predigtäußerungen als Anklagematerial prinzipiell abgelehnt.

Noch mehr Befremden als die ‚Rechtfertigungsschrift' hat Eckharts öffentliche Erklärung am 13. Februar 1327 in der Kölner Dominikanerkirche ausgelöst. „Diese Erklärung", schreibt Koch (II, S. 39), ist „das peinlichste Dokument des ganzen Prozesses. Es ist eine Flucht in die

Öffentlichkeit, die nach keiner Richtung eine günstige Wirkung haben konnte". Nach Beendigung der, wie es scheint, üblichen Predigt in der Dominikanerkirche, rief Eckhart laut Protokoll des erzbischöflichen Notars seinen Mitbruder Konrad von Halberstadt herbei und wies ihn an, ein lateinisches Schriftstück, das er in seiner Hand hielt, der Gemeinde vorzutragen. Dieser las die Erklärung Punkt um Punkt vor, und Eckhart erläuterte jeden Punkt in der Volkssprache. Das Aktenstück lautete folgendermaßen: „Ich, Meister Eckhart, Doktor der heiligen Theologie, erkläre, Gott zum Zeugen anrufend, vor allem, daß ich jeglichen Irrtum im Glauben und jede Abirrung im Lebenswandel immer, so viel es mir möglich war, verabscheut habe, da Irrtümer dieser Art meinen akademischen Status und Mönchsstand widerstritten hätten und noch widerstreiten. Aus diesem Grunde widerrufe ich, sofern sich in dieser Hinsicht etwas Irrtümliches in dem finden sollte, was ich geschrieben, gesprochen oder gepredigt hätte, privat oder öffentlich, wo und wann auch immer, unmittelbar oder mittelbar, sei es aus schlechter Einsicht oder verkehrten Sinnes: das widerrufe ich hier öffentlich und Euch allen und jeglichem, die gegenwärtig hier versammelt sind, weil ich dieses von nun an als nicht gesagt oder geschrieben betrachtet haben will, besonders aber auch, weil ich vernehme, daß man mich übel verstanden hat: so, als hätte ich [z. B.] gepredigt, mein kleiner Finger habe alles geschaffen. Das habe ich weder gemeint noch gesagt, wie die Worte lauten, sondern ich habe es von den Fingern des Knaben Jesu gesagt. Und dann, ein Etwas sei in der Seele, um dessentwillen sie, wenn die ganze Seele so wäre, als ungeschaffen zu bezeichnen wäre, und dies halte ich mit den Doktoren, meinen Kollegen, insofern für wahr, als die Seele dem Wesen nach Intellekt wäre. Niemals habe ich auch meines Wissens gesagt, noch bin ich der Meinung gewesen, daß etwas in der Seele sei, was zwar ein Teil der Seele sei, indes ungeschaffen und unschaffbar, weil so die Seele aus Geschaffenem und Ungeschaffenem bestände. Vielmehr habe ich das Gegenteil geschrieben und gelehrt, wenn nicht einer (kommt und) erklärt, ungeschaffen und nicht geschaffen heiße so viel wie nicht an und für sich erschaffen, sondern hinzugeschaffen. – Vorbehaltlich aller (dieser Richtigstellungen) korrigiere und widerrufe ich, wie ich (eingangs) gesagt habe, und ich werde im allgemeinen wie im einzelnen und immer, wann es dienlich sein wird, alles korrigieren und widerrufen, wovon sich ermitteln ließe, daß es keinen ganz gesunden Sinn hat" (Laurent, S. 345).

Dem letzten der drei hier herangezogenen Artikel der Anklage werden wir in der Bulle als Nachtragsartikel [27] wieder begegnen; der zweite, ähnlich lautende, bezieht sich auf Liste 1, Gruppe Predigten 6 (Théry, S. 201). Die Erklärung mit dem kleinen Finger bezüglich des ersten Punktes hat Koch als „kindisch" disqualifiziert. Er vergißt dabei, daß es sich bei diesem Schriftstück um ein Protokoll und keine genaue Nachschrift handelt. Der kleine Finger scheint ein spontanes Bild des erklärenden Eckhart für die pars pro toto zu sein (denn es kommt weder in der Anklage noch in den Predigten vor); der Kontext ist nicht zu erschließen, vielleicht liegt ein Bezug auf Bulle, art. 13 vor: „Alles, was der göttlichen Natur eigen ist, das alles ist auch dem gerechten und göttlichen Menschen eigen".

Warum ist Eckhart vor die Öffentlichkeit getreten? Die Frage ist nicht schwer zu beantworten, wenn wir uns vergegenwärtigen, daß, worüber sicher keine Zweifel bestehen können, die Öffentlichkeit vom Inquisitionsprozeß gegen den großen Theologen und Prediger erfahren hat. Mutmaßlich war Eckhart auch vom Amt am Studium generale dispensiert. Seine Predigtgemeinde wie seine Schüler mußten von diesem unerhörten Vorfall tief betroffen sein. Nachdem er schon in der Appellation an den päpstlichen Stuhl vom 24. Januar 1327 die Verschleppung des Prozesses als ein „Ärgernis" für Geistliche und Laien bezeichnet hat, wendet er sich an seine Predigtgemeinde, die auch sicher ein klärendes Wort von ihm erwartet hat. Er versteht dieses in dem Sinne, daß er, sollte ihm, was seiner Ansicht nach bislang nicht geschehen ist, irrtümliche und ungesunde Lehre nachgewiesen werden, solche widerruft. Dieser Bereitschaft zum Widerruf, was einem bedingungslosen Bekenntnis zur katholischen Wahrheit gleichkommt, fügt er als zweiten Hauptpunkt die Klage hinzu, man hätte ihn übel verstanden, und dafür gibt er Beispiele. Das emotionale Element fehlt in diesem Zeugnis; es kann aber auch vom Notar als nicht zur Sache gehörig ausgeklammert worden sein. Ob dieser Auftritt von Eckhart gut überlegt und vorbereitet, ob er prozeßtaktisch klug inszeniert war, ob er zusätzlich geschadet hat oder nicht, das sei alles dahingestellt. Genug, daß er Eckhart als Prediger notwendig erschien.

4.

Das Urteil im Eckhart-Prozeß ist die päpstliche Bulle ‚In agro dominico' vom 27. März 1329. Sie ist als Urteil ex cathedra von höchster Verbindlichkeit.

Als Johannes XXII. die Bulle unterzeichnete, war er 84 Jahre alt, aber noch tatkräftig wie eh und je. Er gehört, ein Aufsteiger ohnegleichen, zu den „großen" Päpsten des ausgehenden Mittelalters; als scharfsinniger Jurist mit dem Doktortitel von Paris und erfahren in den modernen Mitteln der Herrschaft – er war Kanzler am Hof des Königreichs beider Sizilien – wurde er zum Mehrer päpstlicher Gewalt und päpstlicher Autorität. Skrupellos im Nepotismus, unermüdlich und erfolgreich in der Steigerung der kurialen Einnahmen und der Anhäufung von Schätzen – er wurde der Midas-Papst genannt –, aber auch groß in der Geldverschwendung – er soll auf einmal in Damaskus 40 Kleidungsstücke aus Goldbrokat für 1276 Golddukaten gekauft haben –, war er doch vor allem ausgezeichnet durch seine Unerbittlichkeit in der Verfolgung der Häresie. Vom Armutsstreit mit den franziskanischen Spiritualen war schon die Rede: Hier erhält der Papst mit der Inkriminierung des frommen Glaubens, Christus und die Apostel hätten keinen persönlichen Besitz gehabt, geradezu antichristliche Züge. Als der Prozeß gegen Eckhart geführt wurde, brannten deswegen Scheiterhaufen. Man sage nicht, daß dies nicht zur Sache gehöre. Es gehört insofern zur Sache, als ein von Macht und Reichtum beherrschter Papst einen Mönch verurteilte, der die Armut in ihrer eigentlichen evangelischen Form, als geistige Armut, gepredigt hat.

In der Bulle werden 28 Sätze verurteilt, und das heißt alle, die bei der kurialen Begutachtung überhaupt zur Diskussion standen. Indes wurde ein wichtiger Unterschied vollzogen, der, da er in dem Fournier-Gutachten fehlt, auf die Letztinstanz zurückgehen muß: Häretisch sind die Artikel 1–15 sowie die Zusatzartikel 1 und 2 [27 und 28], während 16–26 „überaus übel klingend und sehr kühn und der Häresie verdächtig erfunden" werden, „wenn auch zugestanden werden mag, daß sie mit vielen Erklärungen und Ergänzungen einen katholischen Sinn ergeben und haben können". Ist in dieser Differenzierung ein Element der Annäherung an die Verteidigung des Angeklagten nicht zu verkennen, so ist der Tenor der Präambel für den Betroffenen, zumal in der wie Hohn klingenden blumigen Kurialsprache, vernichtend: „Fürwahr, mit Schmerz tun wir kund, daß in dieser Zeit einer aus deutschen Landen, Eckhart mit Namen, und, wie es heißt, Doktor und Professor der Heiligen Schrift, aus dem Orden der Predigerbrüder, mehr wissen wollte, als nötig war, und nicht entsprechend der Besonnenheit und nach der Richtschnur des Glaubens, weil er sein Ohr von der Wahrheit abkehrte und sich Erdichtungen zuwandte. Verführt nämlich durch jenen Vater der Lüge, der sich oft in den Engel des Lichts verwandelt, um das finstere und häßliche Dunkel der Sinne statt des Lichtes der Wahrheit zu verbreiten, hat dieser irregeleitete Mensch, gegen die helleuchtende Wahrheit des Glaubens auf dem Acker der Kirche Dornen und Unkraut hervorbringend und emsig beflissen, schädliche Disteln und giftige Dornsträucher zu erzeugen, zahlreiche Lehrsätze vorgetragen, die den wahren Glauben in vieler Herzen vernebeln, die er hauptsächlich vor dem einfachen Volke in seinen Predigten lehrte und die er auch in Schriften niedergelegt hat". Dieses päpstliche Generalverdikt kann man nur als ausgemachte Perfidie bezeichnen, da sie ausgerechnet das, woran niemand zweifeln konnte, selbst nicht die Kommissare in Köln und Avignon, die subjektive Rechtgläubigkeit des verurteilten Predigers und Theologen, nicht nur in Frage stellt, sondern in bewußte Häresieverbreitung verkehrt.

Die einzelnen Sätze sind den Schriftkommentaren zu den alttestamentlichen Büchern Genesis, Exodus, Sapientia und, am ausgiebigsten mit fünf Sätzen, zum Johannes-Evangelium, je einer dem ‚Buch der göttlichen Tröstung' und der Predigt ‚Vom edlen Menschen' sowie zehn Predigten entnommen. Drei Artikel sind nicht sicher zu identifizieren. Aus der breiten Streuung dieser Auswahl geht hervor, daß man möglichst viele von Eckharts Schriften treffen wollte. Es war ja mit einem häretischen Satz in einer Schrift auch diese als Ganzes inkriminiert, wie es in den Durchführungsbestimmungen ausdrücklich heißt: „und ebenso alle Bücher und kleineren Schriften dieses Eckhart, welche die angeführten Artikel oder einen von ihnen enthalten". Erkennbar ist auch, daß theologische Lehren wie spirituelle Aussagen erfaßt werden sollten. Doch überwiegen bei weitem die letzteren. Der Hauptschlag sollte den Prediger und Seelsorger treffen.

In einem Schlußwort erklärt die Bulle: „Wir", seine päpstliche Heiligkeit, wollen „denjenigen, bei denen die angeführten Artikel gepredigt oder gelehrt worden sind, sowie auch allen anderen, zu deren Kenntnis sie gekommen sind, kundtun, daß, wie durch eine öffentliche, darüber ausgefertigte Urkunde feststeht, der genannte Eckhart am Ende seines Lebens, den katholischen Glauben bekennend, die angeführten sechsundzwanzig Artikel, die gepredigt zu haben er bekannte, ferner auch alles andere von ihm Geschriebene und in Schulen wie in Predigten Gelehrte, das in den Gemütern der Gläubigen einen häretischen oder irrtümlichen und dem wahren Glauben widerstreitenden Sinn erzeugen könnte, soweit es diesen Sinn betrifft, widerrufen wie auch verworfen hat und es als so schlechthin und völlig widerrufen angesehen wissen wollte, als wenn er jene Artikel und jenes andere einzeln und besonders widerrufen hätte, indem er sich und alle seine Schriften und Aussprüche der Entscheidung des apostolischen Stuhles und der Unseren unterworfen hat".

An Widerrufen von Häresien war der Kirche aus naheliegenden Gründen immer gelegen. Wie sehr hatte man Marguerite Porete dazu gedrängt! Im Falle Eckharts trat die kuriale Rücksichtnahme auf den Orden hinzu, dem der Verurteilte als eines der höchst gestellten Mitglieder angehörte. Im Armutsstreit, der für das Papsttum eine Zerreißprobe ohnegleichen war, standen die Dominikaner brav auf der Seite des Papstes. Ihnen war der Widerruf eine Hilfe, schnell und ohne Schaden über den Fall Eckhart hinwegzukommen.

So wie der Widerruf in der Bulle formuliert ist, kann er freilich nur Erstaunen hervorrufen. In dieser Form ist er unvereinbar mit dem sog. Widerruf in der Dominikanerkirche Kölns, aber auch mit Eckharts Verteidigung in Avignon, die sich von derjenigen in Köln keineswegs unterscheidet. Die Bulle kann auch nicht, wie man früher meinte, den früheren, bedingten Kölner Widerruf zu einem unbedingten umgebogen haben. Wenn der Widerruf, wie die Bulle festhält, „am Ende seines Lebens" erfolgte, so ist er in Avignon und vor der päpstlichen Kommission erfolgt.

Hat man dem vielleicht schwerkranken Mann den Widerruf zur Entlastung des Ordens abgerungen? Hat man den Vorbehalt überhört, oder wurde er in der (nicht erhaltenen) Urkunde ausgespart? Vieles ist denkbar, nichts gewiß oder auch nur wahrscheinlich zu machen. Ich meine aber auch, es könne Eckhart weder belasten noch entlasten, ob er, und in welcher Form, widerrufen hat oder nicht.

Knapp drei Wochen nach der Veröffentlichung von ‚In agro dominico', am 15. April 1329, sandte der Papst eine Kopie der Bulle an den Kölner Erzbischof mit der Auflage, diese in der Kölner Kirchenprovinz „in feierlicher Weise", d. h. von der Kanzel herab, bekanntzumachen, „damit durch eine derartige Publikation die Herzen der einfachen Leute *(simplices)*, die leicht zu verführen sind, und zumal diejenigen, denen Eckhart zu seinen Lebzeiten besagte Artikel gepredigt hat, von den in ihnen enthaltenen Irrlehren nicht angesteckt werden" (Laurent, S. 445). Koch hat daraus eine niederrheinische Übertragung der Bulle abgeleitet, die indes nicht erhalten ist. Ich halte sie für höchst unwahrscheinlich. War nicht der deutsche Wortlaut der als ‚häretisch" oder „übelklingend" verurteilten Sätze eher dazu angetan, bei den „einfachen Leuten" die Erinnerung an den großen Prediger wachzuhalten als vor seiner Lehre zu warnen? Wir wissen auch, daß die Kirche im Gebrauch der Volkssprache bei der Wiedergabe häretischer Aussagen äußerst zurückhaltend war – aus verständlichen Gründen: Häresien übten bekanntlich eine faszinierende Wirkung aus, man konnte sie so durch die Sprachform der Laien geradezu propagieren. Die Ausnahme von der Regel stellen einzig Listen von volkssprachlichen Häresiesätzen zu Zwecken von Verhören dar. Der Vorgang der Bekanntmachung der Irrlehre Eckharts wird so vor sich gegangen sein: Die Geistlichkeit wurde mit dem (lateinischen) Text der Bulle vertraut gemacht und war verpflichtet, dessen Inhalt in geeigneter Form bekannt zu geben. Die geeignete Form war der Rahmen der Predigt, die es erlaubte, die häretischen Inhalte in freier Form zu vermitteln und mit abschreckend-warnendem Kontext zu versehen.

Die Schmach der Verurteilung hat Eckhart nicht mehr erlebt. Er starb vermutlich im Frühjahr 1328, vielleicht schon etwas früher, mit großer Wahrscheinlichkeit in Avignon, wo man ihn sicher bis zum Abschluß des Prozesses festhalten wollte, kaum, wie öfter vermutet wurde, auf dem Wege von Avignon nach Köln. Er, der die evangelische Lehre so rein wie wenige gelehrt und sicher auch gelebt hat, starb im Rufe eines Irrlehrers, und bezeichnenderweise im „Elend" („außer Landes", mit der im Mhd. noch deutlich vernehmbaren Grundbedeutung), obschon am Sitz des Papsttums, den ein großer Zeitgenosse das „Babylon des Westens" nannte. Es ist gut, nicht zu wissen, unter welchen Umständen er starb, aber sicher in Gott.

Elftes Kapitel

Meister Eckhart der Mystiker

1.

Es mag den Lesern dieses Buches aufgefallen sein, daß ich nicht sehr häufig und vor allem nie generell vom Mystiker Eckhart gesprochen habe. Das geschah eingedenk der Tatsache, daß der Begriff ‚Mystik' in der Forschungsgeschichte eine „Bewegung", im Hinblick auf die deutsche Geistesgeschichte sogar eine Epoche, das „Zeitalter der deutschen Mystik", abdeckt und in dieser Allgemeinheit nicht mehr besagen kann als etwa der Universalbegriff ‚Romantik'. Dazu kommt die Überzeugung, daß der Begriff wenig, die Sache alles bedeutet, wie diese ja auch faktisch jenem vorangeht, was auch in der Vermittlung beachtet werden sollte. Vor allem aber werden solche Oberbegriffe erst sprechend, wenn sie auf ihren Bedeutungskern eingegrenzt werden. Was ‚Mystik' betrifft (wobei ich in unserem Zusammenhang nur an die christliche Mystik denke), so dürfte die Sinnmitte des Begriffs eindeutig sein; je weiter man ihn ausdehnt, umso unschärfer werden seine Konturen.

Eine Generation vor Meister Eckhart nannte der größte Franziskanertheologe und -spirituale des Mittelalters, Bonaventura von Bagnorea, das, was wir heute im Anschluß an Dionysius Areopagita ‚Mystik' nennen, *cognitio Dei experimentalis*, was Urs von Balthasar mit der Definition „existentielles Erfahren des Göttlichen" wieder aufgegriffen hat. Diese „Erfahrung" findet statt in der ‚Ekstase' (lat. *raptus*), Entrückung, dem Herausgerissenwerden aus dem Eigenen; in der ‚Kontemplation' (griech. *theoria*), der Gottesschau in der ‚Versenkung' und ‚Erhebung'; in der ‚Erleuchtung', der Teilhabe am göttlichen Licht: das sind einige, freilich nicht ganz scharf von einander abzugrenzende Erfahrungsweisen mystischer Erkenntnis. Dazu kommen Stufen, Grade, *habitus* und Praktiken (Gebet, Medition), die zur Erfahrung des Göttlichen hinführen.

Wird dieser religiöse Erfahrungsbereich reflektiert und vermittelt, so entsteht Mystagogik, Anleitung zu mystischer Erfahrung. Das geschah zum ersten Mal im Werk des Dionysius Areopagita, der zum „Vater" der abendländischen christlichen Mystik, nunmehr als „Schrifttum" verstanden, geworden ist. Sofern mystische Erfahrung und die Wege zu ihr hin im Rahmen christlicher Dogmatik der Heilslehre zugeordnet werden, etwa im Zusammenhang der außerordentlichen Gnadengaben, spricht man von ‚mystischer Theologie'; sie ist indes fast immer mit Mystagogik verbunden. ‚Metaphysik', d.h. spekulative, die Erfahrung überschreitende Theologie und Philosophie, kann gedankliche Grundlagen für eine Lehre der Mystik sowie für Mystagogik entwickeln, sollte aber nie mit Mystik gleichgesetzt werden, die immer, auch als ‚Lehre', auf das menschliche Subjekt, das religiöse Ich, zumeist ‚Seele' genannt, bezogen bleibt. So ist Eckharts Lehre von der Analogie und der Univozität oder die *intellectus agens*-Lehre keine Mystik, wenn auch eine entscheidende Voraussetzung ihrer lehrhaften Ausformung.

Diese begriffliche Klärung ist nötig, weil schon immer, und verstärkt in der jüngsten Forschungsgeschichte, die Frage aufgeworfen wurde, ob Meister Eckhart überhaupt ein Mystiker war. Bezeichnenderweise erfolgt sie vom lateinischen Werk aus, und von ihm gilt nun freilich: es ist metaphysisch ausgerichtet. Das gilt auch für die Bibelkommentare, als Exegese der Predigt nahestehend, durch ihre besondere *intentio* (s. 6. Kap. 2.). Weil so der ‚Mystiker' Eckhart in der Tat, von gelegentlichen mystagogischen Bemerkungen besonders im Johanneskommentar und in den ‚Sermones' abgesehen, auf das deutschsprachige Werk beschränkt bleibt (obgleich in den Voraussetzungen mit den lateinischen Schriften aufs engste verbunden, ja für uns ohne sie kaum mehr verständlich), glaubte man den ‚Mystiker' Eckhart auf „literarische, germanistische Kategorien" zurückführen zu dürfen (Heribert Fischer), wobei beides, „literarisch" wie „germanistisch", negativ aufgeladen wurde. Das kommt in unseren Tagen immer an – der ‚Mystiker' Eckhart ist beim Germanisten John Margetts auch schon eine „germanistische Fehlprägung", deren wir uns eigentlich zu schämen hätten –, bleibt aber, was die Sache betrifft, unbegründet und ohne Erkenntnisgewinn.

Ein wirkliches Problem ist hingegen die Frage nach der mystischen Erfahrung Eckharts. Sie wird in Abrede gestellt, weil er nicht davon spricht. Eckharts Mystik, so heißt es, sei eine „Geistmystik", keine *cognitio experimentalis*. Aber ist das Schweigen über sie nicht gerade als ihr Kriterium angesprochen worden? Die Entrückung des Paulus in den dritten Himmel (2. Kor. 12,2 u. 4; vgl. auch Apost. 9,3f.) bleibt ungewortet – „geworten" ‚ins Wort treten' ist eine spezifische Bildung der deutschen Mystik – da die vernommenen „geheimnisvollen Worte" von der Art waren, „die ein Mensch nicht sagen darf".

Dionysius Areopagita sprach von *arräton*, dem Unausgesprochenen, Augustin und die späteren lateinischen Mystiker vom *ineffabile*, der Wortlosigkeit der mystischen Erfahrung: „Ich durfte es erfahren, aber nimmer aussprechen" (Bernhard von Clairvaux). Was Hadewijch als „in den Geist" Entrückte schaute, war *unsegghelec*, „unsagbar". Ungeachtet der Tatsache, daß das Unaussprechliche ins Wort drängt und dieses auch immer wieder gefunden hat – anders gäbe es kein mystisches Schrifttum –, kann das Schweigen über mystische Erfahrung niemals ein Beweis oder auch nur ein Hinweis auf das Fehlen solcher Erfahrung sein. Dazu gibt es besondere Gründe, die Eckhart von einer Vermittlung persönlicher Gotteserfahrung abhielten. Sprach man dort, wo er vor allem predigte, in den Konventen der Schwestern, nicht allzu viel und wortreich von solcher Erfahrung, von Entrückungen, Visionen und Auditionen, und war es nicht diese sublim-eigensüchtige Frömmigkeit, die Eckhart als Spirituale in Frage stellte und zu überwinden suchte? Erinnern wir uns: Schon in den ‚Reden der Unterweisung' verhält er sich abwehrend gegenüber dem *jubilus*, dem stimmlichen Ausbrechen in der Ekstase; er käme mitunter keineswegs von überströmender Gottesliebe, sondern von der menschlichen Natur (DW V 219,10 ff.). Und auf einer letzten Stufe der „Weiselosigkeit": Konnte der von mystischer Erfahrung sprechen, der wußte, daß auch sie in der Abgeschiedenheit zu vernichten war?

Es lassen sich aber auch positive Antworten auf die Frage nach Meister Eckharts mystischen Erfahrungen geben. Vor allem muß gefragt werden, ob das, was Eckhart predigte, das „Stehen" in Gottes Güte und Gerechtigkeit, die Gottesgeburt im Seelenfünklein, die Abgeschiedenheit, die Freiheit ohnegleichen der geistig Armen, und *wie* er darüber predigte, in emphatisch-charismatischer Sprechweise, nicht gerade die von ihm verschwiegene mystische Eigenerfahrung voraussetze. Diese Frage ist unbedingt zu bejahen, wenn man Eckharts Predigten nicht die innere Wahrheit absprechen will, und dies hat kaum jemand, expressis verbis nicht einmal seine Verächter, getan, wäre aber für Verneiner einer mystischen Erfahrung Eckharts nur konsequent.

Das soeben gefallene Stichwort ‚Wahrheit' führt zu den Wahrheitsbeteuerungen Eckharts, die meiner Ansicht nach so etwas wie ein Schlüssel zu seinem Erfahrungsbereich sind. Sie wurden viel zitiert, weniger in ihrem Aussagewert verstanden, handelt es sich doch nicht um die Berufung auf die Wahrheit des Evangeliums und allen kanonischen Schrifttums, wovon jeder Prediger Gebrauch macht, sondern um die Gleichsetzung des Predigerworts mit der göttlichen Wahrheit. Sie erfolgt immer in exponiertem Zusammenhang, so zweimal in der ‚Intravit Iesus in quoddam castellum'-Predigt (Q 2): „Könntet ihr mit meinem Herzen erkennen, so verstündet ihr wohl, was ich sage; denn es ist wahr, und die Wahrheit selbst sagt es" (I 41,5 ff.); „Was ich euch gesagt habe, das ist wahr; dafür setze ich euch die Wahrheit zum Zeugen und meine Seele zum Pfande" (!) (I 44,6 f.); und am Schluß der Armutspredigt: „Solange der Mensch dieser (durch die „Rede" vermittelte) Wahrheit nicht gleich ist, solange wird er dieses Predigtwort nicht verstehen. Denn es ist eine unverhüllte Wahrheit, die da unmittelbar gekommen ist aus dem Herzen Gottes" (II 506,1 f.). Das Predigtwort als „unverhüllte Wahrheit ... unmittelbar ... aus dem Herzen Gottes"; kann es etwas anderes meinen als die persönlich erfahrene Wahrheit? Im Trostbuch steht der Satz: „Mir genügt, daß in mir und in Gott wahr ist, was ich spreche und schreibe" (V 60,13 f.). Er erhält einen besonderen Stellenwert dadurch, daß er in der Verteidigung seiner Predigtweise steht, zu der sich Eckhart veranlaßt sah (s. o. S. 125 f.). Gleich anschließend wird nun, höchst ungenau, ein Augustinus-Wort zitiert, das Eckhart offensichtlich für sich selbst in Anspruch nimmt und auf seine Situation ausgerichtet hat: „Wer ohne vielfältige Begriffe, vielfältige Gegenständlichkeit und bildliche Vorstellungen innerlich erkennt, was kein äußeres Sehen erbracht hat, der weiß, daß dies wahr ist. Wer aber davon nicht weiß, der lacht und spottet meiner" (V 60,19 ff.). Eine „innerliche Erkenntnis" jenseits der Begriffs- und Sinnenwahrheit wird hier für den Prediger und diejenigen, die ihn verstehen, in Anspruch genommen. Diese – wir würden sagen: intuitive – Wahrheit im Kontext mystischer Aussagen darf man mit mystischer Erfahrung gleichsetzen. Wir haben hier meiner Meinung nach ein verhülltes Bekenntnis einer solchen.

Von dieser Stelle des Trostbuches aus verstehen wir auch die Forderung der Gleichheit von Prediger und Hörer, die fast immer, wie aus den eben zitierten Aussagen hervorgeht, mit der Wahrheitsbeteuerung verbunden ist. Die Wahrheit der mystischen Gotteserfahrung ist keine vermittelbare, liegt jenseits des Predigtwortes in der Gemeinsamkeit dieser Erfahrung, für die anderen ist das Predigtwort Mystagogik, „hohe", z. T. „unbegreifliche" Worte – oder auch ein Ärgernis. Das ist nicht so aufzufassen, als hätte Eckhart „eigentlich" nur zu denen gesprochen, die in derselben Wahrheit standen. Er bringt diese einzigartige Identifizierung ja auch nur in seltenen Fällen ins Wort, und dann in einer Art Selbstvergessenheit. Es kann kein Zweifel darüber bestehen, daß seine Predigten als solche für alle bestimmt sind, die sich in der Gottesliebe und der Weltüberwindung verbunden wissen. Elitär ist Eckhart nur insofern, als er offensichtlich die Auffassungskraft der Zuhörer nicht in sein spirituelles Kalkül aufnahm, so wie es nach ihm Johannes Tauler zu tun bestrebt war. Grundsätzlich gilt für seine Predigten, was er in der ‚Rechtfertigungsschrift' wiederholt zum Ausdruck bringt, am eindruckvollsten in der Verteidigung schwieriger und dogmatisch nicht unbedenklicher Lehren des Trostbuches: „Dies aber und alles Ähnliche in dem Buch ‚Benedictus Deus' dient zum sittlichen Leben, zur Hintansetzung und Verachtung des Zeitlichen und Körperhaften und zur Liebe Gottes, des höchsten Gutes" (Théry, S. 188). Das alles bedeutet, daß Verständnisschichten in der Predigt Eckharts (die indessen nicht inhaltlich ausgegliedert werden können) zu unterscheiden sind, die man mit verschiedenen Gruppen von Hörern gleichsetzen mag: eine für die in der göttlichen Wahrheit Stehenden, eine andere für diejenigen, die an dieser Wahrheit teilhaben möchten, und eine weitere für Hörer, die ein wahres Christentum in der Nachfolge Christi erstreben. Die erste Verständnisschicht ist die Gewortung der mystischen Erfahrung, die zweite mystische Erfahrung vermittelnde Mystagogik, die dritte ist Christenlehre und damit Heilslehre schlechthin. Es sei betont, daß deren Stellenwert bedeutend ist; es ist einzig unser auf ‚hohe Mystik' eingestelltes Erkenntnisinteresse, das dies gerne übersieht.

2.

Die Themen der Mystik Meister Eckharts haben wir in Predigt- und Traktatanalysen kennengelernt, es ist nun noch nach ihrem existentiellen Ort zu fragen. Das ist zweifellos die Freiheit, und dies gilt von den ‚Reden der Unterweisung' bis zur Armutspredigt des letzten Kölner Jahres. In den ‚Reden' fragt Eckhart im 2. Kapitel: Was ist ein freigewordenes *(ledic)* Gemüt? Und die Antwort ist: Das Gemüt, das „aus dem eigenen Selbst herausgetreten" (DW V 190,12), frei vom eigenen Wollen und Begehren ist, und das bedeutet zugleich „frei von Kreaturen". Auch die Abgeschiedenheit wird so definiert (V 401,7; 403,11 f.; 430,2 f.) wie der „Gerechte" (z. B. Q 16b, I 273,1; Q 28, II 62,3 f.). Diese Freiheit vom Haben ist als solche noch keine Mystik, wohl aber eine Voraussetzung von Mystik; sie entspricht dem Weg der Reinigung im Dreischnitt des dionysischen Modells. Das „Freisein von" ist, sofern es sich um das Selbst und die sinnlich materielle Welt handelt, eine Ethik, und Eckhart hat sie nach dem Zeugnis der ‚Rechtfertigungsschrift', wie soeben in Erinnerung gerufen, als das allgemeine Ziel seiner Predigt betrachtet.

Das „Freisein von" wird in sehr schöner Weise in der Predigt Q 1 (‚Intravit Iesus in templum', Mt. 21,12) thematisiert. Der Tempel, aus dem Jesus die Verkäufer und Käufer wirft, ist die menschliche Seele, „in der Gott allein mächtig herrschen will" (I 5,5 f.) und die Gott „frei" wissen will (6,2 f.). Wie Gott „in allen seinen Werken frei und ledig ist", so ist es der mit Gott verbundene Mensch: „er steht auch ledig und frei in allen seinen Werken" (9,3 ff.). Die „Kaufmannschaft", von der es sich zu befreien gilt, sind Menschen, die Gott mit „guten Werken" „wie Fasten, Wachen, Beten" erkaufen möchten (7,1 ff.), aber selbst „gute Leute, die ihre Werke in lauterer Weise um Gottes willen tun und nicht das Ihre suchen", solches indes doch tun „in Selbstbezogenheit *(mit eigenschaft)*, mit Zeit und Zahl, mit Vor und Nach" (11,3 ff.), d. h. nach Kategorien des Geschöpflichen.

In radikaler Weise versteht sich die „Freiheit von", wenn es sich um die geistlichen Güter handelt. Schon die Freiheit von „Übungen", den Leistungen der Askese, umschließt die Freiheit vom Beten – was im Abgeschiedenheit-Traktat näher ausgeführt wird (V 426,6 ff.) –, also einem christlichen Heilsmittel höchsten Wertes. Noch unbedingter versteht die Armutspredigt, wie wir wissen, die Freiheit als Freisein von religiösen Werten, das auch kein „Haben" Gottes mehr zuläßt. Auf dieser Ebene steht Eckhart in der Nähe der Brüder und Schwestern vom Freien Geiste.

Aber auch eine radikale Ethik, wie sie hier formuliert wird, ist keine Mystik. Sie wird es erst, wenn die „Freiheit von" zur „Fruchtbarkeit" führt. Das thematisiert die Predigt Q 2 ‚Intravit Iesus in quoddam castellum' (s. 9. Kap. 2.): Die „Jungfrau" ist zwar „frei vom Eigenen" und kann Jesus in sich empfangen, aber wird nicht „fruchtbar". Fruchtbar wird erst „die Jungfrau, die ein Weib ist", weil sie Gott wiedergebiert, und zwar in jenem „Grunde, daraus der Vater sein ewiges Wort gebiert", im Seelenfünklein, das „von allen Formen bloß, ledig und gänzlich frei ist, so wie Gott ledig und frei ist in sich selbst". So ist die „fruchtbare" Freiheit die Wesenseinheit mit Gott. Hier sind wir im Quellpunkt der Mystik, der nur erfahren werden kann. Wie verbindlich jedoch jene Aussage der ‚Rechtfertigungsschrift' ist, auch das Unfaßbare, und damit das Geheimste mystischer Einheit, diene dem sittlichen Leben, bezeugt eindrucksvoll Predigt Q 29, in der das mystische Stehen in „Freiheit und Einheit" in der Tat ins Ethische gewendet wird. Eckhart geht aus von der Klage einiger Leute. „Ihr (Prediger) hält uns da schöne Reden, aber wir werden nichts davon gewahr", was er bedauernd bestätigen muß, nicht aber ohne sofort als Mystagoge den möglichen Weg dahin aufzuzeigen: „Habe nur ein rechtes Streben und einen freien Willen, so hast du es. Der Mensch, der so alle Dinge in ihrem niedrigsten Dasein und ihrer Hinfälligkeit gelassen hat, der empfängt sie wieder in Gott, wo sie die Wahrheit sind. Alles, was hier tot ist, das ist dort lebend, was hier Materie *(grop)* ist, das ist dort Geist in Gott. Ganz so wie wenn einer in ein reines Gefäß, das völlig lauter und rein ist, reines Wasser gießt und es stille hält, und dann ein Mensch sein Gesicht darüber beugt, so sähe er es am Boden ganz so, wie es an sich selbst ist. Das kommt daher, weil das Wasser lauter und rein und still ist. Ebenso ist es mit allen Menschen, die da stehen in Freiheit und in Einheit in sich selbst" (II 80,4 ff.).

3.

Noch einmal ist die oben nur kurz gestreifte Tatsache aufzugreifen, daß die Mystik Meister Eckharts, eines bedeutenden Autors lateinischer Schriften, ausschließlich Mystik in der Volkssprache ist. Diese beginnt freilich nicht mit Eckhart, sondern schon vor 1250 in den ‚Briefen' und ‚Visionen' der niederländischen Begine Hadewijch, im dritten Viertel des 13. Jahrhunderts im Buch ‚Vom fließenden Lichte der Gottheit' der niederdeutschen Begine Mechthild von Magdeburg, sodann, bereits in die frühe Wirkungszeit Eckharts hineinragend, im ‚Miroir des simples âmes' der nordfranzösischen Begine Marguerite Porete. Daß Beginenmystik volkssprachlich ist, bedarf keiner besonderen Erklärung: diese Frauen verfügten nur über ihre Muttersprache. Aber auch für die volkssprachliche Gestalt von mystischer Predigt und mystischem Traktat gelehrter

Mönche, wie Eckhart, Johannes Tauler, Heinrich Seuse es gewesen sind, gibt es eine naheliegende Begründung: es waren dies spirituelle Äußerungen für (in der Regel) des Lateinischen nicht mächtigen Beginen und Ordensschwestern im Rahmen der *cura monialium*. Das ist bestimmt eine ausreichende Erklärung – und doch nicht die ganze Wahrheit. Erinnern wir uns daran, daß Eckhart auch die ‚Reden der Unterweisung' in deutscher Sprache verfaßt hat, obschon seine Erfurter Mönche, für die sie bestimmt waren, lateinisch verstanden. Das gilt auch für die ‚Paradisus anime intelligentis'-Predigten, deren Publikum, wenigsten mehrheitlich, ein gelehrtes gewesen sein dürfte. Wie wir bereits im Zusammenhang mit den ‚Reden' ausführten (S. 44f.), ist es der „spirituelle Mehrwert" der Volkssprache, der sie zu religiöser Unterweisung besonders befähigt, während das Latein immer mehr (neben seiner hohen liturgischen Funktion, die es noch über Jahrhunderte hin bewahrte) nur noch Gelehrtensprache war. Für einen „Aufbruch", eine Innovation, für charismatische Diktion, für den Ausdruck (um mit Eckhart zu sprechen) „großer und hoher Dinge" aus „erhabener Seele" (DW V 60,25ff.) gab das Latein, und zumal das Latein nichtromanischer Sprecher, seit dem 13. Jahrhundert nichts mehr her. Das gilt für mystische Texte in ganz besonderem Maße, weil es hier, wie soeben mit Eckhart angesprochen, um „große und hohe Dinge" geht. Die westeuropäischen Volkssprachen, obschon längst – das Italienische wenigstens seit einem Jahrhundert – literarisch mündig, waren im Bereich des Religiösen und Spirituellen noch jung und gestaltwillig und dadurch ein unvergleichliches Instrumentarium, das Geheimnis mystischer Erfahrung und mystische Lehre ins Wort zu bringen. „Deutsch" in „deutscher Mystik", das einmal ein Fahnenwort war und zumindest die deutsche Seele, vielfach noch mehr und Bedenkliches mit umschloß, bezeichnet so schlicht die Sprache mystischen Schrifttums im 13. bis 15. Jahrhundert, im Gegensatz zum Latein, und steht so völlig parallel zu „französischer", „englischer", „italienischer", „spanischer" Mystik, denen man nie mehr als die sprachliche, allenfalls eine geographische Notation zuordnete.

Damit wird aber auch deutlich: Mystik, in der Vermittlung, der Verkündigung, aus „erhabener Seele" heraus „gewortet", steht zur Sprache in einem ganz besonderen Verhältnis. Diese ist kein beliebiges „Gefäß" für ihre Inhalte, sondern geht mit ihnen ein eigentliches *conubium* ein. Denk- und Sprachgestalt werden eins – wie vergleichsweise im lyrischen Gedicht. Es gehört zu den Nachteilen einer Darstellung von Mystik, die auf die Vermittlung der Originalsprache, hier des Mittelhochdeutschen, verzichtet, das Thema Mystik und Sprache ausklammern zu müssen. Doch sei hier der Versuch gemacht, die angedeutete Symbiose wenigstens mit einigen konkreten Hinweisen anzudeuten.

Die ganze unendlich reiche geistliche Prosaliteratur des deutschen (und wohl auch des englischen und französischen) Mittelalters ist eine Adaptation des lateinischen Schrifttums auf den Ebenen der wörtlichen oder freien Übersetzung, der Bearbeitung und der Nachahmung. Das heißt, daß hinter allen volkssprachlichen Traktaten und Predigten, hinter katechetischen und erbaulichen Schriften lateinische Theologie und Spiritualität mit ihren Inhalten, ihrer Begrifflichkeit, ihrer Bildsprache stehen – mit Ausnahme einiger Spitzenwerke der Mystik. Bezeichnend ist es schon, daß es nicht gelungen ist, etwa den Werken der großen Beginen Hadewijch, Mechthild und Marguerite bestimmte Quellen nachzuweisen. Gewiß: unübersehbar sind bestimmte Theologumena und philosophisch-theologische Traditionen, theologische Begrifflichkeit, liturgische und predigthafte Elemente – bei Werken aus dem Geist des Christentums ist dies selbstverständlich –, aber die Sprache als solche hat ihr unverkennbares Eigenleben, ist ein Idiom sui generis. Der interessanteste Fall aber bleibt die Predigtsprache Eckharts (eingeschlossen die Sprache seiner Traktate, die sich in nichts von jener unterscheidet). Da dessen Gelehrtenidiom Latein war, erwarten wir, daß seine deutsche Predigtsprache sich am Latein herangebildet und orientiert hätte, so wie das zwei Jahrhunderte später bei deutschen Humanisten zu beobachten ist. Das trifft indes nicht zu. Satzstruktur und Satzdiktion sind im deutschen und lateinischen Werk völlig verschieden. Inwiefern verschieden, könnte freilich nur auf Grund vergleichender linguistischer Untersuchungen bestimmt werden; bis jetzt gibt es solche nur für die deutsche Predigtsprache, und auch sie sind noch keineswegs ausgereift, das heißt bedenkenlos als Instrument einer Stilistik der eckhartschen Predigtsprache einzusetzen. In einer solchen, in stilistischen Eigentümlichkeiten und Neuerungen, könnte der „spirituelle Mehrwert", der der Sprache der Mystik zugeschrieben wird, präzisiert werden.

Was die oberste Verständnisebene anbetrifft, auf der sich die mystische Erfahrung in der Predigt und damit im Sprechakt selbst vollzieht, so wird sie sich freilich kaum in sprachlichen Zeichen konkretisieren lassen. Sie hängt nicht am Wort und am Satz als solchem, sondern an den Merkmalen der gesprochenen Sprache, die die menschliche Stimme in ihrem Ton, ihrer Höhe und Tiefe, in Beschleunigung und Verlangsamung, im hastigen Vorwärts und in der Pausierung, erzeugt. Hier, in der Rede, die mit ihrer Hervorbringung auch schon das aufnehmende Ohr erreicht hat, vollzieht sich der Einklang von Prediger und Hörer, den Eckhart für das Verständnis mystischer Gotteserfahrung voraussetzen möchte. Das ist der eigentliche, für uns unzugängliche *sermo mysticus*. Wir verstehen jetzt, warum die Predigt mit Eckhart zum ersten Mal zur Ausdrucksform der Mystik geworden ist (s. S. 111): ihre Mündlichkeit bot die Möglichkeit einer spontanen *communitas*, jenes Sprechen „aus der Ewigkeit", von dem Tauler sprach (s. S. 11). Hier ist „Mündlichkeit", von der in letzter Zeit so viel geredet wird, das ausschließliche Kriterium, keineswegs in den schriftlich überlieferten Texten, die den Regeln der Literatur folgen. Von Bernhards von Clairvaux großer Werbefahrt für den zweiten Kreuzzug in deutschen Landen wird berichtet, daß seine lateinische Rede, obschon sie niemand verstand, eine ungeheure Wirkung ausübte, während sie bei der Vermittlung durch einen Dolmetscher ausblieb. Das Verständnis lag so ganz an den stimmlichen und gestischen Elementen der Rede. Ähnlich vollzog sich der Einklang der „Gleichen" im *sermo mysticus* Eckharts. Wir verstehen so auch, warum Bernhard – gegen alle Tradition – seine mystische Auslegung des Hohenliedes in Predigten darbot.

Die zweite Verständnisebene, die wir die mystagogische nannten, ist wie Literatur schlechthin bestimmt durch Wort und Satz und deren Mutationsmöglichkeiten und damit bestimmbar nach Sprachschatz, Wort- und Begriffsbildung, Bild- und Gleichnissprache, Satzstrukturen, sodann nach dem differenzierten Instrumentarium der Rhetorik. „Mehrwert" ist auch hier unschwer festzustellen: in der Bildung neuer Begriffe und Bilder aus der Substanz der Sprache heraus – ihr wurde bis jetzt am meisten Beachtung geschenkt –, aber nicht minder in einer bisher nie erreichten Beweglichkeit des sprachlichen Ablaufs und in einer neuen Durchsichtigkeit und Dignität der Aussage.

Dafür drängt sich ein Begriff auf, den Eckhart für das Edelste und Höchste verwendete: Lauterkeit. Sie schlägt noch durch verderbte Überlieferung hindurch und hat durch Jahrhunderte Leser mitgerissen. Eckharts immer wieder erneute Aktualität hängt nicht allein, aber wesentlich an dieser Sprache. Sie ist in der Lage, Menschen dieser Zeit unmittelbar anzusprechen, Gott als „Gott der Gegenwärtigkeit" (DW V 234,5) wenn nicht zu erfahren, so doch zu erahnen, allgemeiner: bewußt zu machen, daß es jenseits unserer Besitzwelt Werte gibt, die uns dem näher bringen, was wir alle ersehnen: den Frieden. Friede mag wohl heute das sein, was bei Meister Eckhart das Göttliche hieß: *Wan als vil bis dû in gote, als vil du bist in vride* (DW V 308,4).

Anmerkungen

1. „Er sprach aus der Ewigkeit, und ihr versteht es nach der Zeit“

11 Die Tauler-Zitate in: Ferdinand Vetter, Die Predigten Taulers (Deutsche Texte des Mittelalters 11), Berlin 1910, S. 69,26 ff.

12 Anna von Ramschwag im Schwesternbuch von St. Katharinental (bei Dießenhofen), hg. von A. Birlinger, Alemannia 15 (1887), S. 175 ff. – Elsbeth von Oye: s. ^{2}VL II, Sp. 511–514; Zitate aus den ‚Offenbarungen‘ (Ausg. in Vorbereitung von P. Ochsenbein).

12 f. *Ich wil iu sagen mære:* s. ^{2}VL IV, Sp. 357–359.

13 Bulle ‚In agro dominico‘: Laurent, S. 435–444. Übersetzung: Meister Eckhart. Deutsche Predigten und Traktate, hg. und übersetzt von J. Quint, München 1955, S. 449–455.

13 f. Zur Eckhart-Polemik Jans van Leeuwen und Gerhard Zerbolts van Zutphen s. Koch, Meister Eckharts Weiterwirken im deutsch-niederländischen Raum im 14. und 15. Jahrhundert (1963), in: Kl. Schriften I, S. 429–455, hier S. 448 f.; R. A. Ubbink, De receptie van Meister Eckhart in de Nederlanden gedurende de middeleeuwen, Proefschrift Leiden 1978, S. 229 ff.; 236 ff.

14 f. Zur Eckhart-Forschung s. Ingeborg Degenhardt, Studien zum Wandel des Eckhartbildes, Leiden 1967, S. 86–89; 132 ff. – Eckhart und der Marxismus: Haas, Meister Eckhart im Spiegel der marxistischen Ideologie (1972), in: Sermo mysticus, S. 238–254.

15 A. M. Haas, Meister Eckhart als normative Gestalt geistlichen Lebens, Einsiedeln 1979; s. auch: Meister Eckhart heute, hg. von W. Böhme (Herrenalber Texte 20), Karlsruhe 1980.

15 f. Erich Fromm, Haben oder Sein. Die seelischen Grundlagen einer neuen Gesellschaft (dtv Sachbuch 1490), Stuttgart 1979.

2. Eine steile Gelehrten- und Ämterlaufbahn

18 Grundlegend über Eckharts Leben handelte Koch I, II. Wo ich nicht widerspreche, folge ich ihm.

19 Die ‚Collatio in libros Sententiarum‘: LW V 1–26.

20 Das Artes-Studium Eckharts in Paris stellte zuerst in Frage: L. Hödl, Meister Eckharts theologische Kritik des reinen Glaubensbewußtseins, in: U. Kern (Hg.), Freiheit und Gelassenheit. Meister Eckhart heute, München–Mainz 1980, S. 37 f.
Zum Theologie-Studium Eckharts: Hier ist Koch (I, S. 11) anderer Ansicht.

22 Die drei Pariser Quaestionen des ersten Magisteriums: LW V 27–71.

24 f. Die Predigt zum Festtag Augustins: LW V 85–99.

27 Zur Witterung zu Beginn des 14. Jahrhunderts: Barbara Tuchman, Der ferne Spiegel. Das dramatische 14. Jahrhundert (dtv Geschichte), Düsseldorf ^{2}1982, S. 37. – Die Seuse-Episode bei Bihlmeyer, S. 78 ff.
Die Sermones et Lectiones super Ecclesiastici c. 24, 23–31: LW II 229–300.

30 Aufgaben des Generalvikars: Monumenta Ordinis Praedicatorum Historica, Roma 1887 ff., IV, S. 61.

3. Der Ordensspirituale: ‚Die Reden der Unterweisung'

31 ‚Die rede der unterscheidunge': DW V 137–376.

36 Der ‚Liber sextus' im ‚Corpus Juris Canonici', ed. E. Friedberg, Leipzig 1879, Neudruck: Graz 1955, Bd. II, Sp. 937–1124.

37 ‚In agro dominico': Ausg. Laurent, S. 435–444.

39 Über das Verhältnis Eckharts zur Frauenmystik, wie sie die ‚Schwesternbücher' vertreten, handelt jetzt Otto Langer, Spirituelle Theologie und mystische Erfahrung. Zu Meister Eckharts Auseinandersetzung mit der Frauenfrömmigkeit seiner Zeit, Habil.-Schrift der Univ. Bielefeld 1983 (im Druck); s. 7, Kap. 3.

43 Die Schriften Davids von Augsburg: Pfeiffer I; Neuausgaben s. ^{2}VL II, Sp. 52 f.

4. Dionysische Mystik: ‚Granum sinapis'

47 Der Text nach meiner kritischen Ausgabe: Textkritik zum Mystikerlied ‚Granum sinapis' (1964), in: Kl. Schriften II, S. 91–93.

49 Der lat. Kommentar ist hg. und übersetzt von Maria Bindschedler: Der lateinische Kommentar zum Granum sinapis (Basler Studien z. dt. Sprache u. Lit. 9), Basel 1949; eine Ausgabe der deutschen Paraphrase fehlt. Literatur: ^{2}VL IV, Sp. 220–224.

52 Zum „schrecklichen Gesicht" des Klaus von Flüh s. jetzt Heinrich Stirnimann, Der Gottesgelehrte Niklaus von Flüe (Dokimion 7), Freiburg/Schweiz 1981, S. 141 ff.

55 Die Identifizierung des Dionysius mit Petrus Fullo hat R. Riedinger vorgenommen; s. ^{2}VL II, Sp. 154.

56 Dionysius Areopagita zit. nach Migne, Patrologia graeca 3.

56 ff. Zur Rezeption des Dionysius Areopagita s. ^{2}VL II, Sp. 154–166.

56 Siehe V. Lossky, Théologie négative et connaissance de Dieu chez Maître Eckhart, Paris 1960; zur „negativen Dialektik" des Proklos: W. Beierwaltes, Proklos. Grundzüge seiner Metaphysik, Frankfurt a. M. 1965, S. 339–366.

57 ‚Der Frankfurter' liegt jetzt in einer kritischen Neuausgabe vor: W. von Hinten, ‚Der Franckforter' (‚Theologia Deutsch') (Münchener Texte und Untersuchungen 78), München 1982. – Das Eriugena-Zitat: Migne, PL 122, Sp. 864.

5. ‚Paradisus anime intelligentis'

60 Neuere Literatur zum ‚Paradisus': L. Seppänen, Studien zur Terminologie des Paradisus anime intelligentis, Helsinki 1964; K. Ruh, Deutsche Predigtbücher des Mittelalters (1981): Kleine Schriften II, S. 296–317, hier: S. 312–317.

63 Zu dieser Predigt, nach der Fassung Q 9: Christa Ortmann, Eckharts Lehre für die Ungelehrten. Zum Verhältnis von Deutsch und Latein in der deutschen Predigt, in: Befund und Deutung. Hans Fromm-Festschr., Tübingen 1979, S. 342–391.

64 Zum ‚Liber 24 philosophorum' ^{2}VL V, Sp. 767–770.

6. Das ‚Opus tripartitum'

72 Zur Einführung in das ‚Opus tripartitum' empfiehlt sich: Karl Albert, Meister Eckharts These vom Sein. Untersuchungen zur Metaphysik des Opus tripartitum, Saarbrücken 1976. – Zur handschriftlichen Überlieferung s. LW I, S. XIII–XXII, LW III, S. VIII–XIV.

76 Kurt Flasch, Die Intention Meister Eckharts, in: H. Röttge u. a. (Hgg.), Sprache und Begriff. Festschr. Bruno Liebrucks, Meisenheim am Glan 1974, S. 292–318, l. c. S. 299.

77 Zu den Schriftauslegungen Eckharts s. Koch, Sinn und Struktur der Schriftauslegungen Meister Eckharts (1960): Kl. Schriften I, S. 399–428.

80 „Exodus-Metaphysik": zuerst E. Gilson, Der Geist der mittelalterlichen Philosophie, Wien 1950, S. 59, Anm. 14; s. dazu K. Albert, (s. o. Anm. zu S. 72), S. 8 ff. Auf die Problematik des Begriffs weist W. Beierwaltes ‚Neuplatonica', Philos. Rundschau 16 (1969), S. 148 f. hin.

82 Burkhard Mojsisch, Meister Eckhart. Analogie, Univozität und Einheit, Hamburg 1983, S. 21 ff.

83 Mojsisch, S. 51.

86 f. Heinrich Seuse Denifle, Meister Eckeharts lateinische Schriften und die Grundanschauung seiner Lehre, Arch. f. Lit. u. Kirchengesch. d. MAs 2 (1886), S. 417–615; Otto Karrer, Das Göttliche in der Seele bei Meister Eckhart, Würzburg 1928.

87 Über den Platonismus im Mittelalter orientieren nach Clemens Baeumker, Der Platonismus im Mittelalter, Münster 1916, vor allem zwei gewichtige Sammelbände: Kurt Flasch (Hg.), Parusia. Studien zur Philosophie Platons und zur Problemgeschichte des Platonismus. Festgabe für Johannes Hirschberger, Frankfurt/M. 1965; Werner Beierwaltes (Hg.), Platonismus in der Philosophie des Mittelalters (Wege der Forschung 197), Darmstadt 1969.

89 ‚Liber 24 philosophorum' s. Anm. zu S. 64. – Denifle, Archiv 2 (s. o. zu Anm. S. 86 f.), S. 427–429; M. D. Chenu, Der Patriotismus des XII. Jahrhunderts (1957), in: Beierwaltes, Platonismus (s. vorstehende Anm.), S. 268–316, l. c. S. 309. – Ambrosius' ‚De Isaac et [vel] anima': Migne, PL 14, Sp. 501–534.

90 ‚Liber de causis', ed. A. Pattin, Le Liber de causis, Louvain 1966. Zum Forschungsstand: Henri-Dominique Saffrey O. P., Der gegenwärtige Stand der Forschung zum ‚Liber de causis' als einer Quelle der Metaphysik des Mittelalters, in: W. Beierwaltes, Platonismus (s. Anm. zu S. 87), S. 462–483.

90 f. Über Eckharts Verhältnis zu Maimonides s. Koch, Meister Eckhart und die jüdische Religionsphilosophie des Mittelalters (1928): Kl. Schriften I, S. 349–365, bes. S. 352 ff.

91 f. Über das Verhältnis Eckharts zu Albertus Magnus s. Loris Sturlese, Albert der Große und die philosophische Kultur des Mittelalters, Freiburger Zs. f. Philos. u. Theol. 28 (1981), S. 133–147.

92 f. Über Dietrich von Freiberg s. [2]VL II, Sp. 127–137. Die Werke hg. von B. Mojsisch/Ruedi Imbach/Maria Rita Pagnoni-Sturlese/Loris Sturlese u. a. (Corpus Philosophorum Teutonicorum Medii Aevi II 1–4), Hamburg 1977–1984. Den neuesten Forschungsstand dokumentieren: Kurt Flasch (Hg.), Von Meister Dietrich zu Meister Eckhart (Corpus Philosophorum Teutonicorum Medii Aevi. Beiheft 2), Hamburg 1984; Loris Sturlese, Dokumente und Forschungen zu Leben und Werk Dietrichs von Freiberg (ebd., Beiheft 3), Hamburg 1984. Auf Sturleses biographischen Untersuchungen beruhen meine Angaben – mit der Ausnahme, daß ich, gerade auf Grund der von Sturlese vorgetragenen Voraussetzungen, den Pariser Studienbeginn glaube um ein Jahr vordatieren zu müssen.

93 f. Zur deutschen Rezeption Dietrichs s. L. Sturlese, Alle origini della mistica speculativa tedesca: Antichi testi su Teodorica di Freiberg, Medioevo 3 (1977), S. 21–87.

7. Meister Eckhart und die Beginenspiritualität

95 Über Marguerite Porete und ihren ‚Miroir des simples âmes': Romana Guarnieri, Il movimento del libero spirito. Testi e documenti (Archivio Italiano per la Storia della Pietà IV), 1965, S. 353–708 [Text des ‚Miroir' S. 513–635]; Ruh, ‚Le miroir des simples âmes' der Marguerite Porete (1975), in: Kl. Schriften II, S. 212–236.

Chronikzitat bei P. Fredericq, Corpus documentorum Inquisitionis haereticae pravitatis neerlandicae I, Gent-'s Gravenhage 1889, Nr. 166, S. 160.

96 Die Theologen-Gutachten bei Guarnieri, S. 638 f.

97 Edmund Colledge/J. C. Marler, ‚Poverty of the Will': Ruusbroec, Eckhart and ‚The Mirror of Simple Souls', in: P. Mommaers and N. de Paepe, Jan van Ruusbroec. The sources, content and sequels of his mysticism (Mediaevalia Lovaniensia, ser. I, studia XII), Leuven 1984, S. 14–47; Ruh, Meister Eckhart und die Spiritualität der Beginen (1982), in: Kl. Schriften II, S. 327–336.

Über Beginen immer noch grundlegend Herbert Grundmann, Religiöse Bewegungen im Mittelalter, Berlin 1935, 2. Aufl. mit einem Anhang ‚Neue Beiträge', Darmstadt 1961, bes. Kap. IV–VI u. Anhang II.

99 Bericht des Simon von Tournai: Grundmann, S. 338, Anm. 37.
Einen Vergleich der Liebesmystik der drei großen Beginen führte ich in ‚Beginenmystik' (1977) durch: Kl. Schriften II, S. 237–249.

100 Zur Wirkungsgeschichte des ‚Miroir': Guarnieri, S. 466–476; Ruh, Kl. Schriften II, S. 213–218.

103 Eckharts „nicht will, nicht weiß, nicht hat" an Stelle der üblichen Übersetzung mit „nichts" empfiehlt mit Recht D. Mieth, Meister Eckhart, herausgegeben, eingeleitet und zum Teil übersetzt von D. M., Olten-Freiburg i. Br. 1979, S. 147.
Ausgaben des Gutachtens Alberts des Großen: Ruh, Volkssprachliches über Häresien (1981), in: Kl. Schriften II, S. 262, Anm. 30.

104 Zu meiner Doppelthese zuerst: ‚Meister Eckhart und die Spiritualität der Beginen' (s. o. Anm. zu S. 97).
Gutachten des Godefroid de Fontaine: Guarnieri, S. 639.

105 Die acht ‚Errores Beguardorum et Beguinarum de statu perfectionis', in: H. Denzinger / A. Schönmetzer, Enchiridion symbolorum definitionum et declarationum de rebus fidei et morum, Freiburg i. Br. [33]1965, Nr. 891–899. – Über die Begarden: Grundmann, S. 351 ff., 433 ff. u. ö.

109 Zur cura monialium: Denifle (s. Anm. zu S. 86 f.), S. 641–652; Grundmann, c. V. – „tüchtige, erfahrene" Brüder: so H. Ch. Scheeben, Zur Biographie Johann Taulers (1961), in: K. Ruh (Hg.), Altdeutsche und altniederländische Mystik (Wege der Forschung 23), Darmstadt 1964, S. 100–112, l. c. 104.

109 f. Die Schwesternbücher u. a. zusammengestellt bei Walter Blank, Die Nonnenviten des 14. Jahrhunderts, Diss. Freiburg i. Br. 1962, S. 273; über ihre Spiritualität jetzt O. Langer (s. Anm. zu S. 39).

112 ff. Über die Straßburger Beginenverfolgungen grundlegend: Alexander Patschovsky, Straßburger Beginenverfolgungen im 14. Jahrhundert, Dt. Archiv 30 (1974), S. 56–198 [mit allen einschlägigen Dokumenten].

8. Der ‚Liber benedictus'

115 Über das Klarissenkloster Königsfelden: E. Maurer, Das Kloster Königsfelden (Die Kunstdenkmäler der Schweiz. Die Kunstdenkmäler des Kantons Aargau, Bd. III), Basel 1954. – Der ‚Liber benedictus': Quint, DW V 1–136.
Über Agnes von Ungarn kritisch: K. Ruh, Agnes von Ungarn und Liutgart von Wittichen. Zwei Klostergründerinnen des frühen 14. Jahrhunderts, in: Festschr. Elfriede Stutz (Philologica Germanica 7), Wien 1984, S. 374–391.

117 Zusammenfassend über die bisherigen chronologischen Ansätze des ‚Trostbuchs': Quint DW V, S. 6 f. – Die „feinsinnigen Beobachtungen" beziehen sich auf den Beitrag von Maria Bindschedler, Die Trostgründe Meister Eckharts für die Königin Agnes von Ungarn, in: Märchen, Mythos, Dichtung. Festschr. Friedrich von der Leyen, München 1963, S. 401–407.

118 Zur mittelalterlichen Trostliteratur: Peter von Moos, Consolatio. Studien zur mittellateinischen Trostliteratur, über den Tod und zum Problem der christlichen Trauer. Darstellungsband (Münstersche Mittelalterschriften 3/1), München 1971, bes. „Gattungsprobleme" S. 33–86. Gregors des Großen ‚Regula pastoralis‘: Migne, PL 77, Sp. 13–128.

119 Josef Sudbrack, Meister Eckhart heute. Fragen, Thesen, Impulse, in: Herrenalber Texte 20, Karlsruhe 1980, S. 71–102, bes. S. 90 ff. Meister Eckharts Verhältnis zur Nonnenspiritualität s. o. S. 111.

126 Belehrung ungelehrter Leute: s. ähnlich in Q 16^{b}, DW I 270, 6–8.

128 Zur Predigt ‚Vom edeln Menschen‘ s. vor allem: Herma Piesch, Der Aufstieg des Menschen zu Gott nach der Predigt ‚Vom Edeln Menschen‘, in: Udo Nix / Raphael Öchslin, Meister Eckhart der Prediger. Festschr. zum Eckhart-Gedenkjahr, Freiburg-Basel-Wien 1960, S. 167–199; Wolfgang Frühwald, Formzwang und Gestaltungsfreiheit in Meister Eckharts Predigt ‚Von dem edeln menschen‘, in: Unterscheidung und Bewahrung. Festschr. Hermann Kunisch, Berlin 1961, S. 132–146.

129 Theologie „von oben": Koch, Kl. Schriften I, S. 378.

133 ‚De visione beatifica‘ Dietrichs von Freiberg, in: Opera omnia I, ed. B. Mojsisch, Hamburg 1977, S. 1–124.

9. Der Prediger am Ober- und Niederrhein

136 Zur näheren örtlich-chronologischen Bestimmung der Predigten Q 12–15, 22 s. Quint, DW I 371 ff.; Koch II, S. 6 ff.

138 ‚Die treue Gattin‘ in: Herrand von Wildonie, Vier Erzählungen, hg. von Hanns Fischer (Altdeutsche Textbibliothek 51), Tübingen ^{2}1969.

138 f. Über ‚gebären / zeugen‘ s. Gisela von Preradovic, Überlegungen zu Geburt und generatio bei Meister Eckhart, Recherches Germaniques 5 (1975), S. 3–11.

142 Hugo Rahner, Die Gottesgeburt. Die Lehre der Kirchenväter von der Geburt Christi im Herzen der Gläubigen, Zs. f. kath. Theol. 59 (1935), S. 333–418.

143 Max Pahncke, Meister Eckharts Predigt über Luc. 10,38: „Intravit Jesus in quoddam castellum", Nachrichten der Akad. d. Wissenschaften in Göttingen. I. Philol.-hist. Kl., Jg. 1959, Nr. 9, S. 169–206.

146 f. Zur Tradition des Seelenfünkleins: Endre von Ivánka, Apex mentis. Wanderung und Wandlung eines stoischen Terminus, Zs. f. kath. Theol. 72 (1950), S. 129–176.

150 Zur Bildlehre von Eckhart s. Haas, Sermo mysticus, S. 209–237.

155 Die Predigt Q 6 ist häufig gewürdigt worden, zuletzt von Reinhard Kirchner OSB, Meister Eckharts Predigt ‚Iusti vivent in aeternum‘, Beiträge z. Gesch. d. dt. Sprache u. Lit. 100 (1978), S. 229–262.

156 *underscheit* = Lehre: DW I 453.

157 Eckharts Autograph: Edmund Colledge OSA / J. C. Marler, A Meister Eckhart Autograph? Scriptorium 36, 1 (1982), S. 90–95; dazu die wichtige Berichtigung von J. P. Gumbert, The Eckhart Autograph: A Note, Scriptorium 37, 2 (1983), S. 286.

160 Zu Übersetzung „nicht" in „nicht will, nicht weiß, nicht hat" s. o. Anm. zu S. 103.

164 Zur Nachwirkung der Armutspredigt: R. A. Ubbink (s. Anm. zu S. 13 f.), S. 225–240; ‚Eckhart und der arme Mensch' s. ²VL II, Sp. 351; Valentin Weigel s. W. Zeller, Eckhartiana V. Meister Eckhart bei Valentin Weigel, Zs. f. Kirchengesch. 57 (1938), S. 309–355; Pelgrim Pullen s. Quint, DW II 483.

165 ‚Von abegescheidenheit': Quint DW V 377–468. Zur Echtheitsfrage zusammenfassend DW V 392–397; meine Zweifel: Rezension Eduard Schaefer, Meister Eckharts Traktat ‚Von abegescheidenheit' (1956), Zs. f. dt. Philol. 78 (1959), S. 100–105, bes. S. 101–103.

10. Der Prozeß

168 Katharina von Gebersweiler: ²VL IV 1073–1075. – Deutsche Predigten des Nikolaus von Straßburg: Pfeiffer I 259–305; s. auch Eugen Hillenbrand, Nikolaus v. Straßburg. Religiöse Bewegung und dominikanische Theologie im 14. Jahrhundert (Forschungen z. oberrhein. Landesgesch. 21), Freiburg i. Br. 1968.

168 f. Apologie des ‚Trostbuches' in der ‚Rechtfertigungsschrift': Théry, S. 167–170, 191 f.; 1. Kölner Liste der angeblichen Häresien: Théry, S. 157–167, 187–191.

171 Koch zum Beschluß des Generalkapitels 1325: Koch II, S. 22 f.

172 Beschluß des Generalkapitels 1328 über die volkssprachliche Predigt: Koch II, S. 18.

173 Zum Ockham-Prozeß: Koch, Neue Aktenstücke zu dem gegen Wilhelm Ockham in Avignon geführten Prozeß (1935/36), in: Kl. Schriften II, S. 275–365.

Gregors IX. Dekretensammlung im ‚Liber extra': E. Friedberg, Corpus Iuris Canonici II, ²Graz 1959, l. V, tit. VII, Sp. 778–790.

174 Daß Eckharts Predigten zur Hauptsache keine bloßen „Nachschriften" sind, hat zuerst P.-G. Völker, Die Überlieferungsformen mittelalterlicher deutscher Predigten, Zs. f. dt. Altertum u. dt. Lit. 92 (1963), S. 212–227, herausgestellt; s. auch Ruh, Deutsche Predigtbücher des Mittelalters (1981) in: Kl. Schriften II, S. 298 f. und ²VL II, Sp. 331 f. – Das Nürnberger Fragment: K. Ruh, Fragment einer unbekannten Predigt von Meister Eckhart aus dem frühen 14. Jahrhundert, Zs. f. dt. Altertum u. dt. Lit. 111 (1982), S. 219–225.

175 Das erste Koch-Zitat in: Meister Eckhart der Prediger (s. Anm. zu S. 128), ‚Zur Einführung' S. 16. – Das anschließende Koch-Zitat: Koch II, S. 39.

177 Das Gutachten der Avignoneser Theologen: Franz Pelster SJ, Ein Gutachten aus dem Eckhart-Prozeß in Avignon, in: ‚Aus der Geisteswelt des Mittelalters'. Festschr. Martin Grabmann, 2. Halbbd., Münster i. W. 1935, S. 1099–1124 [Text ab S. 1109].

Zum Fournier-Gutachten: Koch, Der Kardinal Jacques Fournier (Benedikt XII.) als Gutachter in theologischen Prozessen (1960), in: Kl.

Schriften II, S. 381–385. – R. E. Lerner, A Note on the University Career of Jacques Fournier O. Cist. later Pope Benedict XII, Analecta Cisterciensia 30 (1974), S. 66–69.

178 Ockham über den Eckhart-Prozeß: H. S. Offler (Ed.), Guillelmi de Ockham Opera politica III, 1956, S. 251 f.

183 Über Johannes XXII. außer den üblichen Lexika: N. V. (Noël Valois), Jacques Duèse, Pape sous le nom de Jean XXII, in: Histoire littéraire de la France 34 (1915), S. 391–630.
„Midas-Papst": Barbara Tuchman (s. o. Anm. zu S. 27), S. 40.

186 Koch zur „niederrheinischen Übertragung": Meister Eckharts Weiterwirken im deutsch-niederländischen Raum im 14. und 15. Jahrhundert (1963), in: Kl. Schriften I, S. 432 ff.; dazu in weiterem Kontext: Ruh, Volkssprachliches über Häresien (s. Anm. zu S. 103), S. 257 ff.

11. Meister Eckhart der Mystiker

187 *Cognitio Dei experimentalis:* Bonaventura, III Sent. dist. 35, art 1,q.1,c; H. U. von Balthasar, Zur Ortsbestimmung christlicher Mystik, in: Pneuma und Institution. Skizzen zur Theologie IV, Einsiedeln 1974, S. 302. – Dionysius Areopagita: s. S. 55 ff. u. ö.

188 H. Fischer, Zur Frage nach der Mystik in den Werken Meister Eckharts, in: ‚La mystique rhénane'. Colloque de Strasbourg 16–19 mai 1961 (Bibliothèque des Centres d'Etudes supérieures spécialisés), Paris 1963, S. 109–132; ders., Grundgedanken der deutschen Predigten, in: Meister Eckhart der Prediger (s. o. Anm. zu S. 128), S. 25–72, bes. S. 55–59, l. c. S. 59; John Margetts, Die Satzstruktur bei Meister Eckhart (Studien zur Poetik und Geschichte der Literatur 8), Stuttgart 1969, S. 167; dagegen J. Quint, Textverständnis und Textkritik in der Meister-Eckhart-Forschung, in: Festschr. f. Fritz Tschirch zum 70. Geburtstag, Köln-Wien 1972, S. 170–186, hier: S. 172 ff.; s. jetzt auch Haas, Sermo mysticus, S. 222, Anm. 40.

188 ff. In der positiven Beantwortung der Frage nach Eckharts mystischen Erfahrungen treffe ich mich, wie ich jetzt feststelle, erfreulicherweise mit Shizuteru Ueda, Meister Eckharts Predigten. Ihre ‚Wahrheit' und ihre geschichtliche Situation (Tischvorlage zum Engelberger Symposion ‚Abendländische Mystik', 18.–22. Sept. 1984; geht in Druck 1985.
„Weg der Reinigung": *via purgativa* (s. S. 57).

194 Linguistische Untersuchungen zu Eckharts Predigtsprache: J. Margetts (s. Anm. zu S. 188); Gabriele von Siegroth-Nellessen, Versuch einer exakten Stiluntersuchung für Meister Eckhart, Johannes Tauler und Heinrich Seuse (Medium Aevum. Philologische Studien 38), München 1979; dazu kritisch und weiterführend: P. Michel, Anzeiger f. dt. Altertum u. dt. Lit. 95 (1984), S. 75–87.

195 Studien zum Sprach- und Begriffsschatz: ^{2}VL II, Sp. 346 f.

Personenregister

Unberücksichtigt bleiben biblische Namen
außer den „Autoren" wie Johannes und Paulus

Abaelard, Pierre 21
Adam von St. Viktor 49
Agnes von Ungarn, Königin 18, 115–117, 126, 128 f., 133, 135
Albert der Große (Albertus Magnus) 20, 56, 72, 81, 88, 91 f., 103, 159
Albert, Karl 199
Albert von Mailand 169
Albrecht I. von Habsburg 115
Alcher von Clairvaux 147
Alexander von Hales 91
Ambrosius 89, 141
Andreas III. von Ungarn 115
Angelus Silesius 57
Anna von Münzingen 109
Anna von Ramschwag 12
Aristoteles 24, 28, 66 f., 76, 79 f., 83, 90, 93, 134, 139
Augustinus 24 f., 34, 43, 54 f., 58, 65 f., 75, 79 f., 83 f., 88 f., 121 f., 125, 129, 132, 141 f., 147 f., 150, 152, 156, 188, 190
Avencebrol 90
Averroes 92
Avicenna 92
Aymerich von Piacenza 30

Baader, Franz von 14
Baeumker, Clemens 199
von Balthasar, H. Urs 187, 204
Barnabas Cagnoli 168, 171 f.
Bechlin, Elsbeth 110
Beierwaltes, Werner 198–200
Berengar von Landora 108
Bernhard von Clairvaux 28, 43 f., 111, 125, 130, 188, 195
Bernhardin von Siena 100
Berthold von Regensburg 46
Bindschedler, Maria 51, 198, 201
Birlinger, Anton 197
Blank, Walter 201
Boethius 53, 88
Bonaventura von Bagnorea 44, 57, 91, 147, 187
Bonifaz VIII. 18, 36
Bruno s. Giordano B.

Capestrano s. Johannes von C.
Chalcidius 87
Chenu, Marie-Dominique 89, 199
Clemens IV. 109
Clemens V. 18
Colledge, Edmund 97, 103, 158, 200, 202

Damascenus, Johannes 80
David von Augsburg 32, 43 f.
Degenhardt, Ingeborg 197
Dempf, Alois 86
Denifle, Heinrich Seuse 14, 86, 89, 111, 148, 199, 201
Descartes, René 81
Dietrich von Freiberg 21, 30, 72, 76 f., 81 f., 91–94, 133
Dionysius Areopagita 23, 25, 52, 55–58, 65, 88, 141, 187 f., 191
Duns Scotus s. Scotus, D.

Ebner, Christina 98
Elisabeth, Königin 115–117, 129, 135
Elsbeth von Oye 12
Empedokles 53
Engelberger Prediger 60
Eriugena, Johannes Scotus 56 f., 88, 141 f.

Finstingen, Matthäus 168
Fischer, Hanns 202
Fischer, Heribert 188, 204
Flasch, Kurt 76, 86, 199 f.
Fournier, Jacques (= Benedikt XII.) 177, 184
Franz von Assisi 16, 34, 159
Fredericq, Paul 200
Friedberg, Emil 198, 203
Friedrich der Schöne 170
Frisco, Reinerius (Reinher von Friesland) 169, 179
Fromm, Erich 15 f.
Frühwald, Wolfgang 202
Fullo, Petrus (= Dionysus Areopagita) 55

St. Georgener Prediger 60
Gerhard von Cremona 90
Gerhard von Podahns 170, 172
Gerson, Johannes 43
Gilson, Etienne 199
Giordano Bruno 86, 173
Giselher von Slatheim 62
Godefroid de Fontaine 104, 107
von Görres, Josef 14
Goethe 61
Gonsalvus Hispanus 23 f., 63, 68
Gregor IX. 173
Gregor der Große 118
Gregor von Nyssa 141
Grosseteste, Robert 56
Grundmann, Herbert 200 f.
Guarnieri, Romana 200 f.
Gui II. de Colmien, Bischof 95
Guiard de Cressonessart 96, 104
Guillaume de Nangis 95
Gumbert, J. P. 202

Haas, Alois M. 15, 197, 202, 204
Hadewijch 25, 52, 99 f., 164, 188, 192, 194
Hartmann von Aue 36
Hartwig von Erfurt 60
Hegel, Georg Wilhelm Friedrich 14
Heinrich von Gent 99
Heinrich II. von Virneburg, Erzbischof 169–171, 176 f., 179, 186
Henrec, Prior von Halberstadt 27
Hermann de Summo 170, 172, 176, 178
Hermann von Liebenau 117
Hermann von Minden 109
Herrand von Wildonie 138
Herveus Natalis 108, 168, 171
Hilduin von St. Denis 56
Hillenbrand, Eugen 203
von Hinten, Wolfgang 198
Hödl, Ludwig 197
Honorius III. 99
Hugo von Balma 147
Hugo von St. Viktor 44, 56, 147

Ibn Gebirol = Avencebrol
Imbach, Ruedi 200
Innozenz IV. 173
Ita von Hutwil 110
Iustiniani, Lorenz 100
von Ivánka, Endre 202

Jakob von Vitry 99
Jakobus, Apostel 67, 118
Jan van Leeuwen 13, 164
Jan van Ruusbroec 13, 97, 164
Johann von Schwaben 115
Johann I. von Zürich, Bischof 112 f., 116, 135, 171
Johannes, Evangelist 50, 55, 120, 126, 137
Johannes XXII. 106, 113, 159, 169–171, 177 f., 183–186
Johannes von Basel 178
Johannes von Capestrano 100
Johannes von Lichtenberg 30

Kant, Immanuel 76
Karl der Große 36
Karl IV., Kaiser 115
Karrer, Otto 86, 199
Katharina von Gebersweiler 109, 168
Kirchner, Reinhard 202
Klaus, Prior von Hildesheim 27
Klaus von Flüh s. Niklaus v. F.
Koch, Joseph 7 f., 20 f., 26, 74, 77 f., 171, 174–178, 181 f., 186, 197, 200, 202 f.

Konrad von Halberstadt 182
Konradin, Staufer 18

Langer, Otto 198, 201
Lao-tse 15
Leopold I. von Österreich 117
Lerner, Robert E. 177, 204
Liutgart von Wittichen 99
Lorenz s. Iustiniani L.
Lossky, Vladimir 198
Ludwig der Bayer 159, 170

Maimonides, Moses 80, 90 f.
Makrobius 91, 131
Manfred, Stauferkönig 18
Margetts, John 188, 204
Marguerite Porete 95–97, 99–105, 107, 160, 185, 192, 194
Marius Victorinus 89
Marler, J. C. 97, 200, 202
Maurer, Emil 201
Marx, Karl 15
Maximus Confessor 141
Mechthild von Hundersingen 111
Mechthild von Magdeburg 98–100, 192, 194
Mechthild von Stans 110
Meyer, Conrad Ferdinand 117
Michael von Cesena 159, 170
Michel, Paul 204
Mieth, Dietmar 201
Mojsisch, Burkhard 82 f., 85 f., 199 f.
Mommaers, Paul 200
von Moos, Peter 202
Mörike 61
von Mosheim, Johann Lorentz 14, 106
von Müller, Johannes 117

Niklaus von Flüh 52, 165
Nikolaus von Kues (Cusanus) 72, 125, 175
Nikolaus von Lyra 77, 96
Nikolaus von Straßburg 168–172, 175 f., 178
Nix, Udo 202

Ochsenbein, Peter 197
Öchslin, Raphael 202
Offler, H. S. 204
Olivi, Petrus Johannes 106
Origenes 140 f., 142, 147
Ortmann, Christa 199

de Paepe, N. 200
Pagnoni-Sturlese, Maria Rita 200
Pahncke, Max 143, 202
Patschovsky, Alexander 201
Pattin, A. 200
Paulus, Apostel 28, 39 f., 54 f., 68, 88, 118, 124, 131, 140, 145, 166, 179, 188
Pelster, Franz 203
Pestalozzi, Heinrich 16
Petrarca, Francesco 18
Petrus de Estate 169, 179
Petrus Lombardus 19
Pfeiffer, Franz 61, 143
Philipp der Schöne 18
Philippe-Auguste 21
Piesch, Herma 202
Plato 25, 87, 90 f., 150
Plotin 56 f., 88 f.
Porphyrios 56, 88 f.
Porete s. Marguerite P.
Preger, Wilhelm 93
von Preradovic, Gisela 202
Proklos 56 f., 89 f.
Pullen, Pelgrim 165
Quint, Josef 8, 60 f., 63, 128, 136, 143, 156, 162, 165, 176, 204

Rahner, Hugo 142, 202
Richard von St. Viktor 43 f., 142, 147
Riedinger, Rudolf 198
Robert, le bougre, Inquisitor 99
Robert de Sorbonne 21
Rosenberg, Alfred 14
Rosenkranz, Karl 14
Rudolf von Habsburg 18
Ruh, Kurt 199–201, 203 f.
Ruusbroec s. Jan van R.

Saffrey, Henri-Dominique 200
Schaefer, Eduard 203

Scheeben, Heribert Christian 201
Schmidt, Carl Wilhelm 14
Schwarzwälder Prediger 60
Schweitzer, Albert 16
Scotus, Duns 153
Seneca 126
Seppänen, Lauri 199
Seuse, Heinrich 27, 57, 109, 193
von Siegroth-Nellessen, Gabriele 204
Siger von Brabant 20, 92
Simon von Tournai 99
Sophie von Klingnau 110
Stagel, Elsbeth 109 f.
Steer, Georg 136
Stephan von Besançon 27
Stephan von Ungarn 128
Stirnimann, Heinrich 198
Sturlese, Loris 200
Sudbrack, Josef 119, 202

Tauler, Johannes 11, 60, 112, 164, 190, 193 f.
Théry, Gabriel 148
Thomas von Aquin 23, 27, 30, 51, 54–56, 73, 75 f., 81 f., 84, 87 f, 90–94, 107, 132, 147, 150–152, 159
Thomas Gallus 56
Thomas von Kempen 43
Tschudi, Ägidius 115
Tuchman, Barbara 198, 204

Ubbink, Rijkert Alex 197, 203
Ueda, Shizuteru 204

Valla, Lorenzo 55
Valois, Noël 204
Vetter, Ferdinand 197
Völker, Paul-Gerhard 203

Weigel, Valentin 164
Wila (von Weiler) 110
Wilhelm von Moerbeke 90
Wilhelm von Nidecken 170, 176
Wilhelm von Ockham 170, 173, 177 f.
Wilhelm von Paris, 96, 99, 103 f.
Wilhelm von St. Thierry 142, 147

Zerbolt van Zutphen, Gerard 13 f.
Zeller, Winfried 203